西部经济评论

中国能源转型与区域经济发展

向寿生 焦 兵 主编

西北大学出版社
·西安·

图书在版编目（CIP）数据

西部经济评论：中国能源转型与区域经济发展 / 向寿生，焦兵主编. —西安：西北大学出版社，2023.7
ISBN 978-7-5604-5181-7

Ⅰ.①西… Ⅱ.①向… ②焦… Ⅲ.①能源经济—关系—区域经济发展—研究—中国 Ⅳ.①F426.2②F127

中国国家版本馆CIP数据核字（2023）第132879号

西部经济评论：中国能源转型与区域经济发展
XIBU JINGJI PINGLUN：ZHONGGUO NENGYUAN ZHUANXING YU QUYU JINGJI FAZHAN

向寿生　焦　兵　主编

出版发行　西北大学出版社
（西北大学校内　邮编：710069　电话：029-88302621　88303059）
http://nwupress.nwu.edu.cn　E-mail: xdpress@nwu.edu.cn

经　　销	全国新华书店	
印　　刷	西安博睿印刷有限公司	
开　　本	787毫米×1092毫米　1/16	
印　　张	14.5	
版　　次	2023年7月第1版	
印　　次	2023年7月第1次印刷	
字　　数	282千字	
书　　号	ISBN 978-7-5604-5181-7	
定　　价	52.00元	

本版图书如有印装质量问题，请拨打029-88302966予以调换。

编委会

主　任　胡　健

副主任　吴旺延

委　员（按姓氏笔画排序）

　　　　王建康　王振龙　白暴力　冯宗宪

　　　　师　博　任保平　李佼瑞　杨秋宝

　　　　何　剑　张存刚　侯淑霞　秦其明

　　　　傅德印　雷宏振

主　编　向寿生　焦　兵

中国（西安）丝绸之路研究院

西部能源经济与区域发展协同创新研究中心

目 录

在学术与应用结合上对西部能源产业转型升级的系统研究——《中国西部能源产业升级研究》评介 ·· 任保平 001

能源革命视角下的区域能源转型战略研究——以华北地区为例 ··· 周艳春 004

能源革命视角下的西北地区能源发展路径分析 ············ 杜 欢 冯星源 022

能源革命视域下华东地区能源转型的基础条件、重点区域及战略设计 ·· 焦 兵 许春祥 045

能源革命视角下华中地区能源发展战略研究 ·················· 胡留所 063

能源革命视角下华南地区能源发展战略研究 ·················· 赵文琦 087

黄河流域生态环境水平时空分布、动态演进与影响因素研究 ······ 郝佳馨 118

长江经济带能源产业绿色协同发展研究 ················ 印 玺 胡 健 143

黄河流域高质量发展的均衡特征分析····················张文彬　闫艺丹　159

"双碳"目标下区域行业碳排放核算与分解研究——以陕西省为例··········
　　　　　　　　　　　　　　　　　　　　　　·············张文彬　宋建波　179

陕西自贸试验区推动文化产业发展的效应及路径研究···········谭秀阁　200

"一带一路"倡议背景下陕西与中亚国家文化交流合作研究······刘祥文　216

在学术与应用结合上对西部能源产业转型升级的系统研究
——《中国西部能源产业升级研究》评介

任保平

经济发展的主题是工业化，而能源是工业化的动力系统，也是经济发展的动力系统。在人类历史上，从1500年开始伴随着工业革命已经经历了三次能源革命，而能源革命和能源产业的发展总是与工业革命相伴随，每一次工业革命的本质就是能源革命。只有新能源，才能带来更先进的新工业。随着第四次工业革命的推进、第四次新能源革命的开启，与此相适应地提出了能源产业的转型升级问题。

"十四五"时期是我国由全面建成小康社会向基本实现社会主义现代化迈进的关键时期，"十三五"期间，能源布局及流向主要还是西电东送、西气东输，煤炭也是由西北地区大量往中部和东南部地区输送。而"十四五"期间我国的能源产业也将得到进一步的发展。"四个革命、一个合作"能源安全新战略要落到实处。在能源供应方面，要实现多能互补，应是系统整体优化、多种能源互补的供应；在能源消费领域，要以提高能效为中心，以市场化、多元化、智能化、定制化的手段，让用户得到更多的低成本能源，并减少各种用能对环境造成的负面影响；在能源体制改革方面，"十四五"期间要按照市场化方向实质性地推动能源体制改革；在能源技术创新方面，围绕现在的信息技术和能源领域各项技术的相互融合，在信息技术推动能源技术大方向上，要取得实质性的成果。更为重要的是在"双碳"目标下，在"十四五"时期我国能源产业面临着转型升级的任务。西部地区是能源富集区，"双碳"目标背景下，能耗"双控"与发展转型之困，是西部能源产业面临的共性难题。目前西部能源产业结构仍严重依赖化石能源，需要应国家"双碳"目标要求布局降碳减排、产业转型。因此，如何有效推进能源产业转型升级是学术界和政府部门关注的焦点问题。

西安财经大学原校长胡健教授是国内研究能源经济的著名专家，他领导的团队长期致力于能源经济的研究，在能源经济方面有丰硕的成果。胡健教授主持的国家社科基金

作者简介：任保平，男，1968年生，陕西凤县人，南京大学教授，中国（西安）丝绸之路研究院学术委员会委员，研究方向为中国经济的转型与发展。

重点项目的最终成果《中国西部能源产业升级研究》近日由中国社会科学出版社出版了，该书基于创新驱动和环境约束对中国西部能源产业升级进行了系统研究，该书认为创新驱动和环境约束下的能源产业升级包含煤电产业清洁化、能源化工产业链延伸和可再生能源消费替代三方面内容。在此基础上对我国西部能源产业升级机制、路径及对经济增长的影响进行了数理逻辑推演，刻画环境、技术与产业活动乃至经济增长之间的复杂逻辑关系进行了系统研究，该书是对西部能源产业转型升级深入研究的新成果。通读该书，认为有以下特点：

第一，构建了能源产业升级研究的新的理论框架。该书首先对能源产业升级进行了界定，认为能源化工产业升级就是指在增储稳产、巩固加工业优势地位的基础上，通过促进煤电产业清洁化发展、大力发展延伸能源化工产业链、适当发展可再生能源产业三方面，实现能源化工产业链合理配置资源要素，促进能源化工产业的规模化和集群化发展。在此基础上，将技术创新、能源生产和环境约束等因素引入内生经济增长模型中，分析三者对平衡经济增长的影响，实现了对内生经济增长理论的进一步扩展，构建了能源产业升级研究的新的理论框架，提升了该书研究的学术价值。

第二，研究了驱动西部整体能源化工产业高级化的机理和途径。该书的研究认为化工产业部门技术创新驱动能源开采加工产业部门经济增长的关键因素主要包括化工产业部门技术知识存量、化工产业部门技术积累的溢出效应系数以及能源开采加工产业部门的学习吸收能力。西部地区能源化工产业高级化的一个重要措施就是在现有能源开采和加工产业优势的基础上，大力延伸产业链，促进大化工和精细化工产业的发展，以带动能源开采加工业和整体经济的高质量发展。同时将政府促进煤电产业清洁化发展的补贴政策分为无环保补贴政策、环保电量补贴政策、环保电价补贴政策和环保电量电价双重补贴政策四类，研究了在燃煤电厂采用自身投资运维与第三方治理模式下四类环保补贴政策的效果。这些关于驱动西部整体能源化工产业高级化的机理和途径的研究使得该书的研究具有很重要的应用价值。

第三，研究了西部能源产业升级问题上的一些重大问题。一是基于能源化工产业链升级和生产要素错配视角，分析了能源化工产业链升级现状、能源化工产业链升级对经济增长的贡献以及如何优化要素配置以驱动能源化工产业升级路径选择问题。二是基于可再生能源消费替代化石能源消费、可再生能源企业发展补贴政策视角，分析了可再生能源替代升级的经济影响及升级路径选择问题。三是基于省域和市域两个层面研究了能源产业升级、产业资源环境与创新三者之间的互动关系。四是以五年能源发展规划为阶段划分标志，讨论了20年来中国能源产业政策的发展与演变，分别从政府视角、学术界视角和媒体传播视角对中国能源产业政策进行量化评价。

第四，在西部能源产业升级的问题上提出了新的观点。该书认为能源产业政策不论对西部地区还是全国能源产业升级都具有显著的正向作用，但是对全国能源产业转型升级产生的效应具有地域性差异，对东、中部地区的效果大于西部地区；从能源发展"十二五"规划开始，西部地区与东、中部地区对政策的利用度和适应性逐渐被拉大，直接导致了现在西部地区能源化工产业高级化进程缓慢。因此，中国能源产业发展的重心在西部，西部能源产业上下游间的要素错配程度较低，因而所形成的能源产业结构是较为合理的，但与东部下游行业发展较好的地区相比，产业链的延伸度不够，行业附加值仍较低，经济效益十分有限，针对西部地区能源产业的差异化发展绩效，需采取差异化的能源产业政策以实现产业高级化。

总之，胡健教授等人完成的《基于创新驱动和环境约束的中国西部能源产业升级研究》是一部把学术性与应用性有机结合的新成果。在能源产业转型升级的研究上构建了新的思想框架，具有学术价值。同时，书中对我国和西部地区能源产业转型升级提出了真知灼见，对通过西部能源产业转型升级推动西部大开发新格局构建具有重要决策价值。

能源革命视角下的区域能源转型战略研究
——以华北地区为例

周艳春

（西安财经大学 管理学院，陕西 西安 710100）

摘　要：华北地区是我国北方重要的经济腹地，包括京津冀能源消费三大省市和晋蒙两大能源生产省区，高耗能的重化工业占比较高导致华北地区碳排放量增速始终居高不下，环境污染问题突出，既影响了区域的可持续发展，也给环境治理带来巨大困难。文章从资源禀赋、现实基础、优势条件、制约因素等方面详尽分析了华北地区能源产业的发展现状，并基于供需两侧对华北地区的能源供给与消费状况及供需平衡情况进行了分析，最后从能源革命的视角提出了华北地区能源转型的发展战略。

关键词：能源革命；华北地区；能源转型

引　言

华北地区在国家能源战略布局中具有举足轻重的作用。但由于规划布局不合理，产业结构调整进展较慢，华北地区很多城市存在"工业围城""一钢独大""一煤独大"等现象，比如，邢台重化工业四面布局，唐山、邯郸的"钢铁围城"，包头城区呈现的"东铝、西钢、南化、北机、四周电"的格局，阳泉、晋中、乌海、平顶山、焦作等城市的"一煤独大"等。除北京、天津外，华北地区煤炭在能源消费结构中占比近90％，远超全国平均水平。高耗能的重化工业占比较高导致华北地区碳排放量增速始终居高不下，环境污染问题突出，既影响了区域的可持续发展，也给环境治理带来巨大困难。因此，华北地区的能源产业转型有赖于产业结构调整和技术升级、能源消费结构调整和利用效率

作者简介：周艳春，女，1969年生，辽宁锦州人，博士，西安财经大学管理学院教授，研究方向为资源与环境管理、物流与供应链管理。

提高。

一、华北地区能源产业发展现状

（一）资源禀赋

华北地区蕴藏着丰富的能源资源，如煤炭、石油、天然气等。其中，煤炭资源最为丰富，山西、内蒙古的煤炭资源储量在全国占很大比重，有"煤海"之称。另外，渤海海底还埋藏着丰富的石油、天然气资源。其中，各省、直辖市、自治区的资源禀赋情况分析如下：

1.北京

北京市属于能源资源匮乏型城市，能源对外依赖程度较大。本地能源自给率仅占能源消费总量的2%。北京100%的原油和天然气、98%的煤炭、70%的电力、40%的成品油都要靠外部供给，是典型的能源输入型城市。

2.天津

天津市拥有较丰富的煤炭、石油、天然气、地热、煤层气等资源。截至2020年底，查明煤炭储量38275.90万吨；探明石油储量46851.20万吨；探明天然气储量1173.69亿立方米。此外，天津市的可再生能源具有较好的开发基础和开发潜力，属于光照资源较丰富地带，风资源也具有较好的开发潜力，地热资源丰富。天津市地热资源分布面积广、热储层数多、水质好、温度高。经过40多年的发展，地热供暖面积已达全市集中供暖总面积的8%，是全国利用地热供暖规模最大的城市。

3.河北

河北省能源资源较丰富，是全国主要能源供应基地之一，也是全国近代能源工业发展较早的地区，素有"燕赵煤仓"之称。一次能源原煤、石油、天然气都有相当储量，其中，煤炭累计探明储量167亿吨，目前可采储量40亿吨，经济可采储量22亿吨；境内有华北、冀东、大港三大油田，石油累积探明储量27亿吨；天然气储量1800亿立方米。河北省还拥有丰富的太阳能资源与风能资源。其中，光伏发电资源年总辐照量为4828兆~5891兆焦耳/平方米，远远高于除西部省份以外的其他任何地区；风能资源总储量7400万千瓦，陆上技术可开发量超过1700万千瓦，近海技术可开发量超过400万千瓦，主要分布在张家口、承德坝上地区和沿海地区（秦皇岛、唐山、沧州地区）[1]。此外，河北省还拥有205亿立方米的水资源量及相当于94亿吨标准煤的地热资源可采量。

4.山西

山西省是我国的能源大省，蕴藏着极其丰富的煤炭与煤层气资源。煤炭资源储量大、分布广、种类全、质量优，全省累计探获资源储量3691.33亿吨，119个县（市、区）中94个有煤炭，含煤面积占国土面积的40.4%，从北到南分布有18个国家煤炭规划矿区，形成了晋北、晋中、晋东三大亿吨级大型煤炭基地和大同、宁武、西山、河东、霍西、沁水等六大煤田。全省资源预测储量6552亿吨，约占全国的1/4。

山西是煤炭大省，也是煤层气资源大省，蕴藏着丰富的煤层气资源。煤层气作为与煤共生和伴生的能源资源，在山西省各大煤田均有赋存。根据国土资源部、国家发展和改革委员会、财政部联合组织完成的新一轮煤层气资源评价（2006年），全省2000米以浅的煤层气资源量约为10万亿立方米，主要分布于沁水、河东、西山、宁武四个煤田。截至2015年底，山西省煤层气累计探明地质储量为5730.22亿立方米，居全国第一（全国总量为6292.69亿立方米，占全国总量的91%），剩余技术可采储量为2801.24亿立方米，剩余经济可采储量2304.09亿立方米。

5. 内蒙古

内蒙古自治区能源资源的赋存特点是"富煤、贫油、少气、缺水，风光资源无限"。煤炭是内蒙古最主要的优势矿产资源。截至2017年底，内蒙古自治区累计勘查煤炭资源储量9120.32亿吨，超过山西省，居全国首位。其中查明资源储量为4331.57亿吨，居全国第二位。且区内煤炭资源种类全、存储量大、埋藏浅、易开采，具有巨大的成本优势。天然气资源储量丰沛，本地区的苏里格气田探明天然气储量8017亿立方米，占全国天然气资源总量的32%。此外，内蒙古地域辽阔，为光伏发电和风力发电的发展，创造了天然的有利条件。其中，风能资源总储量达到13.8亿千瓦，技术可开发量3.8亿千瓦，约占全国风能总储量的50%以上；光能资源居全国第二位，太阳能年总辐照量在1342~1948千瓦·时/平方米，年日照时数在2600~3400小时，太阳能资源分布呈自东向西递增特点。

（二）现实基础

1. 已发展成为中国最大的能源工业基地

华北地区蕴藏着丰富的能源资源，加之地理位置优越，对外交通条件便利，使得华北地区发展成为我国最大的能源工业基地。山西既是新中国成立以来全国煤炭生产和外调量最大的省份，也是国家最重要的电力供应基地之一，又是我国目前煤层气开发利用规模最大的省份，在保障全国经济发展和国家能源安全方面有着至关重要的作用[2]；内蒙古的煤炭储量、煤炭产能、煤炭外运量均居全国第一位，发电量、外送电量、风电装机也均居全国第一位。六个全国第一充分证明了内蒙古保障国家能源安全的战略地位十分突出。

2.新能源产业发展基础好

华北电网新能源资源禀赋突出,新能源装机、新能源发电电力、新能源发电电量始终位居全国区域电网首位。截至目前,新能源最大发电电力达到 1.04 亿千瓦,成为国内首个新能源发电电力突破 1 亿千瓦大关的区域电网。破亿目标的实现,对于华北电网建设新型电力系统和落实"双碳"目标具有重要的里程碑意义。

数据显示,截至 2020 年底,内蒙古新能源装机达 5000 万千瓦,全区超 1/3 的电力装机和 1/5 的全社会用电量来自新能源,其中风电累积并网量位居全国第一,全区可再生能源发电装机超过全国风光总装机容量的 1/10。与此同时,内蒙古已成为我国重要的光伏设备制造产区之一。2019 年该区单晶硅产能占到全国总产能的 1/3 以上。

河北省太阳能资源好,尤其是张家口,水平面年总辐照量高达 1700 千瓦·时/平方米,即使在限电的情况下,年发电小时数也在 1400 小时上下。2019 年、2020 年,河北省全省光伏电站发电小时数分别为 1389 小时、1336 小时,属于东南部发电量最好的省份之一。2020 年,河北新增光伏装机约 716 万千瓦,成为全国年光伏新增装机第一大省,占当年全国新增装机总量的 15% 左右。

此外,华北地区的氢能产业也走在全国前列,自 2016 年以来便成为全国范围内发展较为领先的氢能产业集群。截至目前,北京市已打造了包括氢气制储运、燃料电池汽车研发及加氢站建设运营的全产业链条,且继续加大力度引进新能源企业。北京现有一座在运行加氢站——永丰加氢站,已建成十余年,日加氢量达 200 千克/天;天津市计划打造形成氢能全产业链发展格局,预计行业总产值将突破百亿元,并将建设天津滨海新区氢燃料新能源汽车产业园,计划全面布局氢能和燃料电池全产业集群,打造氢燃料新能源汽车产业园、氢能智慧交通示范城市;河北省是京津冀氢能产业集群重要的组成之一,利用其环渤海心脏地带的经济优势及水电、风电资源,发展氢能经济产业。未来,河北的重点发展环节在于利用自然资源制氢,为整个华北地区提供直接用于燃料电池产品的氢气;山西省将培育氢能优势产业集群,探索煤制氢+CCS(二氧化碳捕集封存)、可再生能源制氢等低碳高效技术,开展"新能源+储能"试点示范,已于 2019 年 6 月 28 日,开工建设总投资 27 亿元的雄韬氢雄大同氢能产业园,重点推动氢燃料电池产业;内蒙古风电、煤炭等资源丰富,用于发展氢能具备巨大优势,在乌海市已投用了内蒙古首座运营加氢站——乌海化工加氢站,致力于打造氢能城市。

(三)优势条件

1.资源优势

华北地区的资源优势主要集中在河北、山西、内蒙古。河北省能源工业中的洗精煤、原煤、原油产量和发电量分别居全国第1、6、7、4位。其石油、天然气储量丰富，资源分布广泛，体系完整，具有建设大型钢铁、建材、化工等综合性工业基地和发展煤化工、油化工、盐化工的有利条件和良好基础；内蒙古的煤炭、天然气、风、光等资源均十分丰富，位居全国前列；山西省的煤炭资源储量大、质量好，除了煤炭资源外，煤田的煤层中还含有丰富的煤层气，其煤炭和电力外输量均居全国前列，有力地支援了兄弟省（市）区的经济建设，为全国的经济发展做出了巨大的贡献[3]。

2.区位优势

华北地区是中国政治心脏所在地，是全国行政管理枢纽，政治外交、军事国防、生态环境地位突出，有丰富的自然资源和雄厚的经济基础。北京市的首都区位优势对经济发展无疑具有重要作用。同时，北京市是世界上少有的、也是中国最大的科技和智力密集区；天津地理位置优越，是华北、西北等省区的重要出海口，天津港与170多个国家和地区、300多个港口建立了长期通航和贸易关系，还是东北亚地区亚欧大陆桥铁路运输距离最近的起点城市；内环京津、外环渤海的经济地理特征构成了河北经济发展的独特区位优势，环渤海的区位特点为河北不断扩大对外开放创造了极为有利的条件；内蒙古自治区和中国东北、华北、西北三大经济区相连，具有很好的地缘优势，中东部地区毗邻京津环渤海经济带，东部地区接壤东北三省，使其能源产业可与西北、华北、东北三大经济区内的工业实现联动发展，北部接壤蒙古和俄罗斯，区位上的巨大优势，有利于发展同俄罗斯、蒙古等国的能源贸易[4]；山西省处在联系东、西部的结合部位，邻接京、津等工业发达的城市，与上海、武汉等城市相距不远，交通比较方便，故山西能源基地在国民经济发展中具有"承东启西"的区位优势，一方面，成为全国经济发展的能源基础，另一方面，适中的地理位置使这里成为进出西北、西南的重要通道，是国家建设逐步西移的前沿阵地。

3.科教与人才优势

华北地区的科教与人才优势主要集中在京津地区。北京地区无论是高级人才的培养、科技力量、科研水平和成果数量，还是科技投入产出能力、技术辐射和扩散能力、科技产业化均居全国领先地位。科技和智力优势，成为北京市经济发展潜在的最大比较优势。天津市聚集了电子科技集团、南开大学、天津大学等一批国内领先的科研院所、高校和一大批具备良好科研能力的企业，在生物质能源、太阳能、风力发电等方面的科研成果在国内处于领先地位。天津大学在生物质能源、太阳能、风力发电等方面的科研成果在国内处于领先地位。南开大学在薄膜太阳能电池领域研究能力更是接近国际领先水平。

（四）制约因素

1.以重化工业为主的产业结构日益成为环保瓶颈

华北地区作为我国重要的经济发展引擎和能源消费中心之一，同时也是大气和水污染最严重、资源环境与发展矛盾最尖锐的地区。重化产业是华北地区很多城市的支柱产业，也是造成环境污染的主要因素，既影响了城市的可持续发展，也给环境治理带来巨大困难，特别是山西、内蒙古、河北三地的能源工业在整个国民经济中仍占有举足轻重的地位，国民经济对资源的依赖程度很高。如山西的工业发展长期以煤炭业为主，而清洁用煤程度十分低，导致城市污染十分严重。其现实的产业结构是建立在资源优势和传统产业基础上的以能源原材料工业为支柱的超重型结构，存在着支柱产业单一、产品结构初级、支撑体系薄弱、产业素质低下等影响发展后劲和经济效益的问题，以资源为主导的产业结构还造成了植被破坏、水土流失、地下水系污染等问题[5]。内蒙古是全国的煤炭大省，同时该地区太阳能资源较为丰富，太阳能总辐射为每年1331～1722千瓦·时/平方米，仅次于西藏，居全国第二位。能源输出以电为主，能源结构中煤电占比过大，而且以往内蒙古发展经济的模式是建立在高耗能、高污染的基础之上的，不具备可持续性，故发展节能环保产业是内蒙古着力调整产业结构的必然选择。河北省钢铁产量长期居于全国首位，煤炭占其能源消费的比重常年达85%以上。在供给侧结构性改革和华北协同发展战略背景下，不合理的产业结构和能源结构已经成为制约河北经济社会发展的主要问题，也成为影响河北省解决大气污染问题的关键因素。天津作为中国近代工业的发祥地之一，长期以来工业体系的重工业特征突出，对高碳能源依赖程度较大。尤其火电、冶金、石化、交通、建筑、化工等产业能耗高、污染重，是传统概念中的高碳产业。

根据我国能源统计年鉴中对化石能源的分类，将煤炭、焦炭、汽油、煤油、柴油、颜料油、天然气作为二氧化碳排放的主要来源，根据IPCC（2006）[6]、国家气候变化对策协调小组办公室和国家发展和改革委员会能源研究所提供的计算方法对华北五省市进行碳排放总量测算。如图1所示，2010—2020年华北地区各省市二氧化碳排放总量基本呈较为缓慢的上升趋势。各省市之间的碳排放总量存在较大差异，北京、天津的排放量明显低于河北、山西、内蒙古，其中内蒙古的二氧化碳排放量最大，山西次之；从增长幅度看，山西二氧化碳排放量变化幅度最大；河北、山西、内蒙古的二氧化碳排放量增长率较高，三省份11年间二氧化碳排放量平均增长1倍以上，其中内蒙古2020年排放量为2010年的2倍。

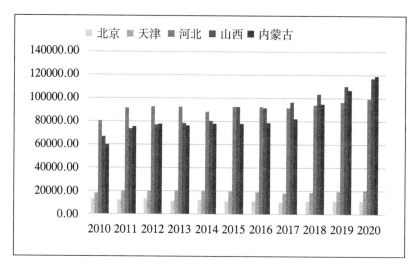

图 1　2010—2020 年华北各省市碳排放总量

2.能源资源供给及消费结构有待优化

近年来，京津冀地区经济的快速发展带来能源需求总量持续增长，然而该区域整体能源消费结构偏重，且化石能源尤其是煤炭的资源储量很有限，不能满足快速发展的需求，从而加剧区域能源供应对外依赖程度，主要通过外部能源调入以及进口来弥补能源的需求缺口，总体呈现能源资源偏紧的局面。此外，以可再生能源为代表的优质能源在能源消费中所占比例不高，对区域生态环境造成严重影响，制约了华北地区经济社会的可持续发展。

3.水资源严重不足

华北地区水资源状况堪忧，已突破水资源的供应红线，尤其是一些工业区和大城市，工业用水和生活用水不足，严重限制着经济发展。如，京津冀两市一省以全国2.3%的国土面积、不足1%的水资源，承载了全国8%的人口、9.5%的工业增加值、近26%的钢铁产量，水资源长期处于严重超载状态，是我国最缺水的区域之一。2017年，京津冀三地的人均水资源量仅相当于全国平均水平的6.85%、5.16%、11.8%。

二、华北地区能源供需分析

（一）供给情况分析

表1列出了2010—2020年华北地区能源供应年均生产数据，可以看出，华北五省市中，能源生产比重前三位分别是山西、内蒙古、河北。2010—2020年均能源生产比重分别是52%、37.9%、6.1%，可见，山西、内蒙古地区作为我国能源生产基地的绝对优

势已经确立。

表1 2010—2020年华北地区能源产品年均产量

单位：万吨标准煤

地区	原煤产量	原油产量	天然气产量	焦炭产量	太阳能发电量	风能发电量	水力发电量	年均总占比/%
北京	239.4	0.0	15.2	26.2	0.5	3.3	9.7	0.2
天津	0.00	4552.1	31.6	858.4	0.03	5.0	0.2	3.7
河北	2785.5	811.5	13.8	5361.4	9.4	129.3	14.6	6.1
山西	68881.1	0.0	57.1	8651.3	3.2	31.0	49.3	52.1
内蒙古	52448.6	658.0	12.0	2997.0	37.6	342.7	42.0	37.9

表2列出了2019年华北地区的一次能源生产总量及各类能源占比。从一次能源的供应结构看，华北地区能源结构性矛盾依然存在，化石能源仍在能源供应中占据主导地位。2019年，华北地区一次能源生产总量为16.7亿吨标准煤，其中煤炭产量占比高达91%，山西、内蒙古两省更是形成了"一煤独大"的格局，煤炭产量占一次能源生产总量的比重分别高达97%、98%，天然气和一次电力等清洁能源供给量仅占一次能源生产总量的2.7%。从分地区的情况来看，北京的能源供应以天然气等清洁能源为主，能源结构较优。其他4个地区原煤、原油等化石能源占比均在70%以上。

表2 2019年华北地区一次能源生产量及各自占比

省份	一次能源生产总量/万吨标准煤	原煤		原油		天然气		一次电力	
		总量/万吨	占比/%	总量/万吨	占比/%	总量/亿立方米	占比/%	总量/(亿千瓦·时)	占比/%
北京	691.1	36.1	3.7	0	0	29.73	57.2	18.37	3.3
天津	5106.8	0	0	3111.89	87	34.9	9.1	26.38	0.6
河北	6334	5075.3	57	550	12.4	5.84	1.2	510.41	9.9
山西	75663.1	98795.4	97	0	0	64.62	1.1	400.87	0.7
内蒙古	79307.5	109068.1	98	11.82	0.02	22.07	0.4	886.67	1.4
合计	167102.5	212974.9	91	3673.71	3.14	157.16	1.3	1842.7	1.4

从电力供应结构看，华北地区的能源结构与全国其他地区一样，仍以火电为主（表3）。

表3 2020年华北地区发电量及各类发电占比

单位：亿千瓦·时

	发电量	水电		火电		风电		光电	
		总量	占比/%	总量	占比/%	总量	占比/%	总量	占比/%
北京	456	11	2.41	434	95.18	4	0.88	6	1.32
天津	699	0.1	0.01	668	95.57	12	1.72	19	2.72
河北	2945	15	0.51	2352	79.86	368	12.50	211	7.16
山西	3395	47	1.38	2924	86.13	266	7.84	159	4.68
内蒙古	5703	57	1.00	4731	82.96	726	12.73	188	3.30
合计	13198	130.1	0.99	11109	84.17	1376	10.43	583	4.42

资料来源：《中国电力统计年鉴》（2021年）。

从表3来看，2020年华北地区各技术电力发电量合计分别是：火电11109亿千瓦·时，占比84.17%；风电1376亿千瓦·时，占比10.43%；光电583亿千瓦·时，占比4.42%；水电130.1亿千瓦·时，占比0.99%。总发电量13198亿千瓦·时。

图2为2015—2019年华北地区风、光、水、火电的发电量情况。可以看出，近五年来，华北地区的电力供应呈逐年增加的态势，火力发电仍占主体地位，风力发电、太阳能发电增加迅速，但总体占比仍较低。水力发电占比很小，且变化不大，充分显示了华北地区水资源严重不足的特点。

图2 2015—2019年华北地区各类能源发电结构

(二)需求侧分析

1.能源消费总量

能源消费总量是一个地区产业结构、经济发展方式的集中体现。研究低碳经济时代的能源消费应主要考虑化石能源使用量,因为其污染物的排放状态是衡量地区经济发展的标尺。图3为华北地区2010—2020年能源消费总量及年增长率变化趋势,可以看出,华北地区的能源消费总量除河北和内蒙古消费量保持小幅上升以外,总体处于下降趋势。河北的能源消费量最大,突破3000万吨标准煤,山西和内蒙古的能源消费总量大致相当,内蒙古的能源消费总量波动幅度比山西大;北京和天津的能源消费远低于其他3个省份,波动幅度较小。

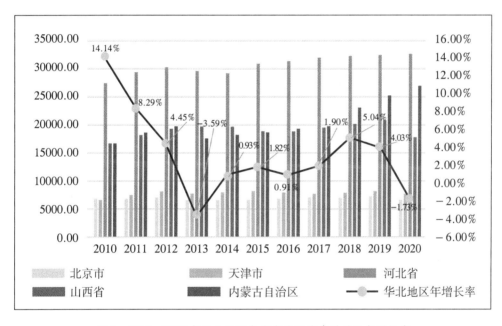

图3 2010—2020年华北地区各省市能源消费总量及年增长率

2.能源消费结构

表4列出了2015—2019年华北地区的一次能源消费结构。可以看出,华北地区除北京外,整体能源消费结构单一。北京市天然气和非化石能源等清洁能源消费比重不断上升,超过总体能源消费的60%,这表明北京市的能源消费结构逐渐优化,目前以消费清洁能源为主;天津市能源消费结构日趋良好,但总体来看,天津市能源结构中消费量最多的依然是煤炭和石油。煤炭消费占比逐年下降,到2019年底,煤炭消费量占能源消费总量的29.7%,较2015年下降6.1个百分点。与此同时,天然气和非化石能源的消费占

比不断增加,2019年,两者合计消费占比为14.9%,较2015年增加2.1个百分点;河北省的能源消费结构一直以煤炭为主,天然气等清洁能源的比重过低。2019年,在河北省能源消费构成中,煤炭占56.2%、原油占9.6%、天然气和非化石能源仅占0.7%和14.6%;山西作为我国煤炭生产和输出大省,万元GDP综合能耗超出了全国平均水平的2倍,环境空气质量综合指数仍是全国倒数第一,是全国空气污染最严重的区域之一,面临着经济发展和生态环境保护的双重压力;2011—2021年,内蒙古自治区的能源消费总量从5190.12万吨标准煤增长到21148.52万吨标准煤,平均年增长率为15.1%。内蒙古自治区作为煤炭资源最丰富的省区之一,其能源消费中煤炭占了较大部分。同时在能源终端消费中,煤炭占有较高的比例。2011—2021年,在能源消费中,煤炭消费一直保持在85%以上,而石油、天然气、水电、核电和其他能发电所占比例不到15%。

表4 2015—2019年华北地区一次能源消费结构

单位:%

省份	原煤					原油				
	2015	2016	2017	2018	2019	2015	2016	2017	2018	2019
北京	12.1	8.7	4.9	2.2	1.4	20.8	17.0	18.0	17.9	18.2
天津	35.8	34.2	32.8	31.8	29.7	27.8	25.4	29.6	30.2	29.4
河北	69.4	65	54.9	59.6	56.2	7.7	8.0	6.9	7.6	9.6
山西	107	110.5	115.4	118.4	119.5	0	0	0	0	0
内蒙古	153.9	149.8	146.7	148.2	152.5	2.9	3.1	3.3	2.2	2.4

省份	天然气					电力				
	2015	2016	2017	2018	2019	2015	2016	2017	2018	2019
北京	2.9	3.1	3.1	3.4	3.4	17.2	18.1	18.5	19.3	19.5
天津	1.0	1.2	1.4	1.7	1.8	11.8	12.3	12.6	13.2	13.1
河北	0.3	0.3	0.4	0.5	0.7	12.6	12.8	13.2	14.0	14.6
山西	0.5	0.5	0.5	0.5	0.6	11.2	11.6	12.5	13.1	13.3
内蒙古	0.3	0.3	0.4	0.4	0.3	16.6	16.6	18.0	17.9	17.7

3.能源利用效率

(1)单要素能源利用效率

能源消费强度通常指单位GDP能耗,即能源消费总量与GDP的比值。单位GDP能耗越低,能源利用效率越高。表5列出了2015—2019年华北地区的单要素能源利用效率。

可以看出,近五年来,华北地区的单要素能源利用效率整体呈逐步提高的态势,除内蒙古近两年能源利用效率不升反降之外,其他省份均在不断提高。山西省的能源利用效率明显偏低,起初在华北地区中是能源利用效率最低的,仅优于青海、宁夏、新疆三省区,能源消费强度是能源利用效率最高的北京市(0.275 吨标准煤/万元)的 5.8 倍,是全国平均水平(0.59 吨标准煤/万元)的 2.7 倍。近两年情况有所改善,能源利用效率已超过内蒙古。华北地区中,北京、天津能源利用效率较高。

表 5　2015—2019 年华北地区单要素能源利用效率

地区	2015	2016	2017	2018	2019
北京	0.275	0.256	0.237	0.220	0.208
天津	0.765	0.704	0.629	0.597	0.586
河北	1.176	1.105	1.047	0.990	0.930
山西	1.608	1.588	1.352	1.266	1.230
内蒙古	1.451	1.400	1.327	1.429	1.473

(2)全要素能源利用效率

为了更全面地反映资本、劳动等投入要素对能源利用效率的综合影响,本文采用了有环境约束的全要素能源利用效率指标。

具体采用规模报酬不变假设下基于产出导向的 DEA 模型,以 2015—2019 年华北五个地区资本存量、劳动力和能源消费量为投入要素,以各地区 GDP 和二氧化硫排放量作为产出要素,计算了各地区的全要素能源利用效率(TFEE)。

变量的说明和数据处理如下:

①资本存量:本文采用"永续盘存法"估计历年的实际资本存量,其中 1990—2001 年各省份的资本存量来自张军等[7]的计算,并利用张军等(2004)的方法对 2004、2012、2015—2019 年各省份的资本存量进行计算。

②劳动力:用当年就业人数来衡量各省份劳动力水平,计算公式为:当年就业人数=(当年年末就业人数+上年年末就业人数)/2。

③能源消费量:本文用华北各省份当年的能源消费总量衡量。

④GDP 产出:为了剔除价格因素的影响,以 2014 年不变价格为基准,利用各省份当年的名义 GDP 和 GDP 平减指数,计算出历年各省份的实际 GDP。

⑤二氧化硫排放量:采用线性数据转换法处理非合意产出,通过线性数据转化函数将非合意产出转化为合意产出。

数据来源包括历年的《中国统计年鉴》和分省统计年鉴及《中国能源统计年鉴》。利用软件 DEAP2.1，可以计算得到 2015—2019 年华北地区的全要素能源利用效率，计算结果见表 6。1990—2012 年华北各省份的全要素能源利用效率采用了邓健等人[8]（2015）的计算结果。

表 6 1990—2019 年华北地区全要素能源利用效率

能源利用效率	1990	1995	2000	2004	2012	2015	2016	2017	2018	2019	平均值
北京	0.516	0.439	0.516	0.599	0.889	1	1	1	1	1	0.796
天津	0.501	0.538	0.665	0.796	0.881	1	1	1	1	0.928	0.831
河北	0.408	0.426	0.407	0.472	0.529	0.739	0.739	0.703	0.684	0.705	0.581
山西	0.349	0.334	0.358	0.403	0.422	1	1	1	1	1	0.687
内蒙古	0.444	0.38	0.479	0.528	0.595	0.957	0.943	0.928	0.901	0.856	0.701

从长期统计数据来看，华北各省份间的能源效率的差异较大。北京、天津的能源效率较高，山西与内蒙古次之，河北最低。此外，山西、内蒙古的能源效率在 2012 年前后变化很大，表明其能源效率在政策的支持下，得到了大幅度的提升。

（三）能源供需平衡分析

根据华北地区各省市能源的供应、消费情况，对其能源供需平衡情况进行分析。

首先，从煤炭资源来看，华北地区不仅是全国重点产煤地区，也是连接全国重点产煤地区（山西、陕西和内蒙古西部）的通道。尤其是河北省凭借其沿海港口强大的煤炭转运功能，还成为北煤南运的重要通道，进一步提升了该地区煤炭市场状况对东部沿海地区乃至全国煤炭供求、电力生产，甚至能源安全的影响。且从华北地区的能源消费结构来看，基本以煤炭消费为主。北京、天津的能源供应主要来自外省的采购，区域内则是要采购自山西、内蒙古，运输通道主要为铁路。山西和内蒙古的煤炭储量虽然十分丰富，但能源开采利用率低，技术水平不高，环境污染严重。

其次，从石油资源来看，区域内的资源供给主要来自位于天津市的渤海油田、大港油田及位于河北省的华北油田，而消费则主要集中于北京和天津。

再次，从天然气气源来看，以北京为典型代表的华北地区是我国主要天然气消费市场之一，以采暖和发电为主，天然气消费量大且用气峰谷波动大，是每年冬季用气高峰时期供气的保障重点。但目前华北地区天然气的开采和使用效率不高，主要依靠新、甘、青地区，以及内蒙古、山西的供应。从消费结构看，华北天然气市场以城市燃气和工业燃料为主。其中北京消费占比最大，其次是河北、天津、山西。城市燃气所占比例最大，达47%；其次是工业燃料，为37%；发电和化工所占比例较小，分别为13%和3%。

最后，从可再生能源资源来看，华北地区水资源禀赋较差，水力主要是供应给各省市水电厂转化为电力供地区使用，同时一部分水资源和水电厂转化的电力也用于抽水蓄能电站的使用。风力主要通过风力发电厂转换为电力，太阳能光伏主要依靠光伏站转换为电力供地区使用。

三、华北地区能源转型发展战略

能源是经济社会发展的物质基础，华北地区长期的钢铁冶金等高能耗工业粗放型发展方式以及能源结构不合理、利用效率偏低、消费总量大等问题，是造成华北地区大气、水资源、土壤等生态环境严重失衡、经济发展质量效益不高的直接原因。推动能源革命有利于华北地区改善生态环境水平，转变经济发展方式，实现产业结构优化，促进经济发展提质增效，形成经济社会和生态环保发展的良好外部环境。

（一）战略定位

推进能源领域供给侧结构性改革，始终将做好煤炭清洁高效利用作为能源转型的立足点和首要任务，控制能源消费总量，建设清洁、绿色的煤炭工业体系，推动"煤+火电+绿电+绿电装备+绿电装备技术服务商"产业模式的升级，发展煤炭经济和新能源产业经济，建设煤炭、新能源多元互补和协同创新基地，使华北地区在煤炭绿色发展、高效利用、清洁转化、减量化消费方面处于领先地位。

（二）战略目标

应重点推进能源与经济、环境的协同发展，推动煤炭产业的科技化、绿色化、集聚化和煤电一体化发展，力争在生态环保方面率先实现突破。按照华北地区各省市的"十四五"能源发展规划，北京市力争到2025年，能源绿色低碳转型实现新突破，基本建成坚强韧性、绿色低碳智慧能源体系，能源利用效率持续提升，绿色低碳技术研发和推广应用取得新进展，城乡居民生活用能品质持续提升；天津市到2025年，全市单位地区生产总值能源消耗比2020年下降14.5%，能源消费总量得到合理控制，煤炭占能源消费总量比重降至28%左右，天然气占能源消费总量比重提高至21%左右，非化石能源比重力争比2020年提高4个百分点以上，电能占终端用能比重提高至38%，全社会用电量达到1100亿千瓦·时，年均增长4.69%；河北省到2025年能源资源利用效率大幅提高，污染物排放总量持续减少,实施清洁能源替代工程,大力发展光伏、风电、氢能等新能源,不断提高非化石能源在能源消费结构中的比重;山西省到 2025 年将构建绿色多元供应体系,建设煤炭绿色开发利用基地、非常规天然气基地、电力外送基地,大力发展清洁能源,促进新能源增长、消纳和储能协调有序发展,推动多能互补开发,形成绿色多元能源供应体系;内蒙古到 2025 年,能源供应保障能力全面升级,能源综合生产能力、外送煤炭和电力继续位居全国第一,国家重要能源和战略资源基地地位更加巩固。绿色生产生活方式基本形成,能源开发与生态融合发展,清洁能源满足 80% 以上新增用能需求,碳排放强度持续降低,生态安全屏障更加牢固,碳达峰基础基本筑牢。能源行业发展质量明显提升,风光氢储产业和数字能源经济初具规模,能源研发投入显著提高,创新驱动发展力量更加强大。能源惠民利民水平显著增强,能源开发收益惠及更多群众,能源公共服务均等化水平继续提升,人民群众美好生活清洁用能需求得到更好满足。

(三)战略举措

1. 能源技术革命:以能源技术创新推动工业结构优化与经济转型

(1)推进能源技术革命,打造经济增长"新引擎"

坚持创新驱动,统筹能源技术革命的"三个一批"(应用推广、示范试验、集中攻关),应用推广相对成熟的能源新技术,如燃煤电厂超低排放技术、分布式能源技术、秸秆综合利用技术以及储能技术等,抓住"互联网+"的重要机遇,打造能源互联网和互联网能源"双引擎",促进各要素的科学合理配置。同时,也要依托京津在国家工程技术研究中心、国家能源研发中心和国家重点实验室等的科技资源优势,充分发挥企业创新主体作用,积极推进"产学研用"的创新联合体建设,在煤层气开发利用、油气资源高效开发、高效清洁发电、特高压输电、大规模间歇式发电并网、智能电网、核燃料后处理等技术领域,部署一批具有战略先导性作用的前沿技术和集中攻关项目,加快重大工程技术示范试验,力争突破制约能源发展的"卡脖子"技术,形成能源产业新经济增长点。

(2)明确能源技术战略重点

重点支持煤层气开发、洁净煤技术、风力发电、光热发电、光伏发电、生物能源技术、智能电网、电动汽车、储能技术等战略性技术的发展,制定与发展阶段相匹配的驱动机制。综合考虑重点技术紧迫性、成熟度和市场前景等因素,制定相匹配的科研示范、产业推广、行业标准的政府驱动和成本降低、产品优化、辅助服务的市场驱动机制。

2. 能源供给革命:推进绿色矿山和生态环境治理,建设清洁、绿色的煤炭工业体系

(1)构建绿色清洁能源生产供应体系

立足现有产业基础,加快形成多种能源协同互补、综合利用、集约高效的供能方式。

坚持大规模外送和本地消纳、集中式和分布式开发并举，推进风光等可再生能源高比例发展，推动多能互补开发，形成绿色多元能源供应体系；坚持理念创新，坚持绿色引领，推动煤炭行业发展由粗放型向集约型转变、由机械化向智能化转变、由劳动密集型向技术密集型转变、由单纯生产型向生产服务型转变。

（2）平稳推动煤炭深加工，延伸煤炭产业链

发挥比较优势，树立科学发展现代煤化工的观念，把资源型产业发展的重点放在资源转化增值上，在合理配置传统煤化工产业的基础上，因地制宜、实事求是地发展现代煤化工；注重发展提高煤炭综合利用水平和效益的资源型产业链，推动现代煤化工生产示范基地的建设；提升煤炭资源综合转化效率和精深加工度，推动产业向高端、产品向终端方向发展；培育和壮大一批具有鲜明特色、突出品牌形象和完善服务平台的现代化工业园区。

3. 能源消费革命：对高耗能产业和产能过剩行业实行能源消费总量控制，建设节约型社会

（1）继续做好节能增效，控制能源消费总量

主要从交通、工业、建筑等领域入手。一是倡导"绿色出行"理念。积极鼓励单位发班车、学校发校车，鼓励合乘，完善各类骑行设施，进一步提高公共交通出行比例。开展将排气量和上一年行驶里程数作为车船税征收依据的试点，利用经济杠杆引导公众少开车。二是继续做好工业能效提升工程。切实提高工业能效标准，改造存量，继续做好现有工业锅炉和电机的综合性节能技术改造工程，优化增量，积极推广高能效锅炉和电机产品，推进工业企业余热余压和废弃资源循环利用，提升终端用能产品能效和高耗能行业能效水平。三是大力实施建筑能效提升工程。根据华北地区气候特点，制定城乡建筑节能标准，通过加装保温层等措施，大力推进现有建筑节能改造。

（2）推动能源消费清洁转型，优化和提升能源消费结构

大力优化能源结构，持续减少煤炭消费总量，加大天然气和非化石能源利用，提高清洁能源消费比重。加快能源清洁化进程，坚持化石能源清洁利用和清洁能源开发并重，推动煤炭集约高效利用，扩大风能、太阳能等可再生能源电力装机规模，完善可再生能源电力消纳保障机制。加大工业、交通、生活等领域电能替代力度，进一步提高电气化水平，扩大电能占终端能源消费比重。

（3）加强煤层气资源的勘探开发与综合利用，提高煤炭伴生资源的综合利用水平

精准划分煤炭资源管理与煤层气地面排采，提高能源资源的集约化、节约化利用；实施煤矿瓦斯抽采全覆盖工程，在煤矿规划区、准备区和生产区中所有符合瓦斯抽采条件的煤层都应进行瓦斯抽采，实现采前、采中、采后和井上、井下全覆盖的立体化抽采，持续健全抽采系统、完善抽采工艺、加强抽采管理、扩大利用渠道、建设大型基地、建立

示范项目、实施管路改进等,实现应抽尽抽、以用促抽、抽采达标的目标。

4.能源体制革命:创新能源调控机制,开展市场化改革

(1)完善政策法规体系

健全能源法律体系,建立以能源法为基础和统领,以煤炭法、电力法、石油天然气法等为主干,以能源行政法规、部门规章、地方性法规和地方政府规章为配套和补充,以标准和规范为技术支撑的能源法律法规体系,依靠"科学立法"促成"全民守法",从而形成用制度规范能源治理、保障能源发展各项预期指标实现的良好局面。

(2)健全市场信用体系

建立市场主体信用评级制度,建立企业法人及其负责人、从业人员信用记录,将其纳入统一的信息平台,使各类企业的状况透明,可追溯、可核查。建立市场主体信用评级制度。建立健全守信激励和失信惩戒机制,加强对失信主体的惩戒和约束。

(3)研究设立"能源发展基金"

可参考国外的做法,部分由国家和地区共同出资,部分按照零售电力价格的合理比例直接提取,部分来自公用事业企业的专门捐款,长期为支持可再生能源研究和开发、提高能效、科学有序去产能和扶持低收入群体提供低息融资,助力产业升级示范。

(4)强化政策和市场的协同作用

一是强化企业的市场主体地位,充分发挥企业的自主决策能力,为企业提供优质高效的公共服务,使市场在资源配置中起决定性作用;二是适度地进行政府管控,避免产业过度依赖政府补贴引起周期性波动,加强区域协同和产业协同的系统谋划,必要时限制投机和跟风潮流。

5.能源开放合作:大力推动能源装备、技术和服务"走出去",建设能源经济特区

(1)加强与"一带一路"国家合作

以"一带一路"倡议为契机,加强与蒙古在太阳能、风能和煤炭等方面的合作,推进输电通道等跨境能源基础设施互联互通,加强与俄罗斯在天然气方面的合作,加快中俄东线天然气管道建设,确保通过中俄东线天然气管道向中国供气。

(2)积极扩大清洁能源外输

完善区域能源协作和利益补偿机制,扩大清洁能源外输。积极推进能源企业参与"一带一路"国际合作,推动能源装备、技术和服务"引进来""走出去",拓展国际产能合作新空间,提升能源企业全球化水平。

参考文献

[1] 杜颖,等.河北能源消费与经济增长关系的动态分析:基于状态空间模型的检验[J].中国矿业,2015(6):42-47.

[2] 山西省社会科学院课题组.山西能源革命综合改革试点的改革路径与政策建议[J].经济问题,2020(10):21-30.

[3] 李影,李子联.山西能源消费与经济增长的灰色关联度分析——基于能源结构约束的视角[J].数学的实践与认识,2020(3):60-66.

[4] 王希."十三五"期间内蒙古能源产业发展战略分析[J].边疆经济与文化,2018,2(170):58-59.

[5] 刘汉斌,马志斌,郭彦霞,等.山西煤系锂镓铝分布特征和开发利用前景[J].洁净煤技术,2019,25(05):39-46.

[6] IPCC. 2006 IPCC Cuidelines for National Greenhouse Gas Inventory [M]. Intergovernmental Panel on Climate Change, 2006.

[7] 张军,吴桂英,张吉鹏.中国省际物质资本存量估算:1952—2000[J].经济研究,2004(10):35-44.

[8] 邓健,王新宇.区域发展战略对我国地区能源效率的影响——以东北振兴和西部大开发战略为例[J].中国软科学,2015(10):146-154.

能源革命视角下的西北地区能源发展路径分析

杜 欢 冯星源

（西安财经大学 经济学院，陕西 西安 710100）

摘 要："十四五"时期是中国能源革命发展的重要窗口期，西北地区作为中国的能源富集区，具有能源产业发展的天然优势，其能源发展方向对于中国实现"双碳"目标将产生举足轻重的作用。文章通过梳理西北地区能源发展的基础条件，并对西北地区化石能源、可再生能源产业集聚水平分别进行测度，分析发现西北地区化石能源、可再生能源发展存在的问题具有差异性。以问题为导向，围绕"能源革命"的推动要求，以能源基地建设为依托，西北地区化石能源发展需要拉长产业链提高产品附加值，积极推动能源工业循环发展，化石能源与可再生能源协同互补。可再生能源产业发展需要优化电力输送结构，借力全国电力市场化改革，重视国际能源合作。

关键词：能源革命；低碳转型；可再生能源；化石能源

引 言

能源是国民经济、社会发展的重要物质基础，是工业发展的血脉，也是碳排放的主要来源。"十四五"是碳达峰的关键期、窗口期，能源领域也将迎来重大变革[1-4]。2022年10月，党的二十大对能源工作作出了新部署，明确提出"立足我国能源资源禀赋，坚持先立后破，有计划分步骤实施碳达峰行动，深入推进能源革命，加强煤炭清洁高效利用""加快发展方式绿色转型，实施全面节约战略，发展绿色低碳产业"。

中国能源资源禀赋具有"多煤少油贫气"的特征，而地域分布上存在"西富东贫"的

作者简介：杜欢，女，1988年生，陕西乾县人，西安财经大学经济学院讲师，西北大学经济管理学院在读博士，研究方向为产业经济学；冯星源，男，1997年生，河南郑州人，西安财经大学经济学院硕士研究生，研究方向为区域经济学。

区域特征。东西部地区能源需求之间存在结构性矛盾，即东中部地区相对能源资源贫乏，能源供需矛盾突出，西部经济欠发达地区却是我国能源富集地区之一[5-6]。西部地区的能源发展之路关乎"能源革命"推动进程，本文基于西部能源禀赋，以能源产业发展作为切入点，通过产业集聚度测算发现产业发展存在的问题，提出符合产业发展规律、"能源革命"要求的政策建议。

一、西北地区能源发展对国民经济发展的意义

数据表明，2021年我国GDP总值为1143670亿元，较2020年增长5.8%①。随着经济社会秩序的持续稳定恢复，能源需求也呈逐步回升态势。2021年能源消费总量52.3亿吨标准煤，较2020年增长5.2%。以国情为基础低碳发展为目标，加快西北地区能源发展具有重要的国家发展战略意义。

（一）进一步优化能源结构，改善生态环境促进能源可持续发展

长期以来，我国的能源生产和消费均以煤炭资源为主[7]。西北地区是中国的重要煤炭能源基地，也是全国煤炭供应的重要来源。秉持绿色低碳理念，西北地区"十四五"的发展趋势一方面是减煤降碳，推动煤炭的清洁高效利用[8-10]；另一方面是大力发展可再生能源[11-13]，形成能源革命的双重迭代路径。能源革命需要减煤、降碳，但并不意味着不使用煤炭，而是促进煤炭的清洁化[14]。西北地区本身就具有良好的煤炭产业发展基础，在未来发展中必然是煤化工高端化发展的先锋使者。除此之外，由于西北地区具有富余的可再生能源资源，更是国家发展达成"双碳"目标推动能源革命的重要抓手。

（二）削弱东西部能源供需差带来的影响，促进东西部经济融合发展

中部地区作为中国的工业承接地，对能源的需求与日俱增，而东部地区本身就是中国人口、经济发展的重要阵地[15-16]。但由于地理条件的差异，能源资源不足不仅使发展的不确定性增大，而且经济的发展也受到一定的约束[17]。西北地区的资源禀赋条件优渥，必然要成为国家重要的能源外送通道。近年来，"西气东输""西电东送""北煤南运"等国家重大战略工程的上马实施，使西北地区的能源地位不断凸显。西北能源建设的发展使能源优势转化为经济优势，不仅使当地经济发展、能源转型更上一层楼[18]，同时也支援了东中部地区发展，缓解了我国经济发展的不均衡性，促进东西部经济融合发展，优化了我国的产业结构和布局。

---

① 国家统计局.中华人民共和国2021年国民经济和社会发展统计公报[R].北京:国家统计局,2022.

二、西北地区能源禀赋基础

（一）西北五省区化石能源资源分布

1.西北五省区煤炭资源分布

西北地区煤炭储量稳居全国前列，分布呈现"北富南贫"的特征，煤炭产量呈上升趋势。西北地区煤炭产量占全国煤炭产量的33.11%，这得益于西北五省区丰富的煤炭储量。其中新疆煤炭资源总量预测约为2.19万亿吨，约占全国预测煤炭资源总量的40.6%，煤炭资源储量约为18037亿吨，居全国第1位。其他省份煤炭储量均居全国前列。2020年，陕西省煤炭储量排全国第4位，保有储量1763.38亿吨，相较于2019年有所增长；甘肃为我国重要的能源、原材料工业基地，目前储量约为1656亿吨，煤炭资源储量居全国第7位；宁夏煤炭储量约为1721.11亿吨，居全国第6位，已探明储量310亿吨。

陕西省煤炭资源主要分布于陕北榆林、延安以及铜川、渭南等地区，以低灰、低硫磷、高发热量为特色[19]。国家规划重点建设的13个大型煤炭基地中，陕西省有神东、陕北和黄陇3个基地。新疆98%的煤炭资源分布于北疆地区，其余的集中于阿克苏地区。新疆北部煤炭资源主要分布在准噶尔盆地东南部、伊犁盆地、吐哈盆地和塔里木盆地北缘一带。甘肃煤炭资源主要分布于陇东地区，该地区包括庆阳市和平凉市。宁夏的煤炭资源集中于东部，以侏罗纪煤为主，主要分布在宁北贺兰山煤田和宁东煤田。

近5年数据显示，陕西煤炭产量呈波段上升状态，与此类似的还有新疆，而甘肃、宁夏则呈下降趋势。但从增长速度来看，陕西煤炭产量增速呈下降状态，由2018年的增长9.3%下降至2019年的仅增长1.06%，新疆的煤炭产量增速则以上升为主。从煤炭产量排位来看，陕西省煤炭产量位居西北五省区之首，2019年为63630万吨；青海省2019年煤炭产量仅1286万吨；陕西省煤炭产量为青海省的近5倍，可见西北地区煤炭资源分布不均衡。

2.西北五省区油气资源分布

西北五省区油气资源分布极不平衡，且石油总体产量呈下降趋势，天然气产量呈上升趋势。西北地区石油资源分布整体呈现极不平衡的特征。2020年全国石油天然气资源勘查开采通报数据显示，全国石油新增探明地质储量13.22亿吨，同比增长17.7%，2018年以来保持持续增长。其中，西北地区新增探明地质储量大于1亿吨的盆地、油田共3个，分别是准噶尔盆地、塔里木盆地及准噶尔盆地的昌吉油田，三者均位于新疆维吾尔自治区北部。陕西省石油资源主要分布在陕北的榆林、延安两市，区域面积8万平方千米，属于特低渗透油田。石油预测资源总量约40亿吨，累计探明地质储量19亿吨，居全国第5位，累计探明技术可采储量3.25亿吨，居全国第6位。甘肃省2020年石油产量968.7万吨，在全国省市排名中位列第8位，甘肃省开发的主要油田包括长庆油田和玉门油田等。

2019年，西北地区石油产量为6659万吨，比2018年下降2.6%，其中陕西石油产量较2018年下降3%。从石油产量也可以看出石油资源在西北地区分布的不均衡。2019年，陕西省的石油产量占全西北地区石油产量的40.68%，而新疆维吾尔自治区2019年的石油产量则占到西北五省区石油产量的42.13%，甘肃和青海石油产量则分别占13.65%和3.44%。

2020年，我国天然气新增探明储量10514.58亿立方米，同比增长30.0%。其中，西北地区新增探明储量大于1000亿立方米的气田有1个，为塔里木盆地的克拉苏气田，可见新疆地区天然气资源丰厚。此外，西北地区天然气资源还集中分布于陕北地区的榆林、延安两市，区域面积8万平方千米。陕西省天然气预测资源量11.7万亿立方米，累计探明地质储量1.2万亿立方米，居全国第3位。

由近10年西北地区天然气产量看，天然气资源较为集中地分布于陕西和新疆，其中陕西2019年的天然气产量占54.2%，新疆2019年的天然气产量占38.4%，而甘肃和青海的天然气产量分别占比0.17%及7.2%。自2011年以来，西北地区各省天然气产量均呈上升趋势，陕西省天然气产量由2011年的272.2亿立方米增长至2019年的481.55亿立方米，甘肃天然气产量由0.2亿立方米增至1.58亿立方米，新疆由235.33亿立方米增至341.08亿立方米。

（二）西北地区可再生能源资源现状

1.水能资源较少且水电增速有限，集中于青海地区

西北地区水资源的开发利用有赖于黄河流域，而青海省则是西北地区水力资源最富集的区域，理论蕴藏量2187万千瓦。从装机容量看，2020年青海省水电装机容量为1193万千瓦，为西北地区首位；较2019年增速为0.05%，占全国发电装机容量的3.2%，占青海省总装机容量的29.6%。水电发电量为599亿千瓦·时，较2019年增长8.1%。其次为甘肃省，水电发电装机容量为957万千瓦，较2019年增速1.5%，占甘肃省装机容量的17.03%。全年水电发电量为507亿千瓦·时，较2019年增长2.2%。从水电装机容量占各省份比例来看，西北各省份自2016年以来新增水电装机容量比例整体呈下降趋势。

2.风能资源丰富但分布不均，集中于新疆、甘肃、青海地区

《2020年中国风能太阳能资源年景公报》显示，2020年为风能资源正常略偏小年度，相较于2019年，西北五省区风能资源偏小。2020年，甘肃省陆地70米高度层年平均风

功率密度≥150瓦/平方米的区域面积为23万平方千米，位居全国第6位；青海省为42.5万平方千米，居全国第5位；新疆维吾尔自治区为87.4万平方千米，居全国第2位。可见，新疆、青海、甘肃具有丰富的风能资源，应当充分予以利用。

从风电装机容量来看，2020年全国风电装机容量为28165万千瓦。新疆风电装机容量为2361万千瓦，位居西北首位，占全国8.38%，较2019年增长20.7%。其次为甘肃省，风电装机容量为2361万千瓦，较2019年增长5.9%。从风电装机容量增速来看，青海省相较2019年增长82.5%，其次为陕西省，增长了67.7%。从风电装机容量占比来看，除甘肃省外，其余西北四省份风电装机容量占各省份比例均呈上升趋势。

3.太阳能资源富集且分布广

根据《2020年中国风能太阳能资源年景公报》，2020年全国陆地表面平均年水平面总辐照量为每小时1490.8瓦/平方米，年最佳斜面总辐照量约为1743.7千瓦/平方米，较2019年分别偏高1.38%和1.47%，为正常年份。在西北地区，甘肃酒泉以西、青海东经100°以西大部分地区、新疆东部边缘地区属于太阳辐射最丰富地区，新疆大部、陕西北部、宁夏、甘肃酒泉以东大部、青海东部边缘地区均属于很丰富地区，而陕西中南部、甘肃东部边缘属于较丰富地区。由此可见，甘肃省拥有丰富的光能资源。根据中国气象局2021年资源评估成果，全国光伏发电技术开发量1287亿千瓦，其中甘肃省95亿千瓦，全国排名第5位，开发利用空间巨大。

2016—2020年，西北地区太阳能发电装机容量呈上升趋势，同样地，太阳能发电装机容量占各省份总装机容量比例也逐步上升。从太阳能装机容量看，2020年青海太阳能

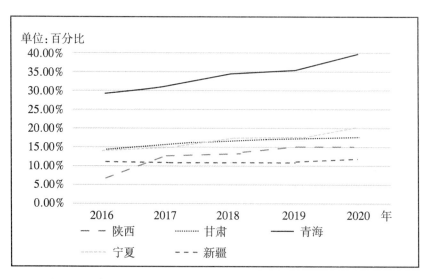

图1　西北各省份太阳能发电装机容量占各省份总装机容量比例走势

［数据来源：《中国电力统计年鉴》（2017—2021）。］

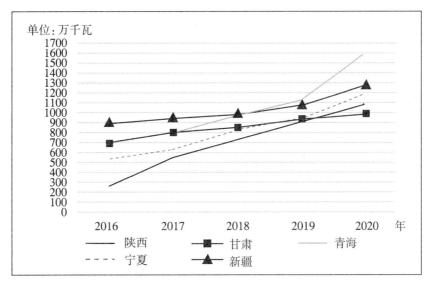

图 2 2016—2020 年西北各省份风电装机容量

[数据来源:《中国电力统计年鉴》(2017—2021)。]

发电装机容量为 1601 万千瓦,较上年增长 42.7%,装机容量及增速均为西北地区之首。其次为新疆,装机容量为 1266 万千瓦,较 2019 年增长 18.1%。从各省区太阳能发电装机容量占各省区总装机容量比例来看,太阳能发电一直是青海省重要的发电方式,整体占比达 39.73%,其次为宁夏,太阳能发电装机容量占整体装机容量的 20.14%。

三、西北地区能源产业集聚水平测度

(一)西北地区化石能源产业集聚水平测度

1.西北地区化石能源产业集聚测度指标构建

产业集聚是指某一产业在一定的空间范围内的高度集中,实际上反映了产业活动在地理空间布局上的不均衡,产业集聚程度越高,分布越不均衡。常用的产业集聚测度方法有 CRn 指数、赫芬达尔指数、空间基尼系数及 E-G 指数。其中,CRn 指数、H 指数主要考虑的是占据市场份额较大的企业,所以不能全面反映产业集聚的所有信息。空间基尼系数侧重于反映产业地理位置分布的不均衡,并不能真实反映产业集聚水平。

为描述西北地区化石能源产业发展水平,本文参考区位熵和空间基尼系数的相关表达,构建空间产能集聚模型,以反映各省份化石能源生产量相对于全国生产量的集聚程度[20-21]。

$$EAD_i = \frac{EP_{ij}}{EP_i} \Big/ \frac{EP_j}{EP} \tag{1}$$

其中，EAD_i 表示 i 省份的能源产业集聚度，EP_{ij} 表示 i 省份的化石能源生产量，EP_i 表示 i 省份的当年总产值，EP_j 表示当年全国化石能源总生产量，EP 表示全国当年总产值。在计算中，首先将煤炭、焦炭、原油等产量折算为标准煤，折算系数如表1所示。依据数据可得性原则，本文选取2007—2018年作为样本区间，数据来源于2008—2019年的《中国统计年鉴》、各省份统计年鉴及《中国能源统计年鉴》。

表1 各类化石能源折算标准煤系数

	煤炭	焦炭	原油	汽油	煤油	柴油	燃料油	天然气
折算系数	0.7143	0.9714	1.4286	1.4714	1.4714	1.4571	1.4286	1.33

资料来源：IPCC Guidelines for National Greenhouse Gas Inventories（2017）。

2.西北地区产业集聚测度的测算结果与分析

根据建立的产业集聚测度计算公式，通过CAMAR获得的全国各省份能源产量数据，利用折算系数计算标准煤总产量并进一步计算各个省份的区位熵，结果如表2所示。

表2 各省份化石能源产业区位熵指数测算结果

省区	2007年	2008年	2009年	2010年	2011年	2012年	2013年	2014年	2015年	2016年	2017年	2018年	增速/%
上海	0.20	0.21	0.19	0.59	0.61	0.64	0.70	0.20	0.22	0.22	0.22	0.20	0.34
云南	1.42	1.39	1.02	0.84	0.77	0.69	0.70	0.63	0.64	0.61	0.64	0.71	−50.05
内蒙古	4.25	4.93	5.37	0.74	0.81	0.78	1.06	7.04	6.92	7.27	9.35	9.93	133.84
北京	0.15	0.17	0.18	0.37	0.32	0.30	0.24	0.12	0.11	0.10	0.09	0.08	−45.36
吉林	0.86	0.87	0.85	1.02	1.08	1.05	0.94	0.56	0.53	0.48	0.45	0.44	−48.59
四川	0.80	0.74	0.67	0.39	0.40	0.37	0.36	0.47	0.43	0.44	0.36	0.28	−65.32
天津	0.79	0.66	0.69	2.74	2.48	2.24	2.12	0.65	0.73	0.72	0.72	0.75	−4.85
宁夏	3.33	3.21	3.83	1.59	1.25	2.30	2.56	4.56	4.44	4.34	4.57	4.42	32.87
安徽	1.07	1.20	1.21	0.42	0.39	0.36	0.37	0.87	0.92	0.87	0.84	0.77	−28.07
山东	0.80	0.78	0.78	1.35	1.40	1.46	1.51	0.82	0.87	0.97	0.97	0.87	9.30
山西	9.19	8.27	7.89	3.50	3.43	3.23	3.39	9.78	10.85	10.66	10.00	10.29	11.94
广东	0.16	0.17	0.17	0.54	0.52	0.53	0.17	0.19	0.20	0.19	0.20		26.19
广西	0.17	0.13	0.13	0.32	0.63	0.76	0.75	0.31	0.30	0.31	0.36	0.34	108.74

续表

省区	2007年	2008年	2009年	2010年	2011年	2012年	2013年	2014年	2015年	2016年	2017年	2018年	增速/%
新疆	2.84	3.08	3.32	5.23	5.12	4.88	5.10	3.55	3.73	4.15	4.19	4.41	55.49
江苏	0.20	0.19	0.18	0.37	0.40	0.41	0.43	0.18	0.19	0.19	0.17	0.15	-27.00
江西	0.54	0.54	0.49	0.53	0.50	0.50	0.49	0.37	0.33	0.31	0.23	0.20	-62.83
河北	0.90	0.84	0.87	1.37	1.50	1.55	1.45	0.73	0.80	0.80	0.74	0.74	-17.73
河南	1.16	1.15	1.20	0.70	0.64	0.63	0.65	0.70	0.67	0.64	0.58	0.55	-52.24
浙江	0.12	0.13	0.13	0.36	0.37	0.33	0.32	0.10	0.10	0.10	0.10	0.10	-20.58
海南	0.85	0.78	0.77	2.10	2.03	1.87	1.44	0.52	0.60	0.60	0.51	0.57	-33.44
湖北	0.28	0.26	0.24	0.52	0.50	0.44	0.46	0.19	0.18	0.17	0.17	0.15	-46.40
湖南	0.60	0.53	0.52	0.28	0.33	0.35	0.33	0.34	0.26	0.23	0.18	0.18	-69.31
甘肃	1.77	1.68	1.63	1.78	1.98	1.86	1.85	1.42	1.45	1.49	1.45	1.32	-25.42
福建	0.22	0.22	0.25	0.31	0.24	0.27	0.23	0.21	0.22	0.21	0.18	0.18	-17.23
贵州	3.01	2.77	3.14	0.59	0.51	0.56	0.52	2.51	2.23	2.23	1.98	1.67	-44.49
辽宁	1.26	1.16	1.09	2.12	1.98	1.91	1.84	0.80	0.84	1.19	1.18	1.21	-4.07
重庆	0.73	0.70	0.60	0.17	0.17	0.14	0.13	0.36	0.32	0.23	0.13	0.13	-81.87
陕西	3.76	3.59	4.10	3.31	3.35	3.59	3.56	4.69	4.95	5.16	5.30	5.36	42.52
青海	1.61	1.72	1.60	1.81	1.92	1.97	1.90	1.47	0.88	1.03	1.14	1.07	-33.56
黑龙江	2.22	2.03	1.99	3.21	3.01	2.90	2.84	1.48	1.51	1.59	1.63	1.62	-27.08

资料来源：《中国统计年鉴》、各省份统计年鉴及《中国能源统计年鉴》(2008—2019)。

从表2中可以看出，2007年化石能源上游产业集聚水平最高的5个省份依次是山西（9.19）、内蒙古（4.25）、陕西（3.76）、宁夏（3.33）、贵州（3.01），2018年最高的5个省份变为山西（10.29）、内蒙古（9.93）、陕西（5.36）、宁夏（4.42）、新疆（4.41），整体上并无太大变化。同时可以看出，我国化石能源上游产业的集聚呈现全局分散、个别集中的分布状态。2018年全国各省份均有化石能源上游产业布点，在排位前5的省份中，陕西、宁夏、新疆都地处西北。2018年西北五省区的化石能源产业集聚指数分别为陕西（5.36）、宁夏（4.42）、新疆（4.41）、甘肃（1.32）、青海（1.07）。从产业集聚趋势来看，青海、甘肃近年来有所下降，与青海、甘肃大力发展可再生能源趋势显示出一致性，新疆、陕西呈上涨趋势，宁夏近年来较为平缓。

从化石能源上游产业集聚水平变化速度来看，全国整体呈下降趋势，从空间分布来看,下降地区主要集中在中东部,说明中东部地区的化石能源上游产业正在缩小转移,这与近年来我国低碳绿色发展战略相匹配。但也有部分省份集聚水平呈上涨趋势,新疆化石能源产业聚集水平由2.84升至4.41,动态区位熵增长达55.49%;陕西省由3.76上升到5.36,动态区位熵增长率达42.52%;内蒙古则从4.25增长至9.93,以133.84%的动态区位熵增长率位居全国第1位。总体来看,全国化石能源产业区位熵呈现明显地域差异,从时间维度上来看也逐步由东部地区向西部地区转移,这与中国能源禀赋特征以及"抑制东部、控制中部、发展西部,依据资源禀赋、市场区位、环境容量等因素确定产业发展格局"的能源发展战略相适应。

综上所述,西北地区化石能源产业在全国范围内依旧具有重要作用,且已形成一定的产业规模。根据以上测算结果,西北地区化石能源产业集聚水平的上升充分体现出围绕能源革命战略目标,我国充分发挥各地区资源禀赋优势,利用西北地区在化石能源上的优势,集中发展化石能源产业,提升区域化石能源产业水平。同时,由于上述产业集聚水平分析是以化石能源上游产业中开采业的相关数据作为指标选取的依据,所以西北地区部分省份产业集聚水平的上升其实也从侧面反映出西北地区化石能源开采业规模的扩大。在绿色低碳的战略目标下,西北地区化石能源开采业规模的扩大,也从另一个角度反映出西北地区仍具有较大的降碳减排压力。

(二)西北地区可再生能源产业的集聚水平测度

1.西北地区可再生能源产业的集聚指数设计

区位熵也叫地方专门化率或专业化指数,是区域专业化程度的一个主要指标,在很久以前就被普遍采用。它是指某个区域内某个行业所占据的总产业比例与国内产业所占有的比例。目前,也有人用来评价某个地理区域内某个行业的聚集程度。其计算公式为:

$$LQ = \frac{E_{ij}}{E_i} / \frac{E_{kj}}{E_k} \tag{2}$$

区位熵的经济含义是一个给定区域中产业占有的份额与整个经济中该产业占有的份额相比的值。其中,E_{ij}表示i地区j产业的产值,E_i表示i地区总产值,E_{kj}表示国家或区域k产业j的总产值,E_k表示指国家或区域k的总产值。式(2)中,总产值可以选择企业数量、增加值、主营业务收入、从业人员等各种指标。

当LQ值小于1时,说明i区域内的产业j行业的专业化程度低于或接近国内的平均值,j行业在i区域内没有显著的聚集趋势,若LQ值超过1,说明i地区j行业的专业化程度比国内平均值要高。在i区域内,产业j出现了显著的集聚。这个特殊指标的计算方式可以反映出一个区域内的产业集群以及区域和要素层面上的集聚。

可再生能源产业的区位熵指数反映了各个行政区域内可再生能源产业的聚集水平及其变动。而可再生能源产业的动态区位熵指数则可以从时间与空间两方面反映出可再生能源产业在区域内所占的比重，从而可以反映可再生能源在区域内的聚集情况。时间角度可以较好地反映一段时间可再生能源产业的聚集速率，空间角度可以较好地反映要素的集聚情况。从数据获取的便利程度、准确化等方面来看，由于年鉴统计指标在研究期间发生改变，综合对比选择可再生能源发电量代替产量指标进行测算。可再生能源产业区位熵公式如下：

$$LQ = \frac{E_{ij}}{E_i} / \frac{E_{kj}}{E_k} \tag{3}$$

式（3）中，E_{ij}表示i省份可再生能源发电量（用总发电量减去火力发电量和水力发电量表示），E_i表示i省份的总发电量，E_{kj}表示全国可再生能源发电量，E_j表示当年全国总发电量。

可再生能源产业动态区位熵指标的计算公式为：i省可再生能源产业区位熵变化＝[（即期i省新能源产业区位熵/基期i省新能源产业区位熵）－1]×100%，表示集聚发展的速度。

2.西北地区可再生能源产业集聚指数的测算结果及分析

根据式（2）和式（3），可以得出2007—2019年我国各省份可再生能源产业动态区位熵测算结果如表3，各省份可再生能源产业集聚水平排序如图3。

表3 2007—2019年各省份可再生能源产业动态区位熵测算结果

省份	2007年	2008年	2009年	2010年	2011年	2012年	2013年	2014年	2015年	2016年	2017年	2018年	2019年
上海	0.17	0.26	0.42	0.35	0.08	0.09	0.16	0.12	0.10	0.10	0.19	0.24	0.23
云南	0.02	0.92	0.00	0.09	0.19	0.35	0.43	0.48	0.56	0.79	0.76	0.67	0.65
内蒙古	1.00	1.06	2.19	2.72	2.83	2.18	2.19	1.71	1.72	1.66	1.49	1.31	1.16
北京	0.00	0.00	0.21	0.29	0.30	0.26	0.21	0.14	0.11	0.11	0.15	0.13	0.13
吉林	0.94	4.80	1.60	1.65	2.03	1.57	1.43	1.69	1.50	1.34	1.01	1.27	1.25
四川	0.01	0.02	0.01	0.17	0.10	0.01	0.01	0.05	0.06	0.09	0.16	0.18	0.19
天津	0.00	0.24	2.02	1.37	0.06	0.10	0.16	0.17	0.13	0.18	0.19	0.27
宁夏	0.30	0.28	0.54	0.83	0.36	0.80	1.39	1.24	1.54	1.85	1.61	1.46	1.30
安徽	0.00	0.01	0.08	0.09	0.12	0.09	0.08	0.32	0.18	0.29	0.41	0.48	0.46
山东	0.10	0.41	0.33	0.34	0.32	0.48	0.47	0.56	0.41	0.39	0.39	0.56	0.78

续表

省份	2007年	2008年	2009年	2010年	2011年	2012年	2013年	2014年	2015年	2016年	2017年	2018年	2019年
山西	0.01	0.07	0.06	0.13	0.09	0.41	0.40	0.48	0.53	0.64	0.75	0.82	0.80
广东	4.96	3.05	3.83	3.40	3.12	3.07	2.72	2.46	2.39	2.17	1.95	1.80	1.86
广西	0.23	1.19	0.60	0.35	0.01	0.09	0.05	0.40	0.07	1.05	1.07	1.05	1.02
新疆	0.64	0.51	1.26	1.26	0.88	0.90	1.28	1.36	1.22	1.21	1.36	1.25	1.15
江苏	1.58	1.45	1.79	1.55	1.38	1.18	1.00	1.06	0.82	0.73	0.74	0.89	0.99
江西	0.00	0.05	0.03	0.03	0.05	0.04	0.02	0.27	0.27	0.33	0.50	0.61	0.60
河北	0.20	1.65	0.53	0.84	1.18	1.49	1.33	1.26	1.14	1.08	1.09	1.08	1.15
河南	0.00	1.45	0.14	0.10	0.15	0.14	0.06	0.14	0.09	0.14	0.24	0.39	0.50
浙江	5.28	2.93	3.60	2.80	2.75	2.89	2.49	2.22	2.52	2.06	1.74	1.76	1.69
海南	0.12	0.07	0.14	0.41	0.49	0.30	0.57	0.46	0.75	2.87	2.77	2.32	2.58
湖北	0.17	0.38	0.11	0.36	0.11	0.09	0.11	0.26	0.12	0.25	0.31	0.34	0.34
湖南	0.00	0.00	0.00	0.00	0.14	0.26	0.11	0.34	0.32	0.35	0.39	0.45	0.49
甘肃	0.40	0.99	0.66	0.95	1.68	1.84	2.30	2.02	2.18	1.94	2.01	1.81	1.63
福建	0.12	0.23	0.35	0.24	0.37	0.38	1.29	1.64	2.62	2.76	2.87	2.52	2.15
西藏	2.97	4.26	2.52	1.74	1.72	2.08	1.76	1.50	1.29	0.75	1.07	1.09	1.21
贵州	0.00	0.00	0.00	0.01	0.00	0.13	0.18	0.16	0.31	0.35	0.38	0.36	0.34
辽宁	0.24	0.29	0.47	1.00	1.49	1.53	2.11	2.41	2.40	2.24	2.19	2.15	2.04
重庆	0.07	0.03	0.05	0.05	0.19	0.54	0.06	0.15	0.05	0.08	0.12	0.11	0.14
陕西	0.02	0.06	0.00	0.00	0.01	0.02	0.13	0.22	0.33	0.34	0.51	0.64	0.62
青海	0.05	0.00	0.01	0.00	0.02	0.53	1.38	1.66	2.04	2.17	2.07	1.78	1.94
黑龙江	0.28	0.59	0.88	1.21	1.45	1.76	1.86	1.61	1.11	1.06	1.19	1.18	1.19

从动态区位熵测算结果看，我国可再生能源产业具有明显的集聚效应，且呈现出明显的区域性集聚特征。整体来看，东部与西部的可再生能源产业集聚情况较为明显，在东部沿海地区产业集聚现象更为突出。从各省份2019年可再生能源产业集聚水平看，排位前10的省份中6个为东部省份，其余4个为西部省份，可再生能源资源禀赋特征较为明显。

就西北地区而言，自2007年起，陕西省可再生能源产业集聚指数由0.02增加到0.62，甘肃省可再生能源产业集聚指数由0.4增加到1.63，青海省可再生能源产业集聚指数由

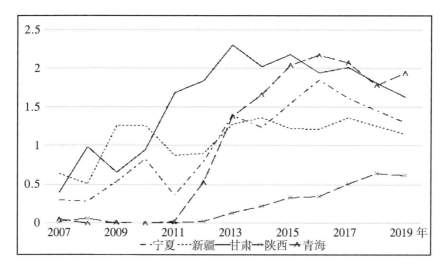

图3 2007—2019年西北地区可再生能源产业集聚水平

0.05增加到1.94,宁夏回族自治区可再生能源产业集聚指数由0.3增加到1.3,新疆维吾尔自治区可再生能源产业集聚指数由0.64增加到1.15,均为"由无到有",形成了可再生能源产业的聚集态势。

虽然西北地区各省份可再生能源产业均呈现出明显的产业集聚,但西北地区各省份之间的可再生能源产业集聚水平差异较大。就2019年的测算结果来看,青海省集聚指数最高为1.94,其次为甘肃省1.63,宁夏回族自治区1.3,新疆维吾尔自治区1.15,陕西省排在最末位为0.62。排名第1位的青海省集聚指数是排名最后一位的陕西省集聚指数的3倍左右,可见区域内的可再生能源产业发展水平具有一定差异。

四、西北地区能源产业发展面临的挑战

(一)西北地区化石能源产业发展挑战

1.能源消耗程度较高,能源产业依赖度较高

单位GDP能耗是反映能源消费水平和节能降耗状况的主要指标,该指标说明一个国家经济活动中对能源的利用程度,反映经济结构和能源利用效率的变化。近10年来,西北地区的单位GDP能耗整体呈下降趋势,但各省份稍有差异(图4)。宁夏在五个省份中单位GDP能耗相对最高,2020年为2.19,近10年平均单位GDP能耗为2.21,说明宁夏对传统化石能源产业的依赖度较高,并且近10年没有表现出明显的下降趋势。青海省2010年基本与宁夏处于同一水平,说明青海的经济发展结构更偏重于传统化石能源业,但自2011年起,青海的单位GDP能耗几乎呈线性下降,表明青海的产业结构在不断优

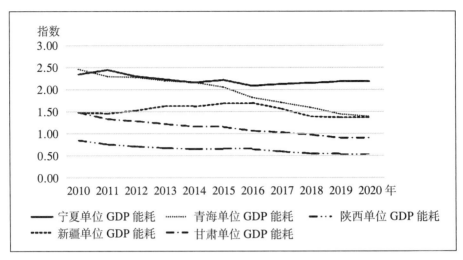

图 4 西北地区单位 GDP 能耗

化调整,减轻了对传统能源业的较高依赖度。陕西省是单位 GDP 能耗最低的省份,其次为甘肃,两者的单位 GDP 能耗也基本呈下降态势。2010—2016 年,新疆维吾尔自治区的单位 GDP 能耗呈上升趋势,随后下降,近两年基本持平。陕西省虽为西北地区单位 GDP 能耗最低的省份,2010 年单位 GDP 能耗为 0.84,但 2020 年单位 GDP 能耗为 0.52,相当于 1 单位 GDP 需要消耗 0.52 个单位的能源,消耗比例较高,从侧面反映了西北地区提升能源利用效率的任务依然繁重。

2.能源加工利用程度提升不够,工艺、管理水平仍需提高

能源加工转换效率,指一定时期内能源经过加工、转换后产出的各种能源产品的数量与同期内投入加工转换的各种能源数量的比率。该指标是观察能源加工转换装置和生产工艺先进与落后、管理水平高低等的重要指标。近 5 年的数据显示,陕西省是西北五省区中能源加工转换效率最高的省份,2016 年加工转换率为 81.92%,2020 年转换效率为 80.11%,转换效率略有下降。其次为甘肃省,2016 年转换效率为 70.99%,2020 年能源加工转换效率为 69.89%,近 5 年也呈略微下降。新疆维吾尔自治区 2016 年能源加工转换效率为 57.14%,2020 年能源加工转换效率为 58.99%,近 5 年有所提升;宁夏与青海数据变化程度不高。可见,西北各省份虽具有天然的发展基础,但围绕"双碳"目标,西北各省份在产业技术、工艺水平、管理方式等方面还亟须提高。

3.产业链延伸程度不够,产业清洁化转型方向尚不明确

西北地区丰富的煤炭、天然气、金属等矿产资源储量造就了基础扎实的煤化工、石油化工等重工业炼化产业,为当地带来了巨大的经济发展收益。根据 2019 年《中国煤炭工业年鉴》数据,陕西省调出煤炭 47913.70 万吨,而 2019 年陕西省煤炭生产量为 44675.88

万吨,足见陕西煤炭对外输送的比例之高。除此之外,2019年西北地区煤直接制油占全国产能的100%,煤间接制油占比79%,煤制天然气占比74%、煤制烯烃占比44%、煤制乙二醇占比18%,足见西北煤化工产业的市场份额较高。但从煤化工产品结构来看,煤制烯烃、煤制乙二醇等都是下游产品的加工原料,也从侧面反映了西北地区煤化工产业链延伸度不够、产品附加值不高的现状。不仅如此,在"碳中和"的背景下,西北地区的传统能源化工产业所带来的边际效益逐渐变得有限,也在一定程度上增加了西北各省份潜在的社会经济负担,且较高的碳排放也不利于"碳中和"目标的达成。传统高碳排放的能源产业亟须转型寻找新的经济能动力。尽管当前西北各省份均提出加快储能技术、电池储备、氢能的发展,因此为西北地区传统工业提供了转型的突破口,但如此庞大的经济体量要全面完成清洁化转型,仍然需要有在大规模的投入和有效的转型后在就业等问题上的应对措施。因此,西北地区整体产业转型的路线和方式都需要进一步地深入研究。

表4 西北地区煤炭资源输送量

单位:万吨

省区	总计			国有重点煤矿			地方煤矿		
	净调出、调入	调出(+)	调入(-)	净调出、调入	调出(+)	调入(-)	净调出、调入	调出(+)	调入(-)
陕西	46562.75	47913.70	1350.94	24869.35	25163.33	293.98	21693.41	22750.37	1056.97
甘肃	-2585.97	1150.60	3736.57	362.81	1115.21	752.40	-2948.78	35.39	2984.17
青海	-908.24	0	908.24	-127.62	0	127.62	-780.62	0	780.62
宁夏	-740.16	371.37	1111.54	370.02	371.37	1.36	-1110.18	0	1110.18
新疆	2683.21	2721.66	38.45	708.09	721.66	13.56	1975.12	2000.00	24.88

资料来源:《2019年中国煤炭工业年鉴》。

(二)西北地区可再生能源发展面临的挑战

1.西北地区各省份可再生能源产业发展状态差异较大

通过西北地区可再生能源产业集聚水平的测度结果可以发现,西北地区各省份可再生能源产业发展状态差异较大。这种差异主要还是来自各省电力结构的不同,陕西2019年2193亿千瓦·时,其中84.91%来自火电,7%来自水电,4.29%来自光伏电,3.8%来自风电。甘肃2019年发电量1631亿千瓦·时,其中火电占比48.3%,水电占比30.45%,风电占比13.99%,光伏电占比7.26%。青海2019年发电量886亿千瓦·时,水电占比

62.53%，超过总发电量的一半，光伏电占比17.85%，火电占比12.12%，风电占比7.5%。宁夏2019年总发电量1766亿千瓦·时，火电占比为81.76%；风电占比10.51%，光伏电占比6.49%，水电占比1.24%。新疆2019年总发电量3670亿千瓦·时，以火电为主，占比77.07%；风电占比11.26%，水电占比7.96%，光伏电占比3.71%。

以上数据充分表明，虽然西北地区总体上在能源转型中具有举足轻重的地位，但各省份差异较大，可再生能源发电比例仍然偏低，要充分发挥各省份在能源转型战略中的作用，还需要依据各地的发电结构特点及态势有针对性地进行。

2. 西北地区各省份可再生能源消纳水平差距较大

弃风、弃光问题一直是影响可再生能源发展的瓶颈，也是能源革命进程中的重点问题之一。2021年全国整体弃风率5.2%，同比下降2.6个百分点，弃光率5.8%，同比下降1.6个百分点。西北五省区全年可再生能源平均弃风率4.8%，平均弃光率4.3%，整体低于全国水平，但各省份之间消纳水平差异较大，个别省份消纳水平较低。

近3年来，陕西、甘肃、新疆可再生能源利用率有明显提升，利用情况显著好转，宁夏2021年风电利用率97.6%，光伏利用率97.5%，相较2020年基本持平，青海2021年相较于2020年弃风率、弃光率有所上升。

2021年，陕西省风电利用率97.7%，光伏利用率98%，消纳水平较2020年有所提升。陕西省可再生能源弃电问题得以改善主要有以下几方面原因：一是陕西省围绕可再生能源发展的难点、堵点，依据国家《关于促进新时代新能源高质量发展的实施方案》制定了符合省情的工作方案，以制度保障推进可再生能源发展；二是通过机制优化、多级联动、技术升级等方面全力打造可再生能源并网消纳"示范区"；三是推进可再生能源发电企业参与市场化交易，提高省内、跨省区域电力外送市场的竞争力。

2021年，新疆新能源发电利用率为94.0%，同比提升2.9%。新疆新能源弃电问题持续好转，一是得益于吉泉等特高压直流外送通道输电能力的提升，疆电外送规模不断扩大；二是新疆全社会用电量增速较快，今年新疆全社会用电量同比增长10.8%，增速高于全国平均水平；三是新疆积极推动电采暖项目实施，同时不断扩大绿电市场化交易规模。

甘肃新能源利用率为95.5%，同比降低1%。2021年，甘肃新能源发电利用率为96.8%，同比提升1.7%。甘肃新能源弃电问题持续好转，一方面，得益于祁韶等特高压直流外送通道输电能力的提升；另一方面，甘肃省大力推进直购电交易、新能源替代自备电厂发电、清洁能源供暖和电能替代等示范工程，积极开展各类市场化互济交易、合理安排省间交易与跨区现货等措施，有效促进了新能源消纳。

2021年第四季度，青海省风电利用率为94.8%，同比上升0.77%；光伏发电利用率为88.1%，同比下降0.8%。2021年，青海可再生能源利用率为87.3%，同比下降5.7%。

一方面，2020年底可再生能源集中并网规模较大，在本地消纳空间有限的情况下，为2021年可再生能源消纳带来较大压力；另一方面，受支撑电源建设进度滞后及电网安全稳定约束等因素影响，青豫直流输送可再生能源能力受限，制约可再生能源消纳水平的提升。青海至河南±800千伏直流工程于2020年投产后，由于配套水电和光热滞后，可再生能源装机占比较高，送端暂态过电压成为抑制青豫直流输电能力和可再生能源消纳的主要因素。

3.西北地区各省份仍需加强电力外送通道建设

跨省份、跨区域电力输送成为提高西北地区富余电力消纳、缓解东部较高用电需求的重要方式。2016—2020年，西北区域向全国其他区域输送电量连续增长。2020年，西北地区跨区域输送电力27669180万千瓦·时，相较2019年跨区域输送电量提升了37%。其中宁夏跨区送出电量10871084万千瓦·时，居西部地区跨省份送出电量数的首位，送出电量占全国7.09%。其次为新疆，送出电量9599769万千瓦·时，占全国6.26%。甘肃输送电量7873207万千瓦·时，占全国5.13%；陕西输送电量6040000万千瓦·时，占全国3.94%；青海输送电量2728866万千瓦·时，占比1.78%。以上跨省份输送电量数据充分显示了无论是跨省份输送电量，还是在全国发电量中的比例，西北各省份都呈连年增长的趋势，足见西北地区在全国电力市场中占据着重要地位。

在跨区域、跨省份输送电量均有所攀升的背景下，提高跨区域、跨省份电力输送能力就成为当前需要解决的主要问题。从电力产业链视角出发，上游为电源侧，中游电网输送，下游面对用电企业。上游电源侧近年来发展迅猛，虽然其中经历了严重的产能过剩，但随着电力市场的持续改革和相关政策体制的完善，电源侧的发展已基本符合当前的主要市场需求。中游电力输送通道建设是提升可再生能源电力消纳能力的重要渠道。

首先，通过对西北地区各省份电网建设现状的梳理，可以发现各省份之间电力输送通道输送途经地有所交叉，以各省份地方为输送起点的特高压直流输电通道数量仍有不足。陕西省只有1条榆横至潍坊特高压线路，甘肃省只有1条祁韶特高压直流输电线路，青海省有1条青豫直流，宁夏则有2条特高压直流输电通道，分别是灵绍直流、昭沂直流，新疆共计2条特高压直流输电通道，分别是吉泉直流、田中直流。由此可见，在提高外送能力方面，继续加强外送通道建设仍是可再生能源消纳水平提升的重要任务。

其次，电力外送需要超高压甚至是特高压来输送，特高压是由1000千伏及以上交流和±800千伏及以上直流输电构成，是目前世界上最先进的输电技术，具有远距离、大容量、低损耗、占地少的综合优势。从上下游产业链来看，特高压产业链包括电源、电工装备、用能设备、原材料等。安全提高电压等级是当前提高输电容量、提高输送距离、提升电网稳定性的重点及难点，因此特高压输电线路尤其重要，对特高压技术、资金设备的投入也是几何倍数的，技术提升才是关键。

再次，跨省电力输送不仅仅是输送而已，关键问题在于并网，无论是集中式抑或是分布式发电，都需要将发电接入电网或用电负载上。电网越大，资源的调控效率越高，但调度的复杂度也相对加大，对电网稳定性的要求也随之增加，当稳定性不足时，电网瘫痪所带来的损失也更加难以承受。因此，提高电力调度能力，建设有效的输电线路，对提升能源消纳水平至关重要。

最后，外送电力中可再生能源输电量比例仍需提高。随着新疆送安徽的1100千伏线路和青海至海南和陕北至湖北的800千伏高压输电线路投运，西北区域外送电力能力再次提升。虽然伴随外送通道建设的不断加强，西北各省份外送能力再上台阶，但其中可再生能源输电量仍然有限。

五、西北地区"十四五"能源发展思路

（一）西北地区化石能源产业发展思路

在各类传统化石能源资源以及各类矿产资源丰富的基础上，煤化工、石油化工等重工业一直是西北地区经济发展的重要支柱。煤炭主要集中在新疆、宁夏和陕西，天然气主要集中在陕西的陕北地区。从工业结构看，西北地区的能源化工一直占比较高。因此，传统化石能源面临着较大的"碳中和"压力。在未来发展中，应充分利用能源转型大背景下可再生能源的发展机遇，倒逼化石能源产业转型升级，还需要从技术、制度等方面优化产品需求，提高生产制造效率。

1.拉长产业链的基础上提高产品附加值

伴随着西北地区经济的高质量发展，产品需求也在向高质量发展转型。以低碳绿色为导向，西北地区应持续拉长能源产业链，优化产品结构，提高产品附加值，加强对内对外的同步产品输出。借力西北区域内各省份的发展优势，形成优势互补的产业发展模式。如陕西在"十四五"期间将发展高端装备制造等项目，由此带来的人口、项目建设等需求必然会提高对能源产品的需求，在此基础上推动传统能源产业向高端化、智能化、绿色化发展。不仅如此，西北地区各省份"十四五"发展规划中均提到要做好东部、中部产业的承接。经济发展程度一般与能源消费是呈正相关的，但中东部大部分地区并不适宜发展能源产业，而发展成为中、东部地区产业承接地，则将给西北地区能源发展、经济发展带来新的机遇。充分挖掘自身优势，将优势产出最大化，以技术和制度作为支撑，不仅可以推动经济发展上一个台阶，而且可以将经济发展推向低碳、可持续。

2.利用碳捕集等技术实现能源工业循环发展

西北地区能源产业的集聚性较强，具有多个大型能源生产基地，具备生产大型化、集成化优势。一方面，西北地区是全国的煤化工生产重地，煤化工生产规模较大，集成化特征明显。基地和园区是西北地区煤化工生产的主体单位，生产环节的集成大大有利于余热余压综合利用，以及上下游生产环节的物料充分互供，从而减少能源和资源的消耗，降低碳排放。另一方面，较高程度集聚的能源化工业给高效的碳捕集提供了途径。煤化工的生产具有高浓度且较为集中的碳排放，因而会有效地降低碳捕集的成本。同时，捕获的二氧化碳还可以作为原料利用到一些化工生产环节中，实现降碳的目的。煤化工生产中，浓度较高的二氧化碳主要是工艺过程排放，浓度可以达到65%～95%。排放浓度较高，会减少对二氧化碳提纯的投入，降低后续处理的难度和成本。提取的二氧化碳还可以作为工业原料进行二次利用，如二氧化碳可以用于甲醇等主要化工产品的生产，实现碳的循环利用。

以上分析表明，西北地区具备充分利用煤化工生产物料、提升能效系统的先天优势，再配合以碳捕捉等技术手段，不仅可以发展能源工业的循环经济，还可以发展产业互补的循环经济。

3.推动化石能源产业与清洁能源协同互补发展

西北地区不仅拥有优越的传统化石能源资源，而且拥有丰富的可再生能源。绿氢是氢气中的一种，是通过可再生能源分解水得到的氢气，燃烧过程中会产生水，可以说是完全的绿色新能源，近年来得到了快速发展，问题在于绿氢并不适宜远距离运输。但绿氢可以就地转化为化工工业原材料，将绿氢投入到能源化工生产过程中，不仅可以减少碳排放达到低碳的目标，还可以与化石能源合成为化工产品。以绿氢为原料耦合到传统煤化工的过程中，调节碳氢比将大大减少甚至避免了过程中的碳排放。利用光伏发电、电解水制氢，制得的氢气进一步与二氧化碳合成为甲醇。相较于氢气，甲醇具有化学性状稳定、储存运输更为安全以及成本更低的优势，因此，甲醇可以作为煤、石油等化石燃料的替代燃料品，也可以作为初级化学燃料进一步合成烯烃、芳烃、含氧化合物，进而节省煤炭和石油，降低碳排放。例如，2021年我国首个万吨级光伏绿氢示范项目——中国石化新疆库车绿氢示范项目正式启动建设。项目将新建装机容量300兆瓦、年均发电量6.18亿千瓦·时的光伏电站，电解水制氢年产能2万吨。项目已于2023年8月建成投产，生产的绿氢将供应中国石化塔河炼化，替代现有天然气化石能源制氢。预计每年可减少二氧化碳排放48.5万吨，将为当地GDP年均贡献1.3亿元，创造税收1800余万元。

（二）西北地区可再生能源的发展思路

1.夯实基础,加强可再生能源基地建设

以西北各省份自然条件为基础,进一步夯实基础设施建设,加快建设可再生能源基地,保障可再生能源供应安全。"十四五"期间,西北地区以优渥的可再生能源资源禀赋,具备了大型可再生能源基地建设的基础条件。"十四五"规划中提出建设九大清洁能源基地,其中4个能源基地建设在西北地区。

表5　西北地区清洁能源基地列表

基地类型	基地名称	省份
风光火储一体化基地	黄河"几"字弯清洁能源基地	宁夏
	河西走廊清洁能源基地	甘肃
风光水储一体化基地	黄河上游清洁能源基地	青海
风光水火储一体化基地	新疆清洁能源基地	新疆

表5显示规划的清洁能源基地是以光伏电、风电为主要的可再生能源类别,全链条布局可再生能源产业,进一步打造风光火储一体化基地。围绕"光伏+储能、光伏+光热、风光水储、源网荷储"基地建设,继续提高可再生能源装机规模,形成多种能源高效互济、智能协同、灵活调控的装机格局,基本建成国家清洁能源产业高地。加强电源侧建设,有效提升装机规模,发展全产业链,进而提高可再生能源产业集聚水平,推动可再生能源朝向高质量水平迈进。

2.优化电力输送结构,充分利用现有通道

各省份从地形地貌自然条件出发,尽量优化主电网结构,在平衡省区内可再生能源电力输送的同时,提高电力富余地区向中东部负荷中心送电能力,稳步推进高压、特高压通道建设。尤其是特高压电力通道具有高技术水平、高施工建设要求等特点,特高压直流换流变压器的一些关键原材料、核心组部件仍依赖进口,存在技术"卡脖子"的风险。在能源科技创新方面,还需要各级主体的支持与投入。特高压直流技术是当前电力输送通道的主力军,研究可再生能源发电支撑特高压直流技术方案,强化送受端电网强度与结构,提高稳定限额,通过技术改造持续提升祁韶直流通道输送端和受电端的电网构架,实现"送端有能力""受端有途径",切实发挥祁韶直流通道尽快达到额定出力作用。将分布式调相机应用于可再生能源发电侧,因为它是促进光伏、风电等新能源消纳,保障新能源外送通道稳定性,提升电网电能质量的关键设备,被誉为新能源电网的"稳定器"。2021年11月,在青海海南州千万千瓦级新能源基地,随着首批11台新能源分布式调相机全部投入使用,世界最大规模的新能源分布式调相机群正式形成,可带动当地新能源消纳能力提升185万千瓦,这也是世界上首次探索在电源侧大规模安装分布式调相机。

3.加快电力市场化改革,健全市场交易机制

电力市场化改革,就是要还原电力的商品属性,充分尊重和保护发用电市场主体地位和权利。2021年,全国市场交易电量保持快速增长势头,中长期交易电量同比增长超过20%,其中省内电力直接交易占全国电力市场中长期电力直接交易量的93.8%,省间电力交易占6.2%,可见省间交易规模仍有很大提升空间。

跨区输电是提升可再生能源消纳、强化区域资源互补的重要渠道,有助于消纳西北省份富余电力、缓解东部地区用电负荷,无论送端还是受端省份都将是双赢。但出于保护本省经济或发电企业利益的考虑,往往不会轻易接收外输电力,人为地阻碍了跨区输电,形成了省间壁垒。从资源经济性角度看,跨区输送的可再生能源电力价格通常要低于本地的标杆电价,在市场化的竞争中有明显的成本优势。

为保障并网与提升消纳,利用国家规划建设的有利契机,结合各地电网特点,打破区域界限,强化省级政府间合作。一方面,要继续完善电力中长期交易、现货交易等市场机制,推进双边协商、集中竞价、挂牌、现货等电力交易。另一方面,主动加强与周边省份等相关方面沟通衔接,发挥跨区输电的经济性优势,利用周边省份的特高压直流外送工程,将区域内富余的可再生能源电力输送到电力负荷地区,不断开拓电力外送消纳市场。

在电力市场改革方面,按照"政府推动、市场运作"的原则,持续推进售电侧改革,鼓励有能力的发电企业自建或购买调峰能力增加并网规模,不断完善电力优化配置的市场化机制和价格机制。以市场化的方式促进可再生能源更大范围的消纳,逐步促进省内电力现货与可再生能源剩余产量跨省区现货交易的融合,缓解可再生能源弃风弃光限电问题。

4.重视国际能源合作,提高可再生能源建设能力

最大化利用新疆在丝绸之路经济带建设中的地位,利用新疆在向西开放的总体格局的位置,重视国际能源合作,丰富能源合作的载体,构建面向中亚、西亚等地区更大范围、更宽领域、更深层次的能源合作新格局,进而提升可再生能源的外送能力以及可再生能源产业链条的延伸能力,以确保产业的健康可持续发展。2021年召开的中国新疆与中亚国家新能源合作线上国际论坛提到,新疆在可再生能源产业发展方面具有禀赋优势、区位优势等,未来中国新疆与中亚五国可充分发挥各自优势和潜能,聚焦利益契合点,加强新能源领域投资合作,推动能源向绿色低碳转型,携手打造"绿色丝绸之路"。

2014年,国家能源局公布了第一批89个新能源示范城市(产业园区)名单,新能源示范城市(产业园区)是指在城市(产业园区)区域能源发展中充分利用当地丰富的可再生能源,使可再生能源在能源消费中达到较高比例或较大利用规模的城市(产业园区)。其中西北五省区共12个城市入选,分别为陕西的榆林市、西安市,甘肃的敦煌市、金昌市、武威市,青海的格尔木市、海南藏族自治州,宁夏的银川市,新疆的吐鲁番市、喀什市、库尔勒市,以及新疆生产建设兵团北屯市。

2015年4月敦煌市获批开展"中德新能源示范城市建设合作项目"。该项目由德国国际合作机构向敦煌市提供建设新能源城市所需的国际资源与智力支持。在该项目框架下,敦煌市展开了新能源城市建设的评估与研究工作,完成了《敦煌市综合能源规划方案》,提出了实现100%可再生能源电力、热力和交通燃料的不同情景,并给出实施方案。

5.着重区位优势,提升电网调峰能力

"双碳"目标下,"风光水火储"的一体化模式是当前能源发展的主要趋势,在此基础上,西北各地区一定要注意结合各类可再生能源电源的特点进行发展。可再生能源的波动性与间歇性会增加电力系统的不稳定性,尤其是风电、光伏电,本质上依赖于自然气候,发出的电力是不能依据需求方而调整的,因此,可再生能源的接入对电力系统的调峰灵活性提出了更高的要求。

不同地区的电力日负荷量有较大区别,因此,提升电力系统的调峰能力,不仅要了解本地区的用电特点,还要注意所外送的电力负荷波动,在日内灵活性挑战的基础上,还应关注灵活性需求的季节性特征。提升调峰能力需要依靠提高现有火电机组的灵活性,提高风电、光伏电等可再生能源电力输出曲线的预测精确度以及发展大规模储能技术。煤电、天然气和水电机组是目前我国电力系统灵活性的主要提供者。煤电是现阶段西北地区电力调峰的首要来源,在机组灵活性方面仍有进行技术改进的空间。大规模发展储能技术不仅可以提高电网稳定性及电网调峰能力,解决电源发电和用户侧负荷不匹配的问题,还有助于增强西北地区电力向外输送的稳定性和能力。目前,我国以抽水储能、电化学储能为主要方式,就西北地区而言,气候干旱降水量较小,因此不能依赖于抽水储能,还需要发展多种储能技术相互补充、共同发展。西北地区可以考虑发展电化学、储热、氢能等多种新型储能方式,这三种新型储能方式各有特点及优势。电化学储能是以锂离子电池为主,在电网调频、短时间跨度调峰方面更能满足电网需求;而氢能储能是长时间跨度储能形式中最为灵活的,与储热相配合能够更加适应于较长时间跨度的调峰需求。

参考文献

[1] 王永中. 碳达峰、碳中和目标与中国的新能源革命[J]. 社会科学文摘, 2022(1): 5-7.

[2] 林伯强. 能源革命促进中国清洁低碳发展的"攻关期"和"窗口期"[J]. 中国工业经济, 2018(6): 15-23.

[3] 赵云龙, 孔庚, 李卓然, 等. 全球能源转型及我国能源革命战略系统分析[J]. 中国工程科学, 2021, 23(1): 15-23.

[4] 林伯强. 碳中和进程中的中国经济高质量增长[J]. 经济研究, 2022, 57(1): 56-71.

[5] MA B, LU C, ZHANG L, CHENG X. The temporal and spatial patterns and potential evaluation of China's energy resources development[J]. Journal of Geographical Sciences, 2010, 20(3): 347-356.

[6] 赵文琦, 胡健. 能源产业集聚对经济增长的影响研究——基于"一带一路"沿线西部9省区的实证分析[J]. 西安财经大学学报, 2020, 33(5): 71-81.

[7] 杨宜勇, 池振合. 中国能源消费与经济增长关系研究——基于误差修正模型[J]. 经济与管理研究, 2009(9): 39-45.

[8] 王显政. 能源革命和经济发展新常态下中国煤炭工业发展的战略思考[J]. 中国煤炭, 2015, 41(4): 5-8.

[9] 王小洋, 李先国. 能源革命背景下我国煤炭运输通道的发展趋势及对策[J]. 中国流通经济, 2019, 33(10): 67-75.

[10] 薛黎明, 王豪杰, 朱兵兵, 等. 煤炭资源可持续力评价与系统协调发展分析[J]. 经济地理, 2020, 40(1): 114-124.

[11] 范英, 衣博文. 能源转型的规律、驱动机制与中国路径[J]. 管理世界, 2021, 37(8): 95-105.

[12] 高丹, 孔庚, 麻林巍, 等. 我国区域能源现状及中长期发展战略重点研究[J]. 中国工程科学, 2021, 23(1): 7-14.

[13] LU X, CHEN S, NIELSEN C P, et al. Combined solar power and storage as cost-competitive and grid-compatible supply for China's future carbon-neutral electricity system[J]. Proceedings of the National Academy of Sciences, 2021, 118(42): 0.

[14] WANG G, XU Y, REN H. Intelligent and ecological coal mining as well as clean utilization technology in China: Review and prospects[J]. International Journal of Mining Science and Technology, 2019, 29(2): 161-169.

[15] 徐维祥，徐志雄，刘程军. 能源结构、生态环境与经济发展——门槛效应与异质性分析 [J]. 统计与信息论坛，2020，35（10）：81-89.

[16] 严翔，成长春，易高峰，等. 长江经济带城镇化对能源消费的经济门槛效应 [J]. 经济地理，2019，39（1）：73-81.

[17] SHI Y, HAN B, ZAFAR MW, et al. Uncovering the driving forces of carbon dioxide emissions in chinese manufacturing industry: an intersectoral analysis [J]. Environmental Science and Pollution Research，2019，26（30）：31434-31448.

[18] 李昭楠. 甘肃经济增长与能源消耗关系及优化路径研究 [J]. 兰州学刊，2017（12）：198-208.

[19] 王新安，张亚杰，王羲. 陕西省能源消费与产业结构、经济增长关系研究 [J]. 西安财经学院学报，2018，31（3）：50-55.

[20] 张士强，孟璐莎，李跃. 能源产能空间集聚对区域能源效率的影响 [J]. 中国人口·资源与环境，2021，31（5）：58-66.

[21] TONE K. A slacks-based measure of efficiency in data envelopment analysis [J]. European Journal of Operational Research，2001，130（3）：498-509.

能源革命视域下华东地区能源转型的基础条件、重点区域及战略设计

焦 兵 许春祥

（西安财经大学 管理学院，陕西 西安 710100）

摘 要：华东地区既是我国经济发达地区，又是我国重要的能源消耗区，其能源供给和需求是最主要的碳排放源，对实现"碳达峰""碳中和"目标，加快新一轮能源革命，推进我国能源低碳转型至关重要。根据华东地区煤炭、石油和天然气等化石能源短缺的基础条件，该区域是我国西煤东运、西电东送和西气东输的重点区域。因此为了推进华东地区能源转型，一是要推进该区域重点能源基地安徽的能源供给革命，二是要推进该区域能源需求革命、技术革命和体制革命的进展。

关键词：能源革命；华东地区；能源转型；战略设计

引 言

华东地区包括上海、江苏、浙江、安徽、福建、江西、山东等六省一市，是我国综合经济水平最高的区域，2021年华东地区GDP总额为43.76万亿，占全国GDP总值的38.4%。伴随区域经济的高速增长，华东地区能源消费量也呈现出不断攀升的趋势，2021年华东地区能源消费总量为11.76亿吨标准煤，约占全国能源消费总量的23.6%。由于能源消费总量维持高位，2021年华东地区二氧化碳排放量为27.03亿吨，约占全国二氧化碳排放总量的25.4%，其中山东和江苏二氧化碳排放量分居全国第2位、第3位。由此可见，华东地区经济的高增长也伴随着能源消费和二氧化碳排放的高增长，高质量发展的格局还没有完全形成。

作者简介：焦兵，男，1977年生，山东东营人，博士，西安财经大学管理学院教授，研究方向为产业发展与政策研究、能源经济与金融研究；许春祥，男，1999年生，河南濮阳人，西安财经大学管理学院硕士研究生，研究方向为统计与管理决策。

华东地区长期以来一直是我国传统能源贫乏地区,除了山东的油气资源比较丰富之外,华东其他省市的传统能源储量在全国排名靠后(表1)。

表1 华东地区传统能源储量一览表

省份	煤炭/万吨	排名	石油/万吨	排名	天然气/亿立方米	排名
上海	—	—	—	—	—	—
江苏	50.49	17	2729	12	23.31	15
浙江	0.44	30	—	—	—	—
安徽	611.59	9	238	21	0.25	22
福建	25.57	22	—	—	—	—
江西	40.84	19	—	—	—	—
山东	405.13	12	29412	4	334.93	9

资料来源:国家统计局。

由表1可以看出,在各省份煤炭储量中,安徽位居第9位,山东位居第12位,江苏、江西、福建和浙江都居第15位之后。在各省份石油储量中,山东居第4位,江苏居第12位,安徽居第21位;天然气资源储量中,山东居第9位,江苏居第15位,安徽居第22位,浙江、福建、江西等省没有发现石油天然气储量,而上海的石油、天然气、煤炭的储量都为0。

随着我国"双碳"目标的提出,我国能源革命有了新的内涵,从而推动区域能源转型出现新的约束条件。在这一背景下,华东地区加快推进低碳经济发展模式,一方面有益于全国碳减排目标的实现,另一方面也可以审视自身在国民经济发展与能源资源供给的匹配程度。

一、华东地区能源转型的基础条件

华东地区是我国经济发展最为活跃的地区,土地面积约占全国的1/20,经济总量约占全国的1/3,用电量约占全国1/4,供电服务人口约占全国1/5。华东地区一次能源资源匮乏,对区外能源依存度超过80%,每年输入煤炭超过6亿吨。华东地区煤电装机占全国的17%,单位国土面积煤电装机为西北地区的26倍。在"双碳"目标下,华东地区将逐步构建以新能源为主体的新型电力供应系统。

(一)能源供给状况

1.煤炭供给状况

表2 "十三五"时期华东地区原煤产量一览表

单位:万吨

省区	2016年	2017年	2018年	2019年	2020年	排名
上海	—	—	—	—	—	—
江苏	1368	1278	1246	1103	1022.28	20
浙江	—	—	—	—	—	—
安徽	12236	11724	11412	10989	11084	6
福建	1384	1130	941	846	645	21
江西	1557	939	551	504	314	22
山东	9404	9623	8827	7820	7422	13

来源:各省统计年鉴。

由表2可以看出,华东地区整体上属于煤炭产业退出地区,只有安徽是长三角煤炭基地,也是国家六大能源生产基地之一。而山东煤炭产量在"十三五"期间从近亿吨减少至7422万吨,减少了21%,江西则由1557万吨/年减少至314万吨/年,减少了近80%,福建煤炭产量2020年也从1384万吨减少为645万吨,减少了53%。

我国目前火电燃料以电煤为主,2020年中国的电煤产量超过了38.46亿吨,再次接近全球煤炭总产量的1/2。从区域占比来看,2020年华东地区火力发电量占比达34%,华北地区火力发电量占比达22.2%,两个地区占比达56.2%。

表3 "十三五"时期华东地区火电产量一览表

单位:亿千瓦·时

省市	2016年	2017年	2018年	2019年	2020年	排名
上海	800.14	836.13	823.75	797.45	863.74	21
江苏	4403.02	4536.90	4578.08	4468.81	4473.67	3
浙江	2374.01	2560.25	2595.26	2500.95	2566.00	10
安徽	2134.69	2319.56	2533.74	2663.97	2808	8
福建	900.20	1132.44	1398.71	1411.24	1550.52	15
江西	856.93	949.00	1073.43	1100.96	1167.39	17
山东	5142.88	5546.69	5524.79	5292.91	5573.62	1

由表 3 可以看出,"十三五"时期在全国火力发电量前十省市中,华东地区的山东省、江苏省、安徽省和浙江省分别居于第 1 位、第 3 位、第 8 位和第 10 位。

2. 石油天然气供给状况

华东地区属于我国贫油少气地区,原油产量和天然气产量均位居全国后列(表 4 和表 5)。

表 4 "十三五"时期华东地区石油产量一览表

单位:万吨

省市	2016 年	2017 年	2018 年	2019 年	2020 年	排名
上海	6.5	6.8	6.5	39.1	52.03	16
江苏	166	156.1	155.4	153.5	153.2	13
浙江	—	—	—	—	—	—
安徽	—	—	—	—	—	—
福建	—	—	—	—	—	—
江西	—	—	—	—	—	—
山东	2295.3	2234.9	2242.1	2226	2219	5

由表 4 可以看出,除山东省外,华东地区几乎不生产原油。山东是国内老牌的石油基地,石油产量在"十三五"期间逐步下降,目前产量仅居全国第 5 名。江苏省的石油产量长期维持在 150 万吨左右,在全国排名第 13 位。

表 5 "十三五"时期华东地区天然气产量一览表

单位:亿立方米

省市	2016 年	2017 年	2018 年	2019 年	2020 年	排名
上海	2.02	1.71	14.54	12.47	20	13
江苏	1.33	2.94	9.97	4.09	1	17
浙江	—	6.14	—	—	—	—
安徽	3.38	2.60	2.25	2.12	3	20
福建	—	—	—	—	—	—
江西	—	—	—	—	—	—
山东	4.22	4.15	4.80	4.98	8	16

由表 5 可以看出,与石油生产状况不同,华东地区多个省份都生产天然气,但是产量都偏低,没有一个省份的天然气产量在全国排名进入前 10 名。因此,华东地区是"西

气东输"的主要输入地。

3.新能源电力供应状况

新能源电力形式有核电、风电和光伏发电等，华东地区新能源发电情况如表6所示。

表6 华东地区新能源电力一览表

单位：亿千瓦·时

地区	核能					风能					太阳能				
	2016年	2017年	2018年	2019年	排名	2016年	2017年	2018年	2019年	排名	2016年	2017年	2018年	2019年	排名
上海	—	—	—	—	—	6.7	14.9	17.7	16.91	26	0.45	0.56	6.06	7.77	29
江苏	153	173	242	329	4	94	120	173	184	9	41.1	64.6	120	154	5
浙江	503	510	586	629	2	23.4	26.1	30.6	32.6	25	22.1	35.3	100	119	9
安徽	—	—	—	—	—	34.1	39.6	50.1	47.0	24	20.7	61.2	104	125	8
福建	409	560	643	621	3	50.3	65.9	72.3	87.3	14	3.46	3.91	13.6	15.9	24
江西	—	—	—	—	—	18.7	31.4	41.2	51.3	23	11.1	26.7	51.5	55.9	15
山东	—	—	39	207	6	143	164	214	225	6	29.9	56.5	137	167	2

资料来源：《中国能源统计年鉴2020》。

由表6可以看到，华东地区是全国核能利用重点区域，2019年华东地区核能发电量最高，全国占比52.2%，其中浙江核能发电量位居全国第2名，福建位居全国第3名，江苏位居全国第4名，山东位居全国第6名。

华东地区全口径新能源装机达10046万千瓦，其中光伏装机6107万千瓦、风电装机3939万千瓦，超过水电成为华东网内第二和第三大电源。在华东地区新能源装机中，海上风能资源丰富，海上风电装机已达1781万千瓦，占全国海上风电装机的90%以上；分布式光伏发展迅猛，分布式光伏装机已达3650万千瓦，占全国分布式光伏装机的1/3以上。在华东地区，山东的风能发电居全国第6位，江苏居全国第9位；山东太阳能发电量居全国第2位，江苏、安徽和浙江分居全国的第5位、第8位和第9位。

（二）能源消费状况

2020年，华东地区煤炭消费量11.93亿吨，占比56.8%；石油能源消费量1.85亿吨，占比18.9%；天然气能源消费量863亿立方米，占比8.4%；一次电力及其他能源消费25609亿千瓦·时，占比15.9%（表7）。

表 7   2020 年华东地区能源消费结构一览表

能源		上海	江苏	浙江	安徽	福建	江西	山东
煤炭	消费量/万吨	4238.28	24902.05	13676.9	16699.74	8718.32	7995.94	43132.99
	排名	26	5	14	11	19	21	3
石油	消费量/万吨	3509.72	3286.02	2549	1586.17	2229.25	1257.21	4102.82
	排名	4	5	8	13	10	19	3
天然气	消费量/亿立方米	98.4	288.06	147.20	59.64	52.77	26.96	189.98
	排名	13	1	7	18	19	28	4
电力	消费量/（亿千瓦·时）	1568.58	6264.36	4706.22	2300.68	2402.34	1535.7	6831.31
	排名	19	3	4	14	11	21	1

由表 7 可以看到，煤炭消费量中，山东排名全国第 3 位，江苏排名全国第 5 位；石油消费中，山东、上海和江苏分别在全国排名第 3 位、第 4 位和第 5 位，浙江全国排名第 8 位；天然气消费中，江苏、山东和浙江全国排名分别为第 1 位、第 4 位和第 7 位；在电力消费中，山东、江苏和浙江分别在全国排在第 1 位、第 3 位和第 4 位。

1.上海市能源消费需求分析

作为能源消纳大户，上海市自身一次能源供给只占很小一部分，因此，其能源保障的基本原则是充分利用国际、国内两个市场，拓展新的油气资源，提高天然气应急储备调峰能力。加强电力需求侧管理，发挥价格杠杆作用提升电网调峰性能。优化调整外来电结构比重和运行方式，降低外来电单一通道比重。实现全社会煤炭消费总量负增长，进一步加大天然气替代力度，大力发展太阳能、风电等新能源[1]。在此原则指导下，"十三五"以来，随着能源消费革命的推进，能源消费结构发生了明显的改变。2020 年，煤炭占一次能源消费比重下降到 55% 左右。天然气消费量增加到近 100 亿立方米，占一次能源消费比重达到 12%，非化石能源占一次能源消费比重上升到 14% 左右，其中本地可再生能源发电装机比重上升到 10% 左右。

表 8   2020 年上海市能源消费来源

能源品种	能源总消费量	本地区生产量	外省（区市）调入量	进口量	本省（区市）调出量	库存增减量
煤炭/万吨	4238.28	—	3149.13	1124.94	-31.9	-4.17
石油/万吨	2597.18	39.1	—	2575.9	-13.43	-4.39

续表

能源品种	能源总消费量	本地区生产量	外省（区市）调入量	进口量	本省（区市）调出量	库存增减量
天然气/亿立方米	98.88	12.47	53.05	46.13	-12.77	—
电力/(亿千瓦·时)	756.57	24.69	869.61	—	-137.73	—

由表8可以看出，2020年上海市电力消费总量最高达到756亿千瓦·时，本市生产24.69亿千瓦·时，市外进口869.61亿千瓦·时。此外，上海的天然气供应和应用居全国领先地位。液化天然气（LNG）占上海用气量的一半左右，目前上海全年的用气量在98亿立方米，其中上海自产12.47亿立方米，外省调入53亿立方米，占消费总量的54%；国外进口46.13亿立方米，占消费总量的47%。上海石油消费主要来自国外进口，在2597.18万吨的消费总量中，国外进口2575.9万吨，占比超过95%。

2.江苏省能源消费需求分析

"十三五"期末，煤炭消费占比下降至54%，逐步形成以煤为主、多能互补的能源供应体系。与此同时，清洁能源替代进程加快，非化石能源占比达11%，比"十三五"初期提高近3个百分点。尤其是可再生能源实现了跨越式发展，2020年可再生能源装机升至3496万千瓦，五年增长370%。其中，并网光伏项目总规模为1684万千瓦，占全省电力总装机的11.9%；海上风电装机573万千瓦，规模位居全国第1名。

表9　2020年江苏省能源消费来源

能源品种	能源总消费量	本地区生产量	外省（区市）调入量	进口量	本省（区市）调出量	库存增减量
煤炭/万吨	24902.05	1102.74	31661.72	938	-8045.58	-754.83
石油/万吨	4121.21	151.44	1190.92	2787.33	-36.92	28.44
天然气/亿立方米	282.06	12.19	280.74	—	-10.87	—
电力/(亿千瓦·时)	1795.55	697.65	1274.09	—	-176.19	—

由表9可以看到，2020年江苏省煤炭消费量为2.4亿吨，省内产量仅为1102.74万吨，绝大部分依靠外部调入，其中外省调入3.17亿吨，国外调入938万吨。石油消费量为4121.21万吨，省内生产151.44万吨，外省调入1190.92万吨，国外购买2787.33万吨。天然气消费量282.06亿立方米，省内生产12.19亿立方米，外省调入280.74亿立方米；电力消费1795.55亿千瓦·时，本地发电697.65亿千瓦·时，外省调入1274.09亿千瓦·时。由此可见，江苏是能源匮乏省，能源消费严重依赖外部输入，因此，"十四五"时期要大力发展分布式新能源发电。

2020年,江苏省能源消费以工业生产为主,占江苏省能源消费总量的72.25%,其次是交通运输、仓储及邮电通讯业和生活消费;而在能源终端消费中,工业生产的终端能源消费占比高达74.34%。从能源消费构成看,江苏省以煤炭为主的能源消费结构尤为显著。2019年,江苏省煤炭消费量高达25407.28万吨,居全国第5位。相较于全国能源消费构成,煤炭消费量占比高达63.88%,高于当年全国煤炭消费量占比(59.0%);而石油消费量、天然气消费量(15.85%)以及非化石能源消费量(7.83%)占比远低于当年全国水平。江苏省煤炭消费又以工业企业为主,2020年江苏省规模以上工业企业能源消费量中,原煤消费达23297.55万吨,占总能源消费的比例达71%;其次为焦炭与原油,分别占15%和13%。

3.浙江省能源消费需求分析

浙江省既是能源消费大省,也是能源禀赋小省,一次能源自给率长期低于5%,煤炭、石油、天然气等能源资源供应严重依赖外部调入。2020年,浙江省一次能源消费量排名华东第2位、消费增速排名第1位。2020年,浙江省非化石能源、清洁能源、可再生能源(含省外调入水电)和煤炭占一次能源消费比重分别达到20%、31.9%、12.5%和42.8%;发电、供热用煤占煤炭消费比重85%以上;天然气消费比重达到10%左右;人均居民生活用电达到1522千瓦·时,年均增长14.2%;城镇人口天然气气化率达到50%左右。

表10 2020年浙江省能源消费来源

能源品种	能源总消费量	本地区生产量	外省(区市)调入量	进口量	本省(区市)调出量	库存增减量
煤炭/万吨	13676.91	—	11134.99	2609.28	-0.09	-67.27
石油/万吨	3472.3	—	822.33	2961.00	-18.68	-292.36
天然气/亿立方米	140.22	—	140.22	—	—	—
电力/(亿千瓦·时)	2205.27	1036.69	1379.82	—	-211.25	—

由表10可以看出,2020年浙江省能源消费总量2.24亿吨标准煤,其中,煤炭消费量约为1.36亿吨,全部依靠外部调入,其中外省调入约1.11亿吨、国外调入2609.28万吨。浙江省原油消费量2017年首次突破3000万吨,同比增长13.9%,2020年消费3472.3万吨,其中外省调入822.33万吨,国外购买2961万吨。2020年天然气消费量达到140.22亿立方米,同比增长28%,外省调入140.22亿立方米;全社会用电量2205.27亿千瓦·时,本地发电1036.69亿千瓦·时,外省调入1379.82亿千瓦·时。

4.江西省能源消费需求分析

江西省能源消费以煤为主的状况没有根本改变,煤炭消费量占全省能源消费总量的60%以上。目前,非化石能源消费占能源消费总量的比重仅为14%,低于全国平均水平1.8个百分点。2020年,江西省规模以上工业水电、风电、太阳能发电等一次电力生产占全部发电量比重为12.1%,比全国平均水平低16.7个百分点。火电用煤比重持续提高,2020年,江西省规模以上工业发电量1320.58亿千瓦·时,比2015年增长56.6%。其中,火力发电量1160.81亿千瓦·时,比2015年增长50.3%。火力发电用煤占规模以上工业原煤消费量的64.5%,比2015年提高12.9个百分点。

表11　2020年江西省能源消费来源

能源品种	能源总消费量	本地区生产量	外省（区市）调入量	进口量	本省（区市）调出量	库存增减量
煤炭/万吨	7995.94	503.61	7347.7	138.66	−46.09	52.05
石油/万吨	787.96	—	153.70	634.04	—	0.22
天然气/亿立方米	25.56	0.03	25.54	—	—	−0.01
电力/(亿千瓦·时)	434.74	274.94	159.8	—	—	—

"十三五"时期,江西省煤炭省外调入能力从5000万吨提高到近8000万吨,电力总装机容量从2482万千瓦提高到4401万千瓦,油气长输管道从2431千米提高到3599千米,其中,原油长输管道从3000千米提高到6000千米,成品油长输管道从226千米提高到936千米,天然气长输管道从2202千米提高到2657千米。

5.福建省能源消费需求分析

福建省属于煤炭和油气资源贫乏省份,要发挥福建省港口资源及区位优势,推进与东南亚、大洋洲地区的油气、煤炭等能源合作。

表12　2020年福建省能源消费来源

能源品种	能源总消费量	本地区生产量	外省（区市）调入量	进口量	本省（区市）调出量	库存增减量
煤炭/万吨	8718.32	845.74	5030.89	4233.98	−1705.52	313.23
石油/万吨	2559.36	—	—	2551.36	—	8.00
天然气/亿立方米	52.77	—	22.74	30.03	—	—
电力/(亿千瓦·时)	996.21	1166.82	1.25	—	−171.86	—

由表 12 可以看出，2020 年，福建省煤炭消费量为 8718.32 万吨，其中本省产量为 845.74 万吨，仅为消费总量的 10%左右，外省调入量 5030.89 万吨，国外进口量 4233.98 万吨。2020 年福建省石油消费量 2559.36 万吨，主要依靠海外进口，进口量 2551.36 万吨。福建省天然气消费也全部依赖外部输入，2020 年西气东输三线工程向福建省运输天然气 22.74 亿立方米。同时，2020 年福建省从国外进口天然气 30.03 亿立方米，占全省天然气消费量的 57%左右。在福建省电力消费中，2020 年本省生产电力 1166.82 亿千瓦·时，消费量只有 996.21 亿千瓦·时，还向外省调出 171.86 亿千瓦·时。

二、华东地区能源转型的重点区域

安徽省是华东地区煤炭资源最丰富的省份，截至 2020 年，安徽省煤炭保有量为 611 亿吨，全国排名第 9 位，占全国保有量的 1.82%。但安徽省煤炭资源开发历史长，开发强度大，保有资源中已利用 221 亿吨。

安徽省内 99%以上的煤炭资源集中在皖北的淮北煤田和淮南煤田。作为我国 14 个大煤炭基地之一，两淮基地开采历史悠久，已经接近衰老期。安徽省产煤以炼焦煤为主，占资源总量的 99.13%，焦煤品种齐全，煤质具有一定优势，普遍具有低—中灰、特低—低硫、中高—高热值的特点（表 13）。

表 13　安徽煤炭基本情况一览表

煤田名称	所属区域	煤种	灰分/%	硫分	发热量/（千卡·千克$^{-1}$）
淮北煤田	宿州市、淮北市、涡阳	1/3 焦煤、气煤、焦煤等	25~30	<0.5	3164~8095
淮南煤田	淮南市、凤台县、阜阳市	气煤为主，1/3 焦煤次之	18~25	<0.5	5497~6496

资料来源：中国煤炭地质总局。

由表 13 可以看出，从地区看，安徽省煤矿产能集中在淮南市、淮北市、阜阳市、宿州市、亳州市五市，其中淮南市与淮北市的产能占全省产能的 64%。从企业看，安徽省内重点煤炭企业包括淮南矿业集团有限责任公司（以下简称"淮南矿业"）、淮北矿业集团有限责任公司（以下简称"淮北矿业"）和皖北煤电集团有限责任公司（以下简称"皖北煤电"），三家企业分别位居 2019 年全国煤炭企业煤炭产量 50 强第 14 位、第 23 位、第 29 位。淮南矿业、淮北矿业与皖北煤电 2019 年省内产能分别为 5010 万吨、4016 万吨和 1495 万吨，共占全省产能的 78%。安徽省内其他产能主要集中于中煤矿山建设集团有限公司。总体来看，安徽省内煤炭产能集中在两淮地区。

(一)"十三五"时期安徽省煤炭行业去产能状况

2016年7月,安徽省出台《关于煤炭行业化解过剩产能实现脱困发展的实施意见》,2016—2020年,安徽省计划省属和地方煤炭企业关闭煤矿21处,合计退出产能3183万吨/年。2019年,继续退出煤炭产能165万吨/年(表14)。

表14 "十三五"时期安徽省煤炭去产能情况一览表

单位:万吨/年

	2016年	2017年	2018年	2019年	"十三五"目标
去产能	2362	705	1190	165	3183

资料来源:《安徽统计年鉴》。

煤矿结构方面,安徽省以大、中型煤矿居多,截至2018年底,安徽省内生产煤矿共43座,其中500万吨/年及以上煤矿7座,120万~500万吨/年煤矿31座,30万~120万吨/年煤矿5座,120万吨/年及以上生产煤矿数量占比达88.37%。平均产能方面,安徽省煤矿全国领先,43处生产煤矿产能1.34亿吨/年,单井平均产能318万吨/年,居全国首位(图1)。

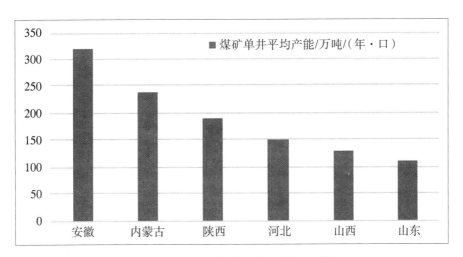

图1 全国主要产煤大省单井产能比较

(二)能源产业融入长三角经济带,成为区域能源基地

长三角城市群(以下简称"长三角")处于东亚地理中心和西太平洋的东亚航线要冲,是"一带一路"与长江经济带的重要交会地带。根据2016年国家发展和改革委员

会公布的《长江三角洲城市群发展规划》，长三角的规划范围在上海市、江苏省、浙江省、安徽省之内，包括上海市，江苏省的南京、无锡、常州、苏州、南通、盐城、扬州、镇江、泰州，浙江省的杭州、宁波、嘉兴、湖州、绍兴、金华、舟山、台州，安徽省的合肥、芜湖、马鞍山、铜陵、安庆、滁州、池州、宣城，共26市。2019年，长江三角洲经济协调会第19次会议宣布，长三角扩大至上海市、江苏省、浙江省和安徽省所有城市。截至2019年底，一市三省总面积35万平方千米、常住人口2.2亿、经济总量21万亿元，分别约占全国的1/27、1/6和1/4。长三角一体化已上升为国家战略，区域协同发展持续推进。

从产业结构来看，2018年安徽省第一、二、三产业增加值分别为2638.01亿元、13842.09亿元、13526.72亿元，三大产业结构之比为8.8∶46.1∶45.1，工业是拉动经济增长的主要部门，安徽省尚处于工业化前期，在生产要素与产业结构方面与后工业化阶段的上海以及工业化后期的江苏和浙江具有明显的互补性。

1. 皖煤东送

长三角地区经济发达但煤炭资源相对缺乏，仅安徽省资源较多，其余省份的资源储量低，经济可采的煤炭资源基本枯竭。长三角地区煤炭消费依赖进口与调入。安徽省与西部、北方省份相比，运输距离在1000千米以上，区位优势较明显。2020年安徽省原煤产量11084万吨，其中约85%用于省内消费，15%输出到江苏、上海、浙江、湖北、湖南等地。如果考虑电力输送，共有4100万吨煤（含电）输出到省外，约占煤炭产量的36%。

2. 皖电东送

在2005年，安徽省就作出了"皖电东送"的战略决策，规划建设一批大型电站，建设连接华东主网的500千伏东中西通道，建设"淮南—皖南—浙北—上海"特高压输电通道。"皖电东送"工程于2013年9月25日投入正式运行，通过利用淮南丰富的煤炭资源，加强煤电基地建设，变输煤为输电，使淮南成为华东地区的能源基地。截至2019年底，这条电力高速通道已累计向华东输送电能1139.7亿千瓦·时。2019年12月颁布的《长江三角洲区域一体化发展规划纲要》提出，"支持安徽打造长三角特高压电力枢纽。依托两淮煤炭基地建设清洁高效坑口电站，保障长三角供电安全可靠"。

（三）发展新型能源化工产业

在煤化工产业方面，安徽省内已经形成淮南、淮北两大新型煤化工产业基地。

1. 淮南基地

根据《安徽淮南新型煤化工基地总体规划》（2015—2030年），计划到2020年，淮南基地实现总投资1175.60亿元，销售收入638.56亿元，利税141.90亿元，利润97.02亿元,基地将发展成为全国重要的化工产业基地、安徽煤化工产业核心区、沿淮经济带最大的化工产业聚集区,产品市场辐射到中原经济区和长三角地区。中国石化积极在安徽布局煤化工,淮南中安联合70万吨/年煤制烯烃项目已于2019年7月产出合格的聚丙烯、聚乙烯产品。

2.淮北基地

根据淮北市政府2019年发布的《关于加快新型煤化工基地发展的思路及对策》,淮北基地包括"一个亚洲最大、三个国内最大",即:亚洲最大的临涣选煤厂;国内最大的独立焦化企业之一临涣焦化股份有限公司、煤矸石发电企业临涣中利电厂、煤矸石建材加工基地。淮北基地立足园区资源优势和产业基础,以百万碳基新材料项目为龙头,深挖煤炭资源潜能,着力延伸产业链条,向"高科技、高附加值、低污染、低能耗"方向发展,实现对煤炭资源的充分利用。

三、推进华东地区能源转型的战略设计

(一)协同推进长三角地区能源转型

除安徽省外,长三角地区资源禀赋非常贫乏,上海市、江苏省、浙江省均是能源输入型城市,总体上看,长三角地区是中国"北煤南运""西气东输"和"西电东送"等跨省跨区重大能源基础工程的主要目的地,在保障能源供应安全方面面临很多风险。[2]

经过几十年的能源基础设施建设,长三角地区在电源建设、管网建设等方面取得了较大成就,三省一市在煤电机组单机效率方面始终保持在全国乃至全世界前列。但从区域能源系统整体效率来看,长三角地区与国际上其他城市群之间依然存在较大差距。

1.统筹建设油气基础设施

长三角经济区是我国最早利用天然气的地方,2018年,全国天然气表观消费量2810亿立方米,其中以江苏、浙江、上海为主组成的长三角经济区消费天然气515.1亿立方米,约占大陆地区天然气表观消费量的18%以上,其中江苏省消费285.2亿立方米,为全国消费量最大的省份;浙江省消费120.9亿立方米,上海市消费109亿立方米,安徽省消费53.7亿立方米,长三角经济区已成为全国天然气消费的主要区域。

长三角经济区目前已经形成西一线、西二线、川气东送为主的陆上管道气以及东海气、国内液化天然气、国外进口液化天然气多种气源的供气格局,属于完全的能源输入型区域。长三角经济区天然气供气以管道气供应为主,海上进口液化天然气主要来自6家,包括江苏如东液化天然气接收站、中海油宁波液化天然气接收站、广汇启东液化天然气接收站、新奥舟山液化天然气接收站、上海五号沟液化天然气接收站、上海洋山液

化天然气接收站，总接收能力达到1815万吨/年，占全国总能力的26.2%。

"十四五"期间，长三角经济区要进一步完善区域油气设施布局，推进油气管网互联互通。加快建设浙沪联络线，推进浙苏、苏皖天然气管道联通。加强液化天然气接收站互联互通和公平开放，加快上海、江苏如东、浙江温州液化天然气接收站扩建，宁波舟山液化天然气接收站和江苏沿海输气管道、滨海液化天然气接收站及外输管道建设。积极推进浙江舟山国际石油储运基地、芜湖液化天然气内河接收（转运）站建设，支持液化天然气运输船舶在长江上海、江苏、安徽段开展航运试点。

2. 加快长三角经济区电网建设

2019年，以长三角经济区为主体的年用电量近1.72万亿千瓦·时，约占全国24%。华东地区省内和省间市场化交易电量分别达到5943亿千瓦·时和306.8亿千瓦·时，同比增长39%和42%。

"十四五"期间，依托两淮煤炭基地建设清洁高效坑口电站，保障长三角经济区供电安全可靠。同时，积极拓展长三角经济区外来电通道，优化"皖电东送"，强化"送受并举"电网，为华东电网的电力供应提供安全保障。推进电网建设改造与智能化应用，优化皖电东送、三峡水电沿江输电通道建设，开展区域大容量柔性输电、区域智慧能源网等关键技术攻关，支持安徽打造长三角特高压电力枢纽。完善电网主干网架结构，提升互联互通水平，提高区域电力交换和供应保障能力。加强跨区域重点电力项目建设，加快建设淮南—南京—上海1000千伏交流特高压输变电工程过江通道，实施南通—上海崇明500千伏联网工程、申能淮北平山电厂二期、省际联络线增容工程。

3. 协同推动长三角经济区新能源制造业发展

长三角经济区是我国新能源产业发展的高地，聚集了全国约1/3的新能源产能，包括60%的光伏企业、20%的风电装备制造业、54%的核电站装机和40%的生物质发电装机。

长三角经济区是中国光伏制造产业链最完整、产量最大、企业和从业人员最集聚的区域，尤其江苏省几乎占据中国光伏制造业半壁江山，素有"世界光伏看中国，中国光伏看江苏"之称。

根据工业和信息化部发布的《光伏制造行业规范条件》，符合条件的企业共186家，其中长三角经济区拥有103家，占比55.4%，尤其是江苏省已形成从硅料提取、硅锭制备、电池生产到系统应用于一体的完整产业链，集中了全国一半以上的重点光伏制造企业，多晶硅、硅片、电池片、组件等产量占全国比重均超过40%。2020年全球组件出货前10名中，长三角经济区占据8席，天合光能、协鑫能源等大多数企业已经成为集制造、服务于一体的智慧能源集成服务商。

根据全球风能理事会（GWEC）发布的《全球风电市场供应侧报告》，全球风机制造商前15强中,有8家中国公司,其中长三角经济区占3家,分别为远景能源、运达风电、上海电气,市场份额合计占全球份额13.1%。长三角经济区集聚了恒润重工、振江股份、日月股份、泰胜风能等一批上市企业,是全国风电制造领域上市企业数量最多的区域。同时,作为东部沿海地区,长三角经济区近海风能资源极为丰富,风电装机容量、风电利用小时数等指标在全国处于领先水平,上海电气海上风电市场占有率位居全国第1位。可以看出,无论是风机制造领域还是风电利用领域,长三角经济区在全国都具有较强竞争力。

(二)推进山东省能源综合示范区转型战略

1.实施可再生能源倍增行动

首先,加快发展海上风电。按照统一规划、分步实施的总体思路,坚持能建尽建原则,以渤中、半岛南、半岛北三大片区为重点,充分利用海上风电资源,打造千万千瓦级海上风电基地。[3]

其次,坚持集散并举,大力发展光伏发电。加快发展集中式光伏,充分利用潍坊、滨州、东营等市盐碱滩涂地和济宁、泰安、菏泽、枣庄等市采煤沉陷区,重点打造鲁北盐碱滩涂地千万千瓦级风光储输一体化基地、鲁西南采煤沉陷区百万千瓦级"光伏+"基地。

最后,坚持因地制宜,统筹推进生物质能、地热能、海洋能等清洁能源多元化发展。

2.实施天然气供应能力提升行动

第一,加快沿海液化天然气接收站建设,打造全国重要的沿海千万吨级液化天然气接卸基地。有序推进威海港、日照港、东营港等液化天然气接收站项目。

第二,加快输气干线、支线、联络线建设,构建"一网双环"输气格局。建成中俄东线(山东段)国家级输气干线管道,提升管道气供应能力;建成山东天然气环网、沿海液化天然气接收站外输管道等省级输气干线,满足沿海液化天然气送出需要。

3.实施"外电入鲁"计划

坚持高效利用存量和高质发展增量相结合,围绕打造全国重要的跨区域电力消纳基地,加快送端配套电源建设,持续提高省外来电规模。围绕提升既有直流通道送电能力和可再生能源比例,按照"风光火(储)一体化"模式,加快内蒙古上海庙至山东临沂特高压直流通道千万千瓦级电源基地建设;加快陇东至山东±800千伏特高压直流输变电工程建设,形成"三直三交"特高压受电格局,新增接纳省外来电能力800万千瓦;配套建设千万千瓦级风光火(储)一体化电源基地。

4.打造能源高端装备制造基地

以海上风电基地开发为契机,吸引国际国内风电装备制造领域龙头企业落户山东,在烟台、威海、东营等地建设高端风电装备产业基地。依托沿海核电基地建设，聚焦三代及以上核电关键技术装备国产化，重点在烟台、威海、济南等地布局核电装备产业园区；利用规模优势，大力发展太阳能光热、光电制造及配套产业，积极培育太阳能热水器制造龙头企业、光电开发利用骨干企业和其他配套企业。围绕特高压输电、智能电网装备，做大做强泰安智能输变电装备制造基地；围绕超深井油气开采、大型煤炭综采成套装备等高端装备制造，在东营、烟台和泰安、济宁打造油气、煤炭开采高端装备制造产业园。

（三）江西省能源转型战略研究

1.打造江西九江智能炼化一体化基地

推进九江石化打造炼化行业环保、智能制造标杆，加快炼油适应性改造，实现发展模式由单一炼油至炼化一体化的转型升级，以九江石化对二甲苯项目为着力点，推动九江芳烃产业链式发展，建设"对二甲苯（芳烃）—精对苯二甲酸—聚酯—终端产品"的产业链。重点发展烯烃、芳烃、精对苯二甲酸、聚酯、溶剂油、轮滑油等重要石化原料，将聚酯长丝、聚酯短纤、高端光学PET薄膜、瓶用切片等产品作为产业链下游的发展方向，鼓励C4、C5资源综合利用。[4]

2.加快光伏、锂电新能源产业基地构建

以宜春、新余、上饶、赣州等市为重点，打造赣西、赣东北、赣南三大新能源产业集聚区。加快上饶光伏国家新型工业化示范基地、新余国家硅材料及光伏应用产业化基地和宜春国家锂电新能源高新技术产业化基地等平台建设，培育形成若干特色产业集群。

3.形成"安全、高效、清洁、低碳"的现代能源保障体系

积极稳妥发展光伏、风电、生物质能等新能源，力争装机达到1900万千瓦以上。优化发展支撑性"兜底"火电电源，强化电力调峰能力建设，大力发展抽水蓄能。有序推进天然气发电，积极引入优质区外电力，建成雅中直流工程，争取引入第二回特高压直流入赣通道。稳妥推进核能综合利用，优化提升电力输送网络，完善500千伏骨干网，构建形成"1个中部核心双环网+3个区域电网"，即江西中部核心双环500千伏电网，北部、南部、东部三个区域500千伏电网的供电主网架。推进成品油管道建设，构建形成"十"字形输油网架。加快省级天然气管网建设，构建形成多点互联互通输气网架，实现"县县通气"目标。积极推进新昌电厂600万吨煤炭吞吐储运项目、湖口天然气储备二期、新余煤储基地等煤炭储备项目建设。全省发电装机容量力争达到7000万千瓦，非化石能源消费占比持续提升。

（四）福建省能源转型战略研究

1.依托"两基地一专区"，推进石化产业高级化、精细化发展

围绕古雷石化基地、湄洲湾石化基地、江阴化工新材料等石化产业集聚区建设，加快推进乙烯、炼化一体化等项目，延伸完善"原油—烯烃、芳烃—下游产品"炼化一体化产业链、"对二甲苯—精对苯二甲酸—聚酯/涤纶—下游产品"产业链、"苯—环己酮—己内酰胺—聚酰胺6（尼龙6）—下游产品"产业链、"苯/甲苯—TDI/MDI—聚氨酯—下游产品"产业链。重点发展工程塑料、氟硅材料、功能性膜材料、石油催化剂等高端精细化学品和化工新材料。

在湄洲湾石化基地，推进丙烷脱氢制丙烯及下游新材料、丙烷脱氢（PDH）及聚丙烯（PP）等项目建设。在漳州古雷石化基地，推进中沙古雷乙烯、古雷炼化一体化二期等项目建设。在福州江阴化工新材料专区，推进中景石化聚丙烯、万华化学（福建）产业园等项目建设。

围绕炼化一体化项目，延伸发展新型高档汽车用塑料、包装材料、农用管材、医用材料等塑料产品以及溶聚丁苯橡胶、稀土顺丁橡胶、丁腈橡胶、乙丙橡胶等高性能合成橡胶，大力发展蚀刻剂、封装材料、高纯试剂、特种气体、溶剂、电子专用胶黏剂、功能树脂等专用电子化学品。

2.围绕新能源电池和海上风电制造推动新能源产业转型

"十四五"时期，以沿海一带为新能源产业创新走廊，以宁德、漳州储能产业基地、兴化湾—平海湾海上风电产业园为两翼，打造新能源产业发展格局。

支持宁德时代、中航锂电、福建巨电等动力和储能电池生产企业做大做强，原电池行业上下游实现全产业链发展，加快推进产业链扩能项目建设，打造全球最大新能源动力和储能电池先进制造业中心。围绕新能源电池产业打造"三基地、两集群"新能源汽车生产基地，即培育壮大"福宁岩莆"新能源乘用车、"厦漳"新能源客车、"岩明"新能源货车和专用车生产基地，打造闽东北新能源乘用车、闽西南新能源商用车产业集群，形成一个产业中心[5]。

3.构建煤、油、气、核与可再生能源多轮驱动的能源供应体系

依托规划的罗源湾国家煤炭应急储煤基地，规划建设4000兆瓦的超临界神华罗源湾火电厂，重点推进漳州核电、霞浦核电等大型核电项目建设，到2025年，力争福建电力总装机达8000万千瓦以上。建成北电南送新增输电通道和闽粤联网工程，在更大区域范围内提高资源优化配置能力。加强天然气基础设施建设，推进液化天然气接收站及外输管线和西三线支干线、海西二期管网和互联互通工程等天然气管道建设，尽快实现设区市全部通管道天然气,形成多气源一张网、市场化的天然气发展新格局。

参考文献

[1] 唐忆文,黄玥,等.上海能源发展趋势、发展战略与节能城市建设[J].科学发展,2017(1):94-103.

[2] 宋府霖,韩传峰,滕敏敏.长三角地区能源消费碳排放驱动因素分析及优化策略[J].生态经济,2022(1):21-28.

[3] 朱汉雄,王一,茹茹,等."双碳"目标下推动能源技术区域综合示范的路径思考[J].中国科学院院刊,2022(04):559-566.

[4] 邹晔,黄小军.江西能源供应和消费问题分析[J].能源研究与管理,2022(4):1-4.

[5] 发展研究编辑部.多维视角下福建省新能源汽车产业的机遇与挑战[J].发展研究,2022(08):28-34.

能源革命视角下华中地区能源发展战略研究

胡留所

（西北大学 经济管理学院，陕西 西安 710127）

摘　要：能源革命要与区域经济、环境状况相结合，才能在保障经济发展的同时，优化能源结构，实现生态环境改善。华中地区能源禀赋较大、产业基础薄弱，但人口众多、经济增长较快，能源需求旺盛，存在着大量的能源缺口。为构建安全高效、清洁低碳的现代能源体系，华中三省根据各省省情出台"十四五"规划方案，以及多项能源政策，对本地区的能源转型起到了重要推进作用。最后，本文根据华中地区所存在的能源问题，提出了基于供求协同推进的能源转型路径。

关键词：能源革命；能源转型；华中地区；供求平衡

引　言

能源革命推进了中国的能源转型进程，但是中国领土辽阔，区域能源禀赋和产业基础差异较大，能源供求关系也存在着显著不同[1-2]。华中地区处于中国大陆内部，包括河南省、湖北省和湖南省三省，以全国11%的能源消费量支撑起全国13.85%的GDP和全国15.84%的常住人口。受制于能源禀赋，华中地区能源供给存在着总量不足和结构失衡并重的问题，直接制约能源消费的总量控制和比例调整。能源供求结构中，化石能源占比过高，尤其是煤炭能源的生产和消费占比过高的问题较为突出，给华中地区的能源革命推进和"双碳"目标实现带来了严峻的挑战[3]。此外，华中地区是我国重要产业承接区域，能源消费和碳排放压力较大，产业经济的绿色低碳转型道路依然漫长。

为突破能源资源约束，实现能源供给的安全保障和能源消费的绿色节能，华中三省

作者简介：胡留所，男，1990年生，河南汝南人，西北大学经济管理学院在读博士，研究方向为产业经济学。

推出了一系列的能源专项规划与政策。华中三省围绕能源安全供应,能源绿色消费,能源技术创新以及能源体制改革等方面进行了主体性能源规划设计,辅以能源安全生产,能源装备升级,能源环保督察等细分性能源政策补充,构建起了系统性的能源规划体系,有效地保障了华中地区的能源供求平衡,推动了社会经济的快速发展。

一、华中地区的能源禀赋状况

(一)化石能源禀赋

从能源禀赋上看,华中地区的化石能源总体储量较低,除河南省拥有相对较多的煤炭资源外,湖北省、湖南省的煤炭、石油、天然气资源都相对稀缺,在全国属于化石能源储量较低的地区;而可再生能源方面,除湖北省拥有较为丰富的水能资源外,华中三省不同于沿海和西北内陆拥有丰富的风能和太阳能资源,在大规模、高质量的可再生能源开发方面处于劣势。从表1可以看出:

表1 2020年华中地区的煤炭储量

省份	煤炭储量/亿吨	石油储量/万吨	天然气储量/亿立方米
河南省	33.65	3022.24	62.82
湖北省	0.1	1055.5	44.59
湖南省	4.86	0	0

数据来源:《中国能源统计年鉴》(2021年)。

2020年,全国的煤炭储量为1622.88亿吨,而华中地区的煤炭储量相对较少,仅为38.52亿吨,占全国总量的2.38%。华中三省中,河南省煤炭储量最多,达到33.65亿吨,占华中地区煤炭储量的87.36%,占全国储量的2.07%。湖南省煤炭资源较少,有4.86亿吨,占华中地区的12.62%,占全国的0.3%。湖北省煤炭资源最少,仅有1000万吨,占华中地区的0.26%,在全国的份额中占比很少。华中地区的煤炭资源禀赋上存在着先天不足,地方发展的能源供给和消费主要依赖于周边资源富集区,在早期的经济发展中受到了较强的能源约束。但是为了满足经济高质量发展的要求,要逐渐降低煤炭使用比例的同时,进一步发展煤炭的清洁化开发与利用技术。在华中地区的能源革命进程中,煤炭消费比例降低后,资源约束效应将进一步降低。由于华中地区煤炭资源分布较少而产生的煤炭产业升级转型压力也较小,迈向新型能源体系的历史包袱也相对较轻。

2020年,全国的石油储量为361885.75万吨,而华中地区的石油储量相对较少,仅为4077.74万吨，占全国总量的1.13%。华中三省中，河南省的石油储量最多，达到3022.24万吨，占华中地区石油储量的74.12%，占全国的0.84%。湖北省石油资源较少，有1055.5万吨，占华中地区的25.88%，占全国的0.29%。湖南省基本没有可供开发的石油资源。华中地区的石油资源较少，即使区域中石油储量最大的河南省，在全国的石油储量占比都不足1%。因而，河南省、湖北省和湖南省石油储量低的资源禀赋成为经济发展、人民生活的重要约束。基于目前的储量水平，无论是现在还是在今后相当长的时间内，华中地区都难以实现石油资源的自给自足。地方发展的石油资源主要依赖于周边资源富集区和进口，石油的运输调配体系是实现石油安全能源供应的重要保障。随着经济的发展，石油消费量不断增加，石油资源禀赋稀缺的不利局面在华中地区将进一步凸显。

2020年，全国的天然气储量为62665.78亿立方米，华中地区的天然气储量相对较少，仅为107.41亿立方米，占全国总量的0.17%。华中三省中，河南省的天然气储量较多，达到62.82亿立方米，占华中地区的天然气储量的58.49%，占全国天然气储量的0.1%。湖北省的天然气资源较少，有44.59亿立方米，占华中地区的41.51%，占全国的0.07%。湖南省基本不具备可供开发的天然气资源。华中三省的天然气资源相对稀缺，三省储量总计不足全国的0.2%，严重限制了地区的天然气产能，难以满足本地区的生产和生活需求。地方发展的天然气资源主要依赖周边天然气资源富集地区和进口，用于满足部分生活需求。随着经济高质量发展的要求和人民生活水平的提高，交通运输和清洁供暖等对天然气的需求将更加旺盛，而本地区天然气资源短缺的困境在未来将更加突出。

从2020年已探明的矿产资源情况来看，华中地区除石煤外，在页岩气、煤层气、油页岩以及油砂等方面基本没有可开采价值的能源。石煤资源方面，全国共有10.41亿吨储量，其中湖南省储量为6亿吨，占总储量的57.64%。但是，石煤是一种含碳少、热量低的劣质煤炭资源，同时也是一种低品位、多金属的共生矿，在开发与利用的过程中，容易造成大量的环境污染。

综上所述，华中地区除煤炭资源相对充足外，其他能源均存在严重短缺。能源禀赋不足将制约能源的生产供应以及能源产业的发展，能源生产和加工体系的完整性也将难以建立。能源消费也将严重依赖资源富集区和进口，能源供应安全、能源成本以及能源价格波动都将是经济发展和社会生活中的重要约束。为了落实"碳达峰"和"碳中和"目标，华中三省在"十四五"时期将基于自身能源禀赋和能源供求现状，从供求两侧推动能源体系的绿色低碳、安全高效转型，推动能源革命和区域经济的深度融合，实现能源、环境和经济的协调发展。各省将优化产业结构与调整能源结构相结合，深入落实能源革命与区域经济发展的整合。

（二）华中地区的可再生能源禀赋状况

1.风能

我国位于亚欧大陆东部，东临太平洋，季风强盛。内陆的山川和高原改变了从东南到西北的气压分布和大气环流，增加了季风的复杂性。冬季风主要来自西伯利亚和蒙古等中高纬度地区，由北向南逐步递减。夏季风主要来自太平洋和印度洋，从东南沿海到内陆，逐步递减。因而，风能分布比较丰富的地区，主要为沿海和西北新疆甘肃等地区。

华中地区位于我国大陆的中部，属于季风性气候，风向和风速具有明显的季节性特征。该地区冬半年多为偏北风，而夏半年多为偏南风。一般来讲，年平均风速在3米/秒以上的地区才具备可开发的价值，而华中地区在全国范围内属于资源贫乏区，仅有少数部分地区具备可开发的价值[4-5]。

2.太阳能

我国属太阳资源丰富的国家之一，但太阳能的分布具有显著的区域差异。我国总面积2/3以上地区年日照时数大于2000小时，年辐照量在5000兆焦/平方米以上。陆地面积每年接收的太阳辐照总量为3300兆～8400兆焦/平方米，相当于2.4万亿吨标准煤的储量。根据国家电网文件中的数据，各地的优、中、差太阳能年总辐照量如下表所示。

表2 我国各区域太阳能辐照数据

地区	年/(千瓦·时/平方米)			年/(兆焦·平方米)		
	上四分位数/75%	中位数/50%	下四分位数/25%	上四分位数/75%	中位数/50%	下四分位数/25%
国网经营	1391	1373	1358	5008	4944	4889
华中	1318	1271	1253	4744	4575	4512
河南	1369	1336	1304	4927	4811	4696
湖北	1325	1286	1261	4769	4628	4540
湖南	1241	1205	1173	4467	4337	4223

注：两个单位，其中：千瓦·时/平方米为单位的数值更接近于年利用小时数，兆焦/平方米要除以3.6换算成千瓦·时/平方米。

结合表2太阳能辐照分类标准可以看出，华中地区高质量的太阳能资源相对较少。主要原因在于华中地区整体海拔较低，光照穿透云层折损后到达地面，辐射强度受到较大的折损。从气候上看，除河南省以外，湖北省和湖南省属于亚热带季风气候，整体上比较湿润，降雨较多，光照时间短、辐射强度低，不具备良好的光照条件。因而，华中地区不具备大规模高效率的集中式光伏能源布局条件，比较适合因地制宜地开发分布式能源[6]。

3.水能

中国地域辽阔，降水分布受气候和地形地貌影响明显。受大陆季风区控制的东部地区降水相对丰富，而在西北内陆所处的非季风区就干旱异常。从地形分布上看，降水分布明显受西高东低的三级阶梯状地势影响，呈现从西往东逐渐递增的趋势。降水分布的南北差异也十分明显。以秦岭—淮河为界，南部亚热带季风气候区降水充沛，而北部温带季风气候区降水明显偏少。

另外，华中地区的降水还有一个不尽如人意的地方，就是随时间的分布极不均匀。一年中大部分降水都集中在夏季，汛期（6—9月）的降水占全年75%以上。还有，华中地区降水年际变化也大。降水的年际、年内剧烈变化，为防洪和水资源利用带来了很大的难度，使本来就有限的水资源难以被充分有效地利用[7-8]。

华中三省的总水能蕴藏量为3832.94万千瓦，占全国的5.67%。其中，湖北省水能资源最为丰富，达到1823.13万千瓦，占华中地区的47.56%，占全国的2.7%。湖南省水能蕴藏量达到1532.45万千瓦，占华中地区的39.98%，占全国的2.27%。而河南省的水能蕴藏量则相对较少，仅为477.36万千瓦，占华中地区的12.45%，占全国的0.71%。

虽然华中地区的水能蕴藏量不如降水丰富、河流众多、落差较大的西南地区，但是，由于华中湖北、湖南二省的海拔相对较低，开发难度相对较小，地方经济发展对能源电力需求量巨大，距离能源电力消耗量大的江、浙、沪等地区较近。因而，在水能资源的开发上有较为良好的基础和成功的经验。

二、华中地区的能源产业基础和现状

能源生产受制于能源禀赋，华中地区的化石能源产能不足，可再生能源低效分散，缺乏丰富的能源储备，因而，也未能发展起大规模的能源产业。整体而言，能源产业规模相对较小，未能形成体系齐全的能源经济，能源产业与整体经济的密切程度低于资源富集区[9]。

（一）华中地区化石能源产业现状

华中地区的化石能源禀赋较差，基于能源开发形成的开采业相对薄弱。与此同时，华中地区经济发展水平也比东部沿海江苏、浙江、广东等省低，能源化工产业发展相对较弱。具体表现为，华中地区煤炭开采与洗选行业、石油加工与炼焦行业的产值和每年的固定投资总额都相对较低，在全国的占比也较低。能源产业与经济发展的互动关系相对较小,对经济的拉动作用有限。结合表3可知,华中地区的煤炭开采与洗选产业规模较小,总产值为3336.81亿元,占全国的5.59%。华中三省中,煤炭开采与洗选产业规模最大的是河南省,2020年达到3142.39亿元,占全国的5.26%,占华中地区的94.17%。湖南省和湖北省的煤炭开采与洗选产业规模都相对较小,产业基础十分薄弱。

石油加工与炼焦方面,华中地区的总产值为559.6亿元,占全国的2.60%。其中产业规模最大的河南省为300.57亿元,占全国的1.40%,占华中地区的53.71%。其次是湖北省,产业规模为259.03亿元,占全国的1.20%,占华中地区的46.29%;最后是湖南省,由于资源禀赋所限,未发展起相应的规模化产业。

在石油、煤炭及其他燃料加工业方面,华中地区的产业规模达到1222.14亿元,占全国的3.26%。其中产业规模最大的河南省为810.07亿元,占全国的2.16%,占华中地区的66.28%。其次是湖北省,产业规模为222.04亿元,占全国的0.59%,占华中地区的18.17%;最后是湖南省,产业规模为190.03亿元,占全国的0.51%,占华中地区的15.55%。

表3 2020年华中地区化石能源产业规模

单位:亿元

	全国	河南	湖北	湖南	三省合计占全国比重
煤炭开采与洗选业/亿元	59712.45	3142.39	3.33	191.09	5.59%
石油加工与炼焦	21507.69	300.57	259.03	0	2.60%
石油、煤炭及其他燃料加工业	37434.26	810.07	222.04	190.03	3.26%

数据来源:《中国工业统计年鉴》(2021年)。

从华中地区化石能源产业发展状况来看,受能源禀赋约束,华中三省化石能源的开采和加工业产值较小,在全国所占份额较低,未能形成体系完整的化石能源开采与加工体系,能源产业与社会经济活动的互动效应有限。在资源环境约束日益收紧的形势下,坚持绿色低碳发展战略,加快能源转型发展,对传统化石能源产业的清洁化开发与利用提出了更高的要求。

(二)华中地区的可再生能源产业状况

华中地区位于内陆,可再生能源禀赋有限,除水能相对丰富以外,风能和太阳能的大规模开发与利用都面临着效率不高的困境。可再生能源行业的产值和每年的固定投资总额都相对较低,在全国的占比也较低。

从图1的水电投资方面看,华中三省表现出不同的增长态势。其中河南省因为水能

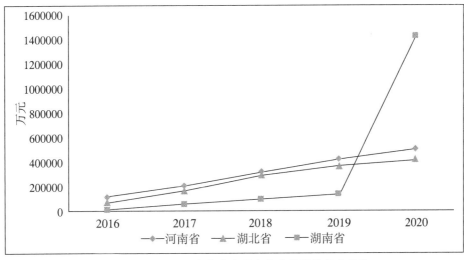

图1 2016—2020年华中地区水电建设累计完成投资

资源有限,将近年来的工作重心放在了老旧水电站技术改造,优化水电调度和提升安全管理上。因而,河南省近年来的水电投资额度相对有限。其中2020年,河南省的水电投资为49.92亿元,占华中地区的21.37%,占全国的0.71%;湖北省三峡水电站在2012年投产,水能资源开发利用迈上了一个新台阶,随后湖北省的水能利用率也日趋饱和,从而表现出比较平稳的增长态势。其中2020年湖北水电投资为41.41亿元,占华中地区的17.73%,占全国的0.71%;湖南省水能资源有限,所开发的较多为小水电,2019年以前保持着较低位置的平稳态势。2020年湖南省的水电投资额为142.29亿元,占华中地区的60.91%,占全国的2.45%。2020年湖南省水电投资迅速增加的原因在于,湖南省开展了大规模的小水电整改、保护和修复河流生态系统工作。

在能源革命的推进下,华中地区的能源供给结构也在发生着变化,风能、光伏等可再生能源投资快速增加。结合图2可以看出,河南省的可再生能源增速较快,2020年的累计投资达到336.06亿元,占华中地区的55.43%,占全国的3.96%;2020年湖北省的可再生能源累计投资达到100.72亿元,占华中地区的16.61%,占全国的1.19%;湖南省的可再生能源累计投资达到169.49亿元,占华中地区的27.96%,占全国的2%。

三、华中地区的能源供求分析

综合以上对华中地区河南、湖北、湖南三省的能源供求分析可以看出,华中地区总体上能源短缺比较严重,难以满足经济发展和人民群众对能源的大量需求,在能源结构上表现出不同的供求失衡状态。从化石能源方面来看,华中三省煤炭需要从资源丰富的陕西、山西、内蒙古、新疆等地获取,石油需要大量从外输入,天然气需要从四川、青

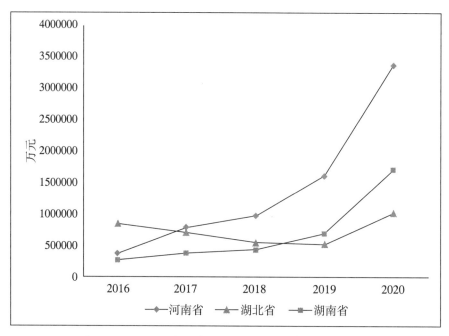

图2 2016—2020年华中地区风能、光伏等累计完成投资

海等地获取。在电能方面,除湖北省能做到自给自足,并且对外输送外,河南和湖南两省需要借助电网,大量补充进外部能源。从华中三省具体情况来看,进行如下分析。

(一)华中地区的能源平衡分析

1.河南省的能源平衡分析

河南省在煤炭方面存在着供给不足、严重依赖周边资源富集区、煤炭资源多以初级产品形式进行使用,深加工产业链不足等问题。具体来看有以下几个方面:①供给不足,对外依赖严重。2019年,河南省煤炭生产量仅为10937.76万吨,社会的煤炭消费量为20045.45万吨,从周边的山西、陕西、内蒙古以及新疆等地区补充煤炭15961.88万吨。②河南省煤炭的深加工不足。洗精煤、焦炭、煤制油、煤制气等产品生产不足,大量的煤炭用于火力发电和供热,煤炭产业的具有较高附加值的化工产业活动较少。③终端消费中工业用煤占比过高,接近1/4的煤炭被工业消耗。总体来看,河南省的煤炭在火力发电、供热和工业消耗上占据了3/4的份额,所开展的降污染、拓产品、增价值的活动不足。

河南省在石油资源的供求方面存在以下问题:①供不应求,对外依赖严重。2019年,河南省的石油产量为251.06万吨,占本地可供消费的2404.54万吨的10.44%,石油的对外依存度远远高于全国的平均水平,安全问题突出。②石油化工发展不足。2019年可供本地消费的油品合计为2404.54万吨，主要为原油、汽油和柴油，中间环节用于加工部分不足，燃料油、石脑油和润滑油等石油化工产品相对较少。③终端消费中，交通运输、仓储和邮政业，居民生活和工业是石油消费的主要领域，且柴油消费较高，污染相对严重，需要进一步进行电气化改造。

2019年，河南省的天然气产量仅为2.96亿立方米，本地区的总供给量为105.26亿立方米，其中102.30亿立方米由外地调入，本地的自给水平极低，天然气方面的对外依存度远高于全国水平。在终端消费方面，工业和居民生活是天然气消费的主要领域，但是居民消费中的城乡差距较大。2019年，城镇的天然气消费量达到31.33亿立方米，而农村的天然气消费仅有2.60亿立方米，大量的农村地区依然将柴火等用作主要的生活供热能源。农村地区管网设施线路长，网点分散，建设成本高，会进一步推高终端的供气价格，难以促进农村居民的有效需求。

在电力方面，2019年河南省的电力短缺也较为严重，本省最终消费的3604.67亿千瓦·时的电量中，从外省输入的电力达到734.54亿千瓦·时，并且河南省的发电主体为火力发电，对于"双碳"目标的实现十分不利。此外，其他能源方面，可供本地区的能源需求维持在较低水平的平衡状态。

2.湖北省的能源平衡分析

湖北省在煤炭方面存在着严重的供给不足、利用单一、产业链较短等问题。具体来看：①供给不足，对外依赖严重。2019年，湖北省煤炭的消费总量为11768.33万吨，但本地区煤炭的一次能源生产量仅为40.76万吨，占总消费的0.3%。大量的煤炭供给依赖于周边的山西、陕西、内蒙古以及新疆等地区。②湖北省煤炭的深加工不足。煤化工产品较少，产业链较短，大量的煤炭用于火力发电和供热。③终端消费中工业用煤占比过高，接近1/3的煤炭被工业消耗。总的来看，在煤炭的生产、加工方面，湖北省与河南省比较相似，供给不足下形成大量的煤炭依赖，在发电、供热和工业的迫切需求下，煤炭未能进行深入加工就投入使用。在未来的发展中，要更加注意高峰火电的集约高效利用，以及工业用能中的电气化改造。

湖北省在石油资源的供求方面存在着以下问题：①供不应求，对外依赖严重。2019年，湖北省的石油产量仅为53.62万吨，占本地最终石油消费2926.70万吨的1.83%，石油的对外依存度远远高于全国平均水平，石油安全问题更加突出。②石油化工发展不足。2019年可供本地消费的油品合计为2926.70万吨，主要为原油、汽油和柴油，中间环节用于加工部分不足，燃料油、石脑油和润滑油等石油化工产品相对较少。③终端消费中，交通运输、仓储和邮政业，居民生活和工业是石油消费的主要领域，且柴油消费较高，污染相对严重，需要更进一步进行电气化改造。

湖北省在天然气方面也存在着严重的短缺。2019年，湖北省的天然气产量仅为4.89亿立方米，本地区的总消费量为67.99亿立方米，天然气的自给程度较低，其中66.49亿立方米由外地调入，天然气方面的对外依存度远高于全国水平。在终端消费方面，工业和居民生活是天然气消费的主要领域，但是居民消费中的城乡差距较大。2019年，城镇的天然气消费量达到17.5亿立方米，而农村的天然气消费量仅有0.48亿立方米，大量的农村地区依然将柴火等作为主要的生活供热能源。

在电力方面，湖北省的电力则相对丰富，能满足自身需求的同时向外输送。2019年，湖北省的一次能源电力生产量达到1487.56亿千瓦·时，火电调峰等形成的电力产量达到1469.94亿千瓦·时，这使得湖北省在满足本地2323.31亿千瓦·时消费量的基础上，还能向周边的安徽以及东部的江苏、浙江以及上海等地区提供电力。但是，其他能源方面，湖北省的可再生能源发展虽然较快，但难以改变本省的能源供求状态。

3.湖南省的能源平衡分析

湖南省在煤炭方面存在着严重的供给不足、利用单一、产业链较短等问题。具体来看：①供给不足，对外依赖严重。2019年，湖南省煤炭的消费总量为10664.02万吨，但本地区煤炭的一次能源生产量仅为1473.46万吨，占总消费的13.82%。湖南省煤矸石产量相对丰富，但依然无法满足本地区的用能需求，大量的煤炭供给依赖于周边的山西、陕西、内蒙古以及新疆等地区，由于运输线路较长，成本要高于河南和湖北两省。②湖南省煤炭的深加工不足。煤化工产品较少，产业链较短，大量的煤炭用于火力发电和供热。③终端消费中工业用煤占比较高，接近1/3的煤炭被工业消耗。总的来看，在煤炭的生产、加工方面，湖南省与湖北省和河南省比较相似，供给不足下形成大量的煤炭依赖，在发电、供热和工业的迫切需求下，煤炭未能进行深入的精细化工环节就投入使用。在未来的发展中，要更加注意煤炭的集约高效利用，以及工业用能中的电气化改造。

湖南省在石油资源的供求方面存在着以下问题：①供给空白，对外依赖严重。湖南省并无石油资源，因而，2019年湖南省的石油产量为零，本地最终石油消费2112.29万吨完全依靠外部供给，形成了石油完全对外依赖的局面，相比北部的河南省和湖北省，石油安全问题更加突出。②石油化工发展不足。2019年可供本地消费的油品合计为2112.29万吨，主要为原油、汽油和柴油，中间环节用于加工部分不足，燃料油、石脑油和润滑油等石油化工产品相对较少。③终端消费中，交通运输、仓储和邮政业，居民生活和工业是石油消费的主要领域，且柴油消费较高，污染相对严重。而且，湖南广大农村地区的石油消费较少，在交通道路基础设施不断完善下，农村地区的私家车等用油需求将会被持续地释放出来，进一步加剧湖南省石油对外依赖的困境。

湖南省在天然气方面也存在绝对依赖。由于湖南省没有天然气资源，2019年本地区的总消费量为 31.94 亿立方米，全部需要从外部获取。在终端消费方面，工业和居民生活是天然气消费的主要领域，但是居民消费中的城乡差距较大。2019 年，城镇的天然气消费量达到 6.17 亿立方米，而农村的天然气消费量仅有 0.16 亿立方米，大量的农村地区依然将柴火等作为主要的生活供热能源。湖南省在天然气的使用方面，受制于资源禀赋，远远落后于华中地区的河南省和湖北省。

在电力方面，湖南省的电力则相对丰富，基本能够满足自身需求，仅需要少量的补充。2019 年，湖南省的一次能源电力生产量达到 644.82 亿千瓦·时，火电调峰等形成的电力产量达到 914.60 亿千瓦·时，这使得湖南省能够基本上满足本地 1864.33 亿千瓦·时的消费量。但是，其他能源方面，湖南省的可再生能源发展虽然较快，但可供本地区的能源供求维持在较低水平的平衡状态。

（二）华中地区的能源强度

随着华中地区的经济快速增长，区域性能源消费也持续增加，但总体上讲，华中地区的能源消费增长速度低于经济增长速度，因而，华中地区的能源强度呈下降趋势。如图 3 所示，湖北省能源强度下降趋势最为明显，湖南次之，河南省能源强度最高。

华中地区能源强度的不同可以从以下两个方面来分析：①从经济总量和结构上看：河南省的经济体量最大，湖北次多，湖南最小。而在产业结构调整上，湖北省向高端制造和高新技术产业转型的成效更为显著，湖南绿色经济的发展也取得了长足进步。华中三省

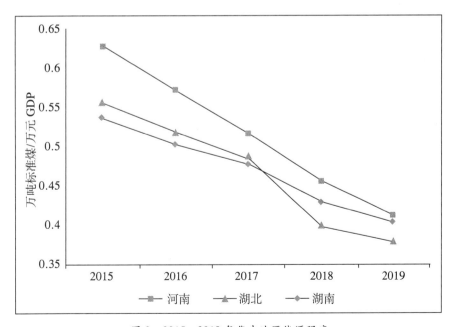

图 3　2015—2019 年华中地区能源强度

在实现经济增长的同时,逐步优化产业结构,对于控制能源强度起到了积极作用。②从能源结构和能效管理上看:近年来,华中三省都通过规划和政策对能源结构进行优化调整,实行了能效管控。但受制于资源禀赋和能源供求状况,河南省的化石能源占比较高,湖南和湖北两省较好地运用了水能资源,能源清洁化程度相对较高。

(三)华中地区的人均能耗

随着华中地区人均收入的增加,人民生活水平逐年提高,用能需求将逐渐释放。①作为中部地区,华中三省仅有河南中部和北部拥有相对完善的冬季供暖设施,其他地区要承受相对长时间的冬季低温。②城镇化后,广大农村居民要从秸秆等生物质能转为电气用能。

相对地,湖北省的人均能源消费量较低,2019年,湖北省的人均能源消费量仅为2.92吨标准煤,虽然在华中三省里面是最高的,但是严重低于全国平均水平的人均3.53吨标准煤。居民收入和消费的增加意味着生活水平的改善和能源消费的进一步增加。收入的增加会刺激居民在交通、取暖等方面的用能需求,从而对电力、石油和天然气等能源产生更高的需求。

2019年湖南省的人均能源消耗仅2.41吨标准煤,是华中三省里能源消耗第二的省份,也严重低于全国人均3.53吨标准煤的水平。人均能源消耗的低水平增加反映出地区能源禀赋不足,经济发展和人民生活水平提高受到严重阻碍。而城镇化以及收入的增加会改

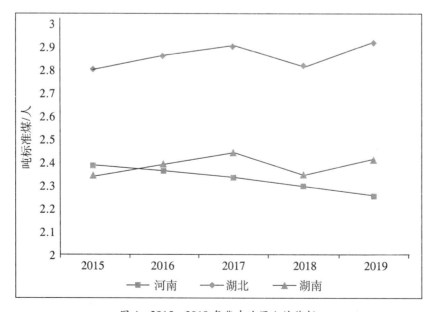

图4 2015—2019年华中地区人均能耗

善居民的生活质量，进而释放出更多的能源消费需求。

从图 4 可以看出，河南省的人均能源消费量较低，2019 年河南省的人均能源消费量仅为 2.25 吨标准煤，是华中三省里最低的，也严重低于全国的能源消费水平。随着社会经济的发展，河南省的能源消费需求将得到进一步释放，如何满足人民日益增长的能源需求将成为地方发展的重要命题。

四、"十四五"规划下的华中地区能源发展

政府通过单纯的行政指令和财政宏观政策调控传统能源与新能源的比例，需要更加充分地考虑到现实需求[10]。为突破能源资源约束，实现能源供给的安全保障和能源消费的绿色节能，华中三省推出了一系列的能源专项规划与政策。华中三省围绕能源安全供应，能源绿色消费，能源技术创新以及能源体制改革等方面进行了主体性能源规划设计，辅以能源安全生产，能源装备升级，能源环保督察等细分性能源政策补充，构建起了系统性的能源规划体系，有效地保障了华中地区的能源供求平衡，推动了社会经济的快速发展。本文主要选取了华中三省的能源类五年规划以及能源类政策，通过梳理发现，在"十二五"及以前，能源规划主要以安全供应为主，对化石能源的重视程度较高，而对非化石能源的重视程度不足。在发展非化石能源中，对核能高度重视，进行了大量的选址与评估。进入"十三五"，大规模地发展非化石能源，实现对化石能源的逐渐替代成为华中地区能源规划的共同方向。化石能源尤其是煤炭的逐步退出以及清洁化开采与利用成为主要引导方向。非化石能源中，水能、风光以及生物质能开发成了主力发力点，而对核能有了更加审慎的态度。

（一）河南省能源政策

"十一五"期间河南省确立了以煤为基础、以电为中心，立足省内、开拓省外的能源发展思路。煤炭消费上主要依靠本地和周边山西、陕西以及内蒙古的煤炭资源。电力发展上以火电为主，主动发挥中部地区的电网输送中心优势，承担华中电网南北水火电调剂运行的火电补偿任务。河南省"十一五"期间的煤炭消费占一次能源的 90% 以上，长期使用煤炭等化石能源的初级产品，未能延长煤炭产品的产业链，成为山西、陕西、内蒙古等煤炭能源富集区下游的化工产品基地，形成了煤炭资源禀赋不足，产业链过短，能源消费过度依赖初级能源产品的局面，给后续的能源转型埋下了隐患。"十二五"期间，河南省能源结构单一、资源环境约束的问题更加突出。随之，河南省将能源的重心转移至电力发展，沿南太行、豫南煤矿区以及陇海线等煤炭生产和运输网络布局煤电，开展热联电和核电建设，巩固河南省在电网输配中心的地位。煤炭的集约化利用得到了进一

步提升，煤炭在一次能源消费中的比例虽然降至76%，但依然过高。热联电和核能的发展受技术和政策影响，未能大规模地投产并网，电力的供应依然是火电为主。2015年9月21日，中共中央、国务院印发《生态文明体制改革总体方案》，阐明了我国生态文明体制改革的指导思想、理念、原则、目标、实施保障等重要内容，提出要加快建立系统完整的生态文明制度体系，为我国生态文明领域改革作出了顶层设计。而彼时，河南省的能源消费总量中，非化石能源仅占5.8%。进入"十三五"，河南的经济增长面临着更加严峻的资源环境约束，能源发展开始强调非化石能源的发展。但河南省的风光资源禀赋有限，不适合大规模集中式开发，转而积极推进豫北、豫东等平原地区低风速分散式发电项目建设，推进有条件的产业集聚区、公共设施及商业建筑屋顶和个人家庭建设分布式光伏发电系统，在豫西南和豫北开展纤维燃料乙醇产业化示范。化石能源的开发方面开始大力提倡智能建设、清洁开发、洗选加工、清洁利用。进入"十四五"，河南的能源规划更加体系化，具体表现为，建设"一廊道（沿黄绿色能源廊道）、两张网（智能电网、油气管网）、三基地（能源储备基地、农村能源革命基地、能源创新基地）"，形成区域优势互补、协调互动的能源发展格局。

河南省通过能源的五年规划，对社会经济发展中的能源供求，绿色低碳转型进行了系统性地规划和设计，对于保障经济增长、人民生活改善起到了重要作用。但是也应该看到，河南省的能源禀赋和产业结构决定了能源转型的困难程度，降煤减排需要供求两侧共同发力，克服成本上升、产业转型缓慢的阻力。目前的能源缺口依然较大，要打通电力、油气管网等能源运输设施，运用好国内国外两个市场，保障河南省社会经济发展中的能源供应。

（二）湖北省能源政策

湖北省表现出与河南省迥异的能源发展路线。从"十一五"期间开始，湖北省就基于水能资源优势和水陆交通优势，打造以电力为中心，化石能源为支撑，可再生能源为补充的能源体系，为湖北省的绿色能源系统奠定了良好的基础。但是，湖北虽然着力发展水电，仍面临着以下困境：①水电受季节性降水影响，容易造成季节性电力短缺，无力进行主动调节。②鄂西地区水电丰富，但用能负荷主要在东部，大规模的西电东输给电网的安全性和经济性带来了挑战。③根据"十五"末的数据，水电装机3326万千瓦，开发率达到88.3%。而湖北全省煤炭储量不足全国的1%，依托如此少的煤炭禀赋对水电丰富、季节性明显的电力系统进行调峰，压力巨大。

进入"十二五"，湖北省针对水电的不稳定和不均衡进行系统配置，以火电调峰，大规模实现西电东输。加强全省煤炭资源的勘探开发力度，深化与山西、陕西、内蒙古、新疆等地的能源合作，保障煤炭资源的安全供应。结合水陆交通优化火电布局，关停低效锅炉和小机组，改进技术提高火电高效清洁利用。但石油、天然气等方面的对外储存度较高，能源价格上涨等因素，给湖北省能源安全供应带来了诸多挑战。但总的来说，湖北省的能源格局较好，"十二五"规划对"十一五"规划形成了良好的补充，也为"十三五"规划指明了方向。进入"十三五"期间，湖北省根据能源革命中"四个革命，一个合作"进行了能源领域的顶层设计，基于自身的能源对外依存状况和水陆交通优势，着重进行了能源通道建设，构建高效能源流通体系的规划。总体而言，湖北省的能源体系相对清洁高效，经济产业的转型面临"碳达峰、碳中和"的目标也更为接近。

（三）湖南省能源政策

湖南省对核能、风光等能源的重视程度相对较高，能源政策重点及演变与河南、湖北二省有着较为显著的差异。湖南省化石能源中，除石煤相对丰富以外，其他如石油、天然气等资源短缺较为严重。从山西、陕西、内蒙古、新疆等地区运输煤炭的成本较高，也推高了下游的火电、工业和生活用煤价格。湖南地处内陆，海拔较低，大规模、集约型的光资源也不够丰富。因而，湖南省对于构建稳定、经济的能源体系更为迫切。2008年2月，国家发改委批准湖南桃花江、湖北大畈和江西彭泽三个内陆核电项目开展前期准备工作。湖南省着手构建以核能为中心，水电支撑，其他化石能源和清洁能源为辅的能源体系。但是，受2011年日本福岛核电站泄漏的影响，国际和国内对核电的谨慎程度进一步提升，我国也只在沿海地区开展核电建设。湖南的核电建设开始停滞。在"十二五"以后，湖南开始继续开发传统能源，重点开发火电，持续开发水电。核电建设停滞后，其他如风能、光伏、地热和生物质能得到了重视。为弥补本省能源供给的不足，湖南省大力进行电网建设和油气管网建设，在一定程度上，满足了本省能源的需求。随着生态文明的持续推进，能源系统的绿色低碳转型得到了更多的关注。进入"十三五"时期，湖南省的水电经济充分开发，已经接近饱和，化石能源的储量和产量都十分有限，其他清洁能源虽然发展较快，但依然无法满足本省能源的需求。湖南省的能源规划开始更多地转向产业结构调整、节能减排。随着经济的发展，湖南省的用能需求越来越大，长期以来生活水平的提高，也将湖南省调温用电的需求快速释放出来，能源短缺的局面更加严峻。进入"十四五"，湖南省能源规划中更加关注产业结构调整和节能环保，通过技术创新和数字化推动经济和能源供求的绿色低碳转型。作为中部崛起、承接产业转移的核心区域，目前的能源消费结构无法满足社会经济发展的长远要求。在经济转型的同时，需要基于自身资源禀赋优势，寻找主力能源供应，打通电网、油气管网等渠道，建立安全稳定的能源供给体系。

五、华中地区能源供求协同推进路径分析

华中地区能源禀赋较差,煤炭储量较少,石油和天然气更为稀缺,清洁能源方面除水能方面略占优势外,风能、太阳能等相比西北内陆和东南沿海,并不具有大规模、高质量的可供开发的能源禀赋。在资源禀赋的约束下,华中地区难以实现大量本土化的能源供应,难以应对人口众多、经济快速发展对能源的需求,面临着巨大的能源缺口。在能源革命的推进下,华中地区需要立足本地区的能源禀赋、能源供求结构和经济环境现状,基于需求引导,实现能源供给的绿色低碳转型,同时基于供给创造能源的低碳消费,通过能源供求的良性互动,实现地区的能源、环境和经济的良性循环。

(一)建立科学、动态、全息的能源供求预警体系

传统的能源预警多指对能源的供给和需求进行预测,确保能源的供给安全,把握能源消费的未来趋势[11]。但随着"碳达峰、碳中和"目标的临近,化石能源为主,尤其是煤炭消费为主的能源结构正在发生着重大调整,可再生能源在能源系统中的占比正在逐渐提高。华中地区化石能源禀赋有限,随着能源革命的深入推进,可再生能源得到了更多的重视,大量的分布式能源建设和并网大大增加了电力系统的随机性。能源供求的环境变量也增加了气候和环境等维度。因而,要基于新的能源、经济和环境建立科学、动态、全息的能源供求预警体系。

一是,构建基于"社会—经济—能源—环境"全维度的能源监测体系。在传统的经济、能源人口基础上,充分考虑到新能源的气候属性,将极端天气以及气候数据纳入监测,全面覆盖能源系统的供给、输配和消费,归集华中地区的能源数据,并保障其时效性和准确性。根据系统监测数据,实时监测社会经济和环境的变化,形成能源供给系统的数据、报告和服务等产品,为数据分析和数字化提供基础。

二是,积极推进能源数字化、智能化决策。随着大数据、云计算和物联网的发展,数字与能源系统已经开始深度整合,并推动着能源向数字化、智能化转型。在能源系统监测的基础上,推进数据共享、价值挖掘和智慧决策,对于构建清洁低碳、智能开放的能源系统具有重要意义。

三是,基于碳排放的监测预警。数字化和智能化的碳排放监测可以更好地反映能源的供求联动,精准而全面地把握能源从生产到消费的全生命周期流动,从而实现能源产业中不同能源类型全产业链的碳排放监测。通过能源系统供求输配的监测和决策,可以更好地掌握能源系统的碳排放问题,进而有针对性地开展节能减排行动。

（二）开展能源革命与区域经济环境深度融合

华中地区区域位置相邻，但能源禀赋、社会经济发展状况以及生态环境各异，在推进能源革命的过程中，要结合区域异质性才能切实构建起华中地区的绿色低碳、安全高效的能源体系，为社会经济发展和人民生活的改善提供能源保障。

1.开展能源供给革命与区域经济环境深度融合

（1）实现化石能源的清洁化开发。华中地区能源消费中煤炭等化石能源占比较高，2019年，华中地区化石能源的消费占比较高，其中河南煤炭的消费占比为67%，湖北煤炭的消费占比为54%。化石能源尤其是煤炭的低效利用造成了大量的环境污染与二氧化碳排放。目前，华中地区的煤炭资源都无法实现自给自足，煤炭的低水平开发和利用造成的环境污染问题较为严重，尤其是在"碳达峰、碳中和"的压力下，煤炭开发和利用的压力尤其严峻。油气资源的依赖度较高，其中石油、天然气都存在大量依赖。新能源的发展虽然迅速，但在华中地区新能源消耗的比重不足20%，成本和新能源并网问题依然突出。传统化石能源的污染主要是由于低水平的开发与利用，而非化石能源就等于污染，清洁化开发与利用化石能源与环保减排是可以走向统一的。此外，大量的传统能源基建投资形成了巨大的沉没成本，构建新能源为主的现代能源体系需要长时间的持续投入，面临着技术、资本等诸多不确定性因素。因而，在短期内，华中地区很难放弃煤炭等化石能源，迅速地转变成以新能源为主的能源消耗结构。因而，能源的清洁开发与利用对华中地区的能源革命进程以及经济的稳定发展具有重要意义。

（2）扩大分布式清洁能源的生产规模。水能、风能和光伏虽然相对清洁，但受气候环境影响较大，具有较强的随机性。华中地区的风光资源禀赋较弱，不具备大规模集约化开发的条件，而水能资源在湖北和湖南已经得到相对充分的开发，待释放的潜力已经十分有限。华中地区的化石能源消费多集中于火力发电、交通运输和工业生产，普通居民尤其是广大农村居民的人均能源消耗很低，现有的能源供给输配体系与价格在一定程度上抑制了广大农村对能源的需求。因而，华中地区清洁能源生产的扩大要更多地关注分布式能源以及生物质能的发展。

分布式能源可以直接满足终端用户的多种需求，在刺激居民消费的同时，提高居民的生活水平。主要涉及一次能源中的燃气和二次能源中的热电供应。华中地区农业基础较好，有着丰富的生物质能，长期以来未能进行充分开发。将秸秆等转化为沼气，在技术难度和成本方面都比较适合于广大农村推广，在减少低效燃烧的同时，还能提高农村用能的环保与安全。二次能源中的热电供应主要为通过风能和太阳能进行热能和电能转化，可以灵活高效地提供热能和电力资源。城市中的公共建筑、工业园区等有着大量的制冷或者制热以及微电力需求，推广绿色建筑，应用分布式能源，可以对原有的集中式能源供给系统形成有益补充。广大农村地区的公共设施以及家用制冷制热都是分布式能源的应用载体，借助分布式能源，可以有效地减轻原有能源供给不足，应对困难的局面，更加充分地满足人民群众对于美好生活的向往和需求。

2. 开展能源消费革命与区域经济环境深度融合

（1）进行电气化改造。从华中地区的能源消费结构可以看出，煤炭等化石能源的消费占比过高，清洁能源占比不足的现象较为突出。火电和工业是煤炭的主要消费领域，也是煤炭消费比例居高不下、碳排放等空气污染的主要源头。如果不及时降低火电比例，对工业用煤进行电气化改造，碳排放快速增长的趋势将难以遏制。华中地区是产业承接的重要区域，未来的工业用能将会持续提高。虽然华中地区电力消费总量持续上升，但人均生活用电量仍然处于较低水平。作为中部地区，冬冷夏热的温差较大，供冷供热的潜在需求尚未完全释放。在产业承接持续增加，人民生活用能日益增加的趋势下，快速高效地进行电气化改造对于控制碳排放，驱动经济增长具有重要意义。一方面，终端能源消费的电气化能够直接影响二氧化碳排放；另一方面，电力消费与经济增长之间存在因果关系。中国的电气化进程已经取得了巨大进步。在工业化和城市化过程中，中国的电气化得到了快速发展，电气化水平从1997年的14%大幅度上升到2016年的22%，基本与美国（22%）和欧盟（23%）等发达国家处于同一水平。同时，我国终端能源消费的电气化仍然保持着增长势头，2016年国家发展改革委等八部门联合印发《关于推进电能替代的指导意见》以完善电能替代配套政策体系，推进电能替代趋势。在"碳中和"的背景下，国际能源署等机构预测，中国2050年的终端电气化程度将达到50%甚至更高。因此，要从以下几个方面进行改进：

一是，加大电气化规制力度，发挥政府的正式规制以弥补市场配置的不足。煤电和工业用煤的很多企业都具有国资背景，使用市场化配置方式难以激发企业的电气化改造积极性，需要采取行政手段，按碳排放目标执行煤电产能退出和工业的电气化目标。

二是，建立西部到中部的跨区输电、输气网络。华中地区除湖北外，其他两省的电力都难以满足自身的需求，燃气方面更是稀缺。进行电气化改造需要稳定的电力和燃气供应，实现电气化能源从西部资源富集区向华中地区流动的渠道畅通。

三是，结合分布式能源，解决消费群体的长尾端需求。广大农村地区的人均用电和用气量都很少，主要是管网和价格的制约，通过分布式能源，将生物质能、风能、太阳能等转化为生活能源，提高农村地区的电气化水平。

（2）提高新能源的消纳水平。"十三五"期间，新能源装机容量大幅提升，困扰新能源持续发展的并网问题也得到了长足的改进，但面向"十四五"，新能源将迎来更大规模、更高速度的增长，消纳压力将进一步增加。能源系统的调节能力建设还比较滞后，新能源跨省输送的比例仍然较低，因而，新能源技术高效吸纳的基础尚不牢固，还需要从以下几个方面进行改进：

一是，强化新能源消纳的政策支持。新能源并网在一定程度上会形成火电、水电等电力资源的占用和利益的冲击，从制度层面重新梳理电力能源的利益分配机制，推动华中地区火电改造，引导电网以更加开放的姿态接纳新能源电力。在分布式能源方面，鼓励新能源就地消纳，小范围内上网交易。

二是，推动技术和模式创新。定向突破和利用新能源高精度预测、智慧调度、储能运输技术，建设可靠性高、灵活性强的绿色低碳电站。将新能源的建设、发电、输配和消费进行全生命周期的管理，并进行新能源电力流动的跨区监测管理，实现新能源资源的优化配置。

三是，构建新能源的成本分摊机制。新能源的成本包括建设成本和系统成本，但目前的新能源成本核算中，对于系统成本的考虑不足。原有的电网规划主要针对煤电、水电与核电等相对稳定的能源而设计，现有的新能源迅速发展，大规模高随机性的电力供应会对电网形成较大的冲击和压力，充分考量新能源建设过程中的成本，有利于更大程度地拓展新能源的消纳空间。

（3）扩大新能源内需。能源供给侧改革的推动下，新能源产能逐渐提高，但在消费端并未得到充分消化。按照新能源产品的生产阶段，可将新能源产品分为中间产品和最终产品，设备制造企业生产的新能源设备可归为新能源中间产品；通过项目建设所生产的电能、热能等产品为新能源最终产品。结合新能源产能的消纳情况，我国目前大量的新能源中间品都靠出口解决，国内市场无法消纳。而在终端市场，新能源充电桩大量闲置，造成严重的资源浪费。新能源汽车等产品价格较高，配套不足，居民消费意愿还有待进一步激发。2020年汽车销量为2531.1万辆，其中，新能源汽车销量为136.7万辆，只占汽车总销量的5.4%。面对新能源补贴的"退坡"，居民对新能源产品的消费意愿可能会受到更多的不利影响。需要从以下几个方面进行思考和规划：

一是，基于具体国情，参考供求关系和需求管理理论，定义新能源内需的范畴。新能源的需求侧要尊重生产的第一性，将供给侧的改革作为前提，并且充分发挥需求对供给的牵引作用，从而体现出新能源供求两侧的动态均衡与互动。

二是，基于供给创造，构建综合性能源系统，推动新能源要素和产品市场的一体化。在能源供给侧改革的推动下，煤电产能逐步降低，新能源发电迅速增加。但是新能源如光伏、风电等相比传统的火电、水电具有更强的随机性，并且在新能源的生产区域上存在供求不对称，难以被集中式能源系统并网和消纳。所以在规划新能源需求侧的时候，要充分评估新能源供求的随机波动和非对称分布,构建一个吸纳和兼容能力更强的综合性能源系统。与此同时,要推动新能源市场中价格导向机制的确立,减少政府补贴对新能源产品市场的扭曲,降低新能源企业融资歧视造成的资本要素扭曲以及东西部经济差距造成的劳动要素扭曲,建设要素和产品的自由流通的新能源市场体系。

三是,基于供给创造,构建政府主导、市场参与的新能源投资体系。在能源供给创造下,新能源投资领域依然存在着装备、技术的进口依赖和政府的补贴依赖。为进一步提高新能源产业链韧性,要系统评估新能源产业链的完整度,技术和装备的自主化水平,资本、劳动等要素投入的有效性,进而评价新能源投资的效率。结合新能源产业投资中,技术、生产设备和最终产品的竞争性和排他性,厘定政府与市场的定位和边界,构建政府引导、市场参与的和谐有序的新能源投资体系。

四是,基于供给创造,构建种类丰富、服务健全的新能源产品体系,刺激和预测消费需求。在能源供给侧的推动下,新能源热能、电能等产能迅速提升,但是市场上的产品种类单一、价格较高、维护保养困难,成为居民消费新能源产品的重要制约因素。再加上新能源消费补贴的"退坡"以及新能源出口摩擦,国内新能源消费需求的提升显得尤为重要。根据异质性消费群体对不同新能源产品的消费意愿进行分析,探究新能源消费的影响因素。结合供给侧的结构性调整,对新能源的需求进行结构分解和总量预测,对于促进新能源消费,实现新能源消费的供求均衡具有重要意义。

3. 开展能源技术革命与区域经济环境深度融合

能源技术革命是推动能源消费革命、能源供给革命、能源体制革命和加强国际合作的重要支撑。近年来,随着大数据、云计算和物联网技术的迅猛发展以及与能源产业的深入整合,已经成为驱动能源产业创新变革的重要力量,也成为进一步实现能源绿色低碳目标的技术保障。根据国际能源署《数字化与能源》一书的预测,数字技术的规模化应用,可以有效降低油气生产成本,提高风能、太阳能发电的弃电率,减少二氧化碳的排放量。通过智能电网技术的应用,可以对电力系统进行实时监测、分析和决策,实现电力系统效用的最大化。能源产业的技术革命推进会有利于推动技术与能源产业的进一步融合,催生新的业态,提高能源企业的经营效率,提升整个行业的生产力和竞争力。为此,要在以下几个方面推动能源技术革命的进一步提升:

第一,推动能源技术革命与区域社会经济的协调发展。华中地区有着不同的社会经济发展状况,能源的禀赋以及供求状态都不尽相同。能源技术革命需要结合本地的研究基础、装备制造基础以及人力资源基础来推进,在火电清洁化、分布式能源、微电网、生物质能等方面进行重点突破,推动区域能源技术革命与经济环境的深度协调发展。

第二，能源革命要与数字化相融合。大数据和云计算的兴起促使能源技术革命在数字化上的开展取得了显著的成果，在多个地区和领域也获得了丰富的成功经验。以数字化为契机，发掘能源领域的存在问题，引领能源技术关键领域创新，拓展能源技术的应用场景。

第三，加快人才培养。能源技术革命的推进需要能源和工程技术、信息技术、材料技术等多领域的复合型人才，进行问题发掘和技术突破以及转化应用。要在原有创新型人才培养的基础上，引入和强化开放式创新，继续完善以能源企业为先导的产、学、研培养体系，为能源技术革命提供源源不断的高素质人才。

第四，注意防范能源技术革命带来的安全风险。随着能源技术的革命，原本简单的物理化能源系统正在向复杂的电气化能源系统转变，这意味着越来越多的物理设备和软件设备会在能源系统中应用，并面临更加复杂、多样的风险。为减少能源技术革命带来的安全风险，需要加强对系统和网络的监测和维护，并对软件和设备进行有效的安全管理和控制。同时，必须提高公众对能源技术风险的认识和理解，积极应对可能出现的问题。

4.开展能源体制革命与区域经济环境深度融合

能源体制革命是能源革命的重要组成部分，也是能源供给革命、能源消费革命、能源技术革命以及能源国际合作的制度保障。能源体制革命旨在面向能源系统中的资源配置、价格机制、监管法制等领域进行改革，明晰政府和市场的作用与边界，以"有效市场+有为政府"的模式，推动能源系统向安全高效、清洁低碳转型。华中地区虽然不是能源的主要生产单位，却是能源消费以及能源输配环节的重要地区，能源体制的改革对于华中地区能源的优化配置具有重要意义。为此要从以下几方面进行推进：

一是重构能源系统中的垄断与竞争关系。重新梳理能源系统中的垄断性业务和竞争性业务，放宽市场准入，鼓励更多的市场主体进入能源产业的不同领域。打通省内和区域间的能源市场制度，统一规则，互补功能，实现煤炭、油气和电力交易的公平有效衔接，将新能源纳入能源管理系统，推动华中地区构建起集中式能源与分布式能源以及储配能互联互通的现代能源体系。

二是重塑能源价格机制。放开能源领域的竞争性环节，引入市场主体打破垄断，形成政府指导、市场决定的价格机制，实现电力供求两端价格有节制波动，形成具有激励和反馈机制的电价体系。对于油气管网的输配价格也需要逐步市场化，形成供求决定下的油气价格。对于公益性行业以及生活困难的居民进行价格补贴，健全能源价格的配置作用。

三是建立新型能源系统监管体系。设立独立于政府的专业化机构，妥善处理好中央和地方、本省与能源富集区之间的关系，疏通能源管网的调配功能，打破能源系统的不合理垄断，推动能源系统的自由竞争，提高监管效能，维护能源市场的公平公正。

四是完善能源系统的法律法规。随着社会经济的发展，能源系统在"双碳"目标的引领下，也正在与时俱进地进行变革。在化石能源的清洁化开发与利用中以及可再生能源尤其是分布式可再生能源的大规模推广中，原有的《煤炭法》《电力法》《可再生能源法》都已经无法满足能源产业的发展需要，通过能源"十四五"规划的方式进行能源设计的法律效力又十分有限。华中地区要在原有法律法规的基础上，及时进行补充性规则的制定，为现代能源体制变革提供法律依据。

（三）在双循环背景下推动能源的国际合作

随着社会经济发展和人民生活水平的提高，华中地区对能源的需求越来越多，煤炭、石油和天然气资源的依赖性也越来越大。新能源出口受疫情和国际贸易摩擦的影响，能源安全问题进一步凸显。以往能源安全的主要关注点是油气资源的安全供应，随着"双碳"目标约束的临近，能源安全的概念要与清洁、低碳、绿色和高效的发展理念相结合，能源国际合作目标和范围需要进一步拓展。随着"一带一路"倡议的推进，国内外两个能源市场的融合度进一步提升，为充分地利用双循环背景所形成的能源合作平台，华中地区需要在以下方面持续改进：

第一，积极对接多元化的能源设施和渠道，保障能源供应安全。目前我国已经形成了西北、东北、西南、海上4个稳定的油气进口战略通道，基本建成中亚—俄罗斯、中东、非洲、美洲、亚太五大油气合作区。电力国际合作方面，我国与俄罗斯、蒙古、缅甸、老挝等国家实现了电力互联，推动了清洁电力在更大范围内的优化配置。华中地区离油气和电力转入的集散点较远，要积极推进新一代油气管网和电力电网的建设，将国内外能源资源引入本地，支持社会经济的持续发展。

第二，加大能源技术领域合作。华中地区能源技术储备有限，面对未来煤电清洁化、分布式能源推广以及生物质能进一步开发的应用场景，需要积极开发相关领域的国际合作，实现技术的消化吸收和落地推广。充分发动本地的高校研究资源、能源企业资源进行技术的吸收与创造，形成能源技术创新的可持续力量。

第三，积极开发对外交往，建设能源治理的新体系。在现代能源治理方面，华中地区还需要结合国际成功经验，进行能源领域的市场化改革，推进要素配置在能源市场作用的进一步发挥。通过开发能源治理模式的改进与革新，积极参与到能源治理的体系中，为进一步促进本地能源市场的开放与公平，维护能源输送通道的安全提供保障。

(四)实现能源领域的供求协同发展

"十三五"时期能源供给侧结构性改革取得显著效果,绿色、多元、清洁的能源供应体系构建已初见成效。"十四五"时期如何持续在能源需求侧发力,构建能源供给侧与需求侧协同的绿色低碳发展政策保障体系将成为今后一段时期能源政策设计的指导性原则。华中地区的能源供给侧改革要面向社会经济发展对能源的需求,以适应能源的绿色低碳、安全高效转型。能源的供给侧已经不仅仅局限于狭义的商品生产环节,它指能源在被消费之前的生产运输分销的所有环节,这意味着能源的供给侧改革涉及能源的生产、加工、运输和价格调控等多个方面,是由一个个小的循环系统组成的相互影响的大系统。因而,能源的供给侧改革要首先明确区域经济发展对能源的需求;其次,在需求的引导下进行能源的供给结构调整;再次,由于华中地区的能源供求缺口较大,要建立智慧化的能源运输调配体系;最后,进行能源的价格、财税、金融等领域的体制机制改革,构建"有为政府+有效市场"的能源供给体制。

参考文献

[1] 李长胜,王重博,雷仲敏.中国区域能源转型基础与转型绩效的适配性研究[J].区域经济评论,2022(4):132-144.

[2] 温馨."双碳"目标下的能源转型:多维阐释与中国策略[J].贵州社会科学,2021(10):145-151.

[3] 侯正猛,熊鹰,刘建华,等.河南省碳达峰与碳中和战略、技术路线和行动方案[J].工程科学与技术,2022,54(01):23-36.

[4] 邱燕妮.基于IRSP模型的华中地区中长期电源规划研究[D].北京:华北电力大学,2022.

[5] 兰忠成.中国风能资源的地理分布及风电开发利用初步评价[D].兰州:兰州大学,2015.

[6] 沈义.我国太阳能的空间分布及地区开发利用综合潜力评价[D].兰州:兰州大学,2014.

[7] 钱玉杰.我国水电的地理分布及开发利用研究[D].兰州:兰州大学,2013.

[8] 夏才清.华中地区水能资源与可持续发展战略[J].水力发电,2000(4):1-4,44.

[9] 王瑶,陈怀超.能源禀赋、环境规制强度与区域生态效率[J].生态经济,2021,37(9):161-168.

[10] 张增凯,彭彬彬,解伟,等. 能源转型与管理领域的科学研究问题 [J]. 管理科学学报,2021,24(8):147-153.

[11] 张璐."双碳"背景下能源安全的理性认知与法律回应 [J]. 政法论丛,2022(5):43-54.

能源革命视角下华南地区能源发展战略研究

赵文琦

[西安财经大学 中国（西安）丝绸之路研究院，陕西 西安 710100]

摘　要：能源革命的提出为我国能源转型指明了方向，能源转型对于转变我国的经济增长方式、实现绿色可持续发展具有重要的现实意义。能源革命的推进需要紧密结合区域禀赋条件和发展道路，实现能源革命与区域经济发展的深度融合。我国华南地区虽然不是能源资源富集区，但在发展石油化工产业和生物质能产业方面都有很大潜力。在"双重迭代"的能源转型路径下，华南地区一方面需进一步扩大其石油化工产业优势，充分利用能源资源，另一方面也要积极拓展清洁能源来源，促进生物质能产业的规模化发展。

关键词：能源革命；能源转型；发展战略

引　言

2014年6月，习近平总书记在中央财经领导小组第六次会议上提出推动能源消费革命、能源供给革命、能源技术革命、能源体制革命和全方位加强能源国际合作的重大战略思想（简称"四个革命，一个合作"），为我国能源转型指明了方向。推进能源革命，有利于促进我国供给侧结构性改革，提升经济发展质量和效益，推动经济行稳致远，支撑我国迈入中等发达国家行列；有利于增强能源安全保障能力，有效应对各种风险和突发事件，提升整体国家安全水平；有利于优化能源结构、提高能源效率，破解资源环境约束，全面推进生态文明建设；有利于增强自主创新能力，实现科技、能源、经济的紧密结合；有利于全面增强我国在国际能源领域的影响力，积极主动应对全球气候变化，彰显负责任大国形象；有利于增加基本公共服务供给，使能源发展成果更多惠及全体人民，对于全面建成小康社会和加快建设现代化国家具有重要现实意义和深远战略意义。

作者简介：赵文琦，女，1990年生，陕西西安人，博士，西安财经大学中国（西安）丝绸之路研究院助理研究员，研究方向为产业经济学。

《"十四五"现代能源体系规划》中指出,要进一步优化能源发展布局,统筹提升区域能源发展水平。我国地大物博,各地地形地貌、气候环境、资源禀赋差异明显,能源生产与消费结构各不相同,因此,各区域推进能源革命的道路必然存在差异,需区分重点、因地制宜地精准推进能源革命战略,使其与区域发展模式和条件精准结合。

华南地区位于中国南部,包括广东省、广西壮族自治区、海南省、香港特别行政区、澳门特别行政区五个省区。受数据所限,本文研究所指华南地区仅指广东省、广西壮族自治区、海南省三个省区。华南三省区虽然不是能源资源富集区,但在发展石油化工产业和生物质能产业方面都有很大潜力。

一、华南地区能源产业发展现状

（一）华南地区区情分析

接下来分别从经济发展现状、产业基础、资源禀赋条件、环境状况四个方面对华南地区的区情进行分析。

1.经济发展现状

表1和表2分别展示了广东、广西、海南2014—2020年地区生产总值及其在全国所占比重。可以看出,广东的生产总值遥遥领先于广西、海南,2020年广东生产总值占全国的比重达10.9%,增长趋势非常稳定。广西的生产总值占全国的比重超过2%,海南的生产总值仅占全国的0.5%左右。

表1 2014—2020年华南三省区生产总值

单位：亿元

省区	2020	2019	2018	2017	2016	2015	2014
广东	110760.94	107671.07	97277.77	89705.23	80854.91	72812.55	67809.85
广西	22156.69	21237.14	20352.51	18523.26	18317.64	16803.12	15672.89
海南	5532.39	5308.93	4832.05	4462.54	4053.20	3702.76	3500.72

表2 2014—2020年华南三省区生产总值占全国比重

单位：%

省区	2020	2019	2018	2017	2016	2015	2014
广东	10.90	10.91	10.58	10.78	10.83	10.57	10.54
广西	2.18	2.15	2.21	2.23	2.45	2.44	2.44
海南	0.54	0.54	0.53	0.54	0.54	0.54	0.54

表3展示了广东、广西、海南的人均地区生产总值与全国人均地区生产总值的对比情况。可以看出,广东的人均地区生产总值高于全国平均水平,而广西、海南的人均地区生产总值在全国平均水平之下,广西人均地区生产总值与全国平均水平相距最远。

表3 2014—2020年华南三省区人均GDP与全国人均GDP对比

单位:元

省区	2020	2019	2018	2017	2016	2015	2014
广东	88210	94172	86412	80932	74016	67503	63469
广西	44309	42964	41489	38102	38027	35190	33090
海南	55131	56507	51955	48430	44347	40818	38924
全国	72000	70328	65534	59592	53783	49922	46912

2.产业基础

表4和表5展示了广东、广西和海南三省区第一产业增加值及其占全国的比重,其中,广东的第一产业增加值占比最高,达6%左右,海南的占比最低,仅为1.5%左右。

表4 2014—2020年华南三省区第一产业增加值

单位:亿元

省区	2020	2019	2018	2017	2016	2015	2014
广东	4769.99	4351.26	3831.44	3611.44	3694.37	3345.54	3166.82
广西	3555.82	3387.74	3019.37	2878.30	2796.80	2565.45	2413.44
海南	1135.98	1080.36	1000.11	962.84	948.35	854.72	809.52

表5 2014—2020年华南三省区第一产业增加值占全国比重

单位:%

省区	2020	2019	2018	2017	2016	2015	2014
广东	6.13	6.17	5.92	5.82	6.14	5.79	5.69
广西	4.57	4.81	4.66	4.63	4.65	4.44	4.34
海南	1.46	1.53	1.54	1.55	1.58	1.48	1.46

表6和表7展示了广东、广西和海南三省区第二产业增加值及其占全国的比重,广东第二产业增加值占全国的比重超过11%,广西第二产业增加值占全国的比重不超过2%,海南第二产业增加值占全国的比重仅为0.3%左右。

表6 2014—2020年华南三省区第二产业增加值

单位：亿元

省区	2020	2019	2018	2017	2016	2015	2014
广东	43450.17	43546.43	40695.15	38008.06	35109.66	32613.54	31419.75
广西	7108.49	7077.43	8072.94	7450.85	8273.66	7717.52	7324.96
海南	1055.26	1099.03	1095.79	996.35	905.95	875.82	875.97

表7 2014—2020年华南三省区第二产业增加值占全国比重

单位：%

省区	2020	2019	2018	2017	2016	2015	2014
广东	11.31	11.44	11.15	11.46	11.88	11.59	11.33
广西	1.85	1.86	2.21	2.25	2.80	2.74	2.64
海南	0.27	0.29	0.30	0.30	0.31	0.31	0.32

表8和表9展示了广东、广西和海南三省区第三产业增加值及其占全国的比重，广东第三产业增加值占全国的比重与第二产业占全国的比重相当，广西和海南第三产业增加值占全国的比重比第二产业占比略高，分别为2%左右和0.6%左右。

表8 2014—2020年华南三省区第三产业增加值

单位：亿元

省区	2020	2019	2018	2017	2016	2015	2014
广东	62540.78	59773.38	52751.18	48085.73	42050.88	36853.47	33223.28
广西	11492.38	10771.97	9260.20	8194.11	7247.18	6520.15	5934.49
海南	3341.15	3129.54	2736.15	2503.35	2198.90	1972.22	1815.23

表9 2014—2020年华南三省区第三产业增加值占全国比重

单位：%

省区	2020	2019	2018	2017	2016	2015	2014
广东	11.29	11.16	10.77	10.97	10.76	10.54	10.69
广西	2.07	2.01	1.89	1.87	1.85	1.86	1.91
海南	0.60	0.58	0.56	0.57	0.56	0.56	0.58

综合来看，广东的第二产业和第三产业增加值占全国的比重相对较高，广西和海南的第一产业增加值占全国的比重相对较高。各地区的主导产业表现为不同类型。

3.资源禀赋

表 10 和表 11 展示了广东、广西、海南三省区的水资源总量和人均量，其中，广西的水资源总量和人均量均最多，广东的水资源总量虽然与广西相差不多，但人均量不及广西的一半。海南的水资源总量最少，但人均量超过广东。

表 10　2014—2019 年华南三省区水资源量

单位：亿立方米

省区	2019	2018	2017	2016	2015	2014
广东	2068.2	1895.1	1786.6	2458.6	1933.4	1718.4
广西	2105.1	1831.0	2388.0	2178.6	2433.6	1990.9
海南	252.3	418.1	383.9	489.9	198.2	383.5

表 11　2014—2019 年华南三省区人均水资源量

单位：立方米/人

省区	2019	2018	2017	2016	2015	2014
广东	1808.9	1683.4	1611.9	2250.6	1792.4	1608.4
广西	4258.7	3732.5	4912.1	4522.7	5096.5	4203.3
海南	2685.5	4495.7	4165.7	5360.0	2184.9	4266.0

4.环境状况

表 12 和表 13 展示了华南三省区废水中污染物排放量和废水治理设施处理能力，广东废水中污染物排放量远高于广西、海南，而其废水治理设施处理能力基本与广西持平。

表 12　2014—2019 年华南三省区废水中污染物排放量

单位：吨

省区	2019			2018			2017			2016		
	总氮	总磷	石油类	总氮	总磷	石油类	总氮	总磷	石油类	总氮	总磷	石油类
广东	131780	6860	769	131615	7354	810	132137	7451	890	124700	11786	1274
广西	47028	3924	109	47042	3696	100	42859	3661	115	42393	3781	200
海南	9476	677	10	9272	620	17	10399	699	11	10468	758	7

表 13　2014—2019 年华南三省区工业废水治理设施处理能力

单位：万吨/日

省区	2019	2018	2017	2016	2015	2014
广东	1140	1178	1067	1176	1269	1551.4
广西	1105	1115	1220	1132	1089	960.3
海南	44	40	31	101	40	44.6

表 14 和表 15 展示了华南三省区废气中污染物排放量和废气治理设施处理能力，广东依然有相对最高的废气排放量，然而其废气治理设施处理能力不及广西的 1/3。

表 14　2014—2019 年华南三省区工业废气排放量

单位：吨

省区	2019			2018			2017			2016		
	二氧化硫排放总量	氮氧化物排放总量	颗粒物排放总量	二氧化硫排放总量	氮氧化物排放总量	颗粒物排放总量	二氧化硫排放总量	氮氧化物排放总量	颗粒物排放总量	二氧化硫排放总量	氮氧化物排放总量	颗粒物排放总量
广东	120421	699701	586655	150979	716098	617715	187284	764960	541177	255568	797660	781024
广西	95139	365189	383691	100645	374721	375397	105198	372240	376883	137892	373584	381431
海南	6874	48739	23111	8092	49064	15979	9659	55287	17350	13363	55963	22488

表 15　2014—2019 年华南三省区工业废气治理设施处理能力

单位：万立方米/时

省区	2019	2018	2017	2016	2015	2014
广东	207850	174567	128406	108317	93504	82411
广西	786649	703772	601321	101587	32684	34239
海南	11565	5083	5259	11687	4197	3618

表 16 和表 17 展示了华南三省区一般工业固体废物和危险废物的产生量和综合利用量。广东和广西在一般工业固体废物的产生量上基本持平，但广东在一般工业固体废物的综合利用量上更胜一筹。广东的危险废物产生量显著高于广西、海南，但各省区危险废物的综合利用水平均较高，基本与其产生量持平。综合来看，华南三省区危险废物的综合利用效率明显高于一般工业固体废物的综合利用效率。

表16 2014—2019年华南三省区一般工业固体废物产生量和综合利用量

单位：万吨

省区	2019		2018		2017		2016	
	产生量	综合利用量	产生量	综合利用量	产生量	综合利用量	产生量	综合利用量
广东	10111	7331	9112	7283	8214	6734	8270	6997
广西	10278	5408	9769	4799	9284	4765	9427	4791
海南	609	398	490	269	474	241	333	225

表17 2014—2019年华南三省区危险废物产生量和综合利用量

单位：万吨

省区	2019		2018		2017		2016	
	产生量	综合利用量	产生量	综合利用量	产生量	综合利用量	产生量	综合利用量
广东	466.4	433.5	409.8	375.7	343.1	325.7	286.7	277.7
广西	279.5	265.6	259.2	248.4	248.4	243.1	230.0	197.0
海南	4.9	5.9	6.1	7.3	4.2	4.1	4.4	4.4

整体来看，广东的环境污染问题在华南三省区之中相对较严重，其废水、废气中的污染物排放量以及工业固体废物产生量均较高，但其污染治理能力和固体废物综合利用水平仍存在明显不足。

（二）华南地区能源产业现状

1.能源生产情况

表18展示了广东、广西、海南三省区各种化石能源产品生产量占全国的比重。从原煤和焦炭的生产情况来看，广西有少量原煤产量，广东和广西的焦炭产量占全国比重不超过2%，海南在原煤和焦炭上均无产量。从各种油类产品的生产情况来看，广东煤油的生产量占比最高，超过15%，原油、燃料油、汽油和柴油的生产量基本都占全国的8%左右；广西原油、燃料油的生产量不高，占比不及全国的1%，汽油、煤油和柴油的产量占比基本维持在3%左右；海南原油的产量占比最低，柴油产量占比不超过2%，燃料油、汽油和煤油的产量相对较高，但也仅占全国产量的2%~3%。从天然气的生产情况来看，广东产量最高，占全国比重达6%以上，广西和海南的天然气生产量极低。

可以看出，华南三省区整体的化石能源生产量并不高，只有广东有一定的化石能源生产能力。

表 18　2014—2019 年华南三省区能源产品生产量占全国比重

单位：%

能源产品	年份	广东	广西	海南	能源产品	年份	广东	广西	海南
原煤	2014	0.00	0.16	0.00	汽油	2014	7.92	3.71	1.98
	2015	0.00	0.11	0.00		2015	7.32	3.57	2.05
	2016	0.00	0.13	0.00		2016	7.00	3.34	1.81
	2017	0.00	0.13	0.00		2017	7.13	3.75	1.69
	2018	0.00	0.13	0.00		2018	8.26	3.72	1.98
	2019	0.00	0.11	0.00		2019	8.25	3.66	2.13
焦炭	2014	0.40	1.26	0.00	煤油	2014	17.83	3.01	4.62
	2015	0.54	1.31	0.00		2015	17.52	2.89	4.11
	2016	1.08	1.51	0.00		2016	17.14	2.22	3.80
	2017	1.37	1.63	0.00		2017	16.86	2.66	3.15
	2018	1.28	1.54	0.00		2018	17.38	2.70	2.98
	2019	1.25	1.55	0.00		2019	15.94	3.03	2.98
原油	2014	5.89	0.28	0.13	柴油	2014	8.53	3.26	1.59
	2015	7.33	0.24	0.14		2015	7.88	3.29	1.84
	2016	7.79	0.24	0.15		2016	7.68	2.95	1.50
	2017	7.49	0.23	0.16		2017	7.48	3.32	1.25
	2018	7.36	0.27	0.16		2018	9.24	3.35	1.50
	2019	7.87	0.26	0.16		2019	8.83	3.47	1.67
燃料油	2014	10.01	1.23	0.98	天然气	2014	6.43	0.01	0.12
	2015	8.25	0.84	1.05		2015	7.17	0.01	0.14
	2016	7.91	0.68	3.11		2016	5.79	0.01	0.10
	2017	6.91	0.23	1.88		2017	6.03	0.01	0.07
	2018	7.81	0.28	2.64		2018	6.40	0.01	0.07
	2019	7.24	0.47	2.29		2019	6.39	0.01	0.06

表 19 展示了广东、广西、海南各种可再生能源发电量占全国的比重。从总发电量来看，广东最高，其次是广西，海南最少。广东的核能发电量占全国的比重达 30% 以上，

火力发电量占比也达到6%之上,水力、风力和太阳能均有一定的发电量,整体可再生能源发电量较高。广西的水力发电量和核能发电量占比相对较高,均在4%以上。海南的可再生能源发电量普遍较低,核能发电量占比相对较高,达2%以上。

表19 2014—2019年华南三省区发电量占全国比重

单位:%

发电量	年份	广东	广西	海南	发电量	年份	广东	广西	海南
总发电量	2014	6.93	2.31	0.42	核能发电量	2014	40.96	0.00	0.00
	2015	6.94	2.24	0.45		2015	35.51	0.00	0.26
	2016	6.80	2.20	0.47		2016	57.65	8.44	4.93
	2017	6.84	2.22	0.46		2017	35.63	5.65	3.32
	2018	6.58	2.42	0.45		2018	30.32	5.47	2.62
	2019	6.73	2.46	0.46		2019	31.63	4.92	2.79
水力发电量	2014	3.79	6.10	0.23	风力发电量	2014	2.71	0.14	0.31
	2015	3.86	6.63	0.10		2015	2.98	0.32	0.32
	2016	3.74	5.53	0.16		2016	2.00	0.58	0.27
	2017	2.66	5.73	0.22		2017	1.93	0.82	0.18
	2018	2.08	5.68	0.21		2018	1.73	1.15	0.14
	2019	3.00	4.55	0.13		2019	1.75	1.51	0.12
火力发电量	2014	6.86	1.54	0.49	太阳能发电量	2014	0.00	0.00	0.00
	2015	6.85	1.27	0.55		2015	0.47	0.10	0.50
	2016	6.70	1.29	0.45		2016	0.73	0.14	0.35
	2017	7.00	1.32	0.41		2017	1.26	0.31	0.27
	2018	6.80	1.61	0.41		2018	2.12	0.52	0.36
	2019	6.58	1.93	0.41		2019	2.38	0.60	0.62

2.能源消费情况

表20展示了广东、广西和海南各种能源产品消费量占全国的比重。三省区在煤炭和焦炭上的消费量均不多。从各种油类产品的消费来看,广东的石油、原油、汽油消费量占全国的比重达10%左右,煤油、柴油、燃料油的消费量占比达7%以上;广西的石油、原油、汽油、煤油、柴油消费量占比基本都在2%左右,燃料油消费量占比较少,不超过1%;海南只有煤油和原油的消费量占比相对较高,但也仅占全国的2%左右,其余油类

产品的消费量占比不超过 1%。广东的液化石油气消费量占全国的比重较高，达 25% 以上，天然气消费量占比也超过 7%，广西的液化石油气消费量占比超 2%，但天然气消费量占比不到 1%，海南的天然气消费量占比略高于液化石油气，均未达到 2%。

表20　2014—2019年华南三省区能源产品消费量占全国比重

单位：%

能源产品	年份	广东	广西	海南	能源产品	年份	广东	广西	海南
煤炭	2014	3.94	1.57	0.24	汽油	2014	9.38	2.05	0.67
	2015	3.90	1.43	0.25		2015	9.29	2.05	0.68
	2016	3.80	1.51	0.24		2016	10.54	2.35	0.68
	2017	3.95	1.52	0.25		2017	10.23	2.39	0.70
	2018	3.79	1.63	0.26		2018	10.23	2.20	0.71
	2019	3.64	1.74	0.24		2019	10.04	1.65	0.69
焦炭	2014	1.35	2.46	0.00	煤油	2014	10.43	3.50	3.28
	2015	1.35	2.49	0.00		2015	9.63	1.97	3.00
	2016	1.93	2.51	0.00		2016	8.99	1.92	3.25
	2017	2.36	2.73	0.00		2017	8.38	1.42	3.21
	2018	2.25	2.47	0.00		2018	8.19	1.39	3.42
	2019	2.25	2.47	0.00		2019	7.96	1.18	3.33
石油	2014	10.12	2.11	0.80	柴油	2014	8.82	2.83	0.63
	2015	10.13	1.97	0.81		2015	8.72	2.67	0.51
	2016	10.42	2.16	0.79		2016	9.31	2.99	0.46
	2017	10.69	2.15	0.79		2017	9.16	2.94	0.46
	2018	11.36	2.16	0.86		2018	9.55	2.78	0.51
	2019	11.08	1.92	0.88		2019	9.37	2.73	0.49
原油	2014	9.28	2.71	1.84	燃料油	2014	7.88	0.59	0.78
	2015	9.15	2.67	2.09		2015	6.61	0.40	0.52
	2016	9.15	2.43	2.03		2016	6.14	0.14	0.18
	2017	9.05	2.72	1.70		2017	4.58	0.14	0.18
	2018	9.71	2.62	1.74		2018	6.64	0.32	0.12
	2019	8.59	2.50	1.74		2019	7.38	0.38	0.13

续表

能源产品	年份	广东	广西	海南	能源产品	年份	广东	广西	海南
液化石油气	2014	19.83	3.49	1.03	天然气	2014	7.33	0.45	2.52
	2015	22.86	2.84	1.83		2015	7.45	0.43	2.34
	2016	21.81	2.66	1.61		2016	8.05	0.74	1.96
	2017	22.25	2.48	1.11		2017	7.78	0.71	1.83
	2018	24.93	2.52	0.97		2018	7.12	0.85	1.65
	2019	26.68	2.44	0.84		2019	7.11	0.96	1.59

表21展示了广东、广西、海南用电量占全国的比重，广东用电量占比相对较高，达9%左右，广西其次，用电量占全国比重达2%以上，海南用电量相对较少，不及全国的0.5%。

表21 2014—2019年华南三省区用电量占全国比重

单位：%

省区	2019	2018	2017	2016	2015	2014
广东	9.05	8.93	9.23	9.25	9.20	9.32
广西	2.58	2.46	2.37	2.39	2.41	2.33
海南	0.48	0.46	0.47	0.47	0.47	0.45

二、华南地区能源产业绿色发展评价

（一）能源产业绿色发展评价方法

1.评价指标选取

我们采用构建评价指标体系的方法对华南地区能源产业绿色发展水平进行综合评价，采用的评价指标如表22所示。

为了衡量地区能源产业绿色发展水平，首先，要考察地区能源生产结构和消费结构的"绿色性"，即能源生产和能源消费的清洁化程度。煤炭和石油的生产对资源的依赖性较强，消费过程容易对环境造成污染，相比之下，天然气和电力的生产和消费过程的清洁化程度较高。因此，在评价能源产业绿色发展水平的指标体系中，将原煤和原油的生产和消费占比作为反映能源生产和消费结构"绿色化"的负向指标，而将天然气和电力的生产和消费占比作为反映能源生产和消费结构"绿色化"的正向指标。其次，能源产业绿色发展的重要环节是可再生能源对化石能源的替代，为了衡量可再生能源替代程度，我们用发电装机容量、风电装机量、太阳能发电装机量和水电装机量这四个指标来反映地区可再生能源产业发展状况，这四个指标反映地区可再生能源替代化石能源状况，因而均为正向指标。再次，能源产业绿色发展水平还可以通过节能降耗程度加以反映，从总量上看，地区生产总值与其能源消耗量间的数量关系可以较准确地反映地区能耗水平，这里我们用万元地区生产总值能耗下降率这一指标来反映地区能耗的变动趋势，是反映地区能源绿色发展水平的正向指标。从效率上看，有限的能源资源产生的价值量的大小也可以间接反映节能降耗水平，这里我们使用能源加工转换效率这一正向指标加以反映。从投入上看，地区节能降耗成果同样依赖地方政府的支持和引导作用，我们用节能环保支出占地方财政总支出的比例来反映地方政府对绿色发展的支持程度，同样是正向指标。最后，能源产业发展的"绿色性"还可以表现为环境协调性，即能源产业发展对环境造成的影响，这里用反映环境污染的三个指标——废水中污染物排放量、废气中污染物排放量和一般工业固体废物产生量作为反映能源产业发展环境协调性的负向指标。

表 22 华南地区能源产业绿色发展水平评价指标体系

一级指标	二级指标	指标属性
能源生产结构	原煤生产占比	−
	原油生产占比	−
	天然气生产占比	+
	一次电力及其他能源生产占比	+
能源消费结构	煤炭消费占比	−
	石油消费占比	−
	天然气消费占比	+
	一次电力及其他能源消费占比	+
电能替代	发电装机容量	+
	风电装机量	+
	太阳能发电装机量	+
	水电装机量	+
节能降耗	万元地区生产总值能耗下降率	+
	能源加工转换效率	+
	节能环保支出占财政总支出比例	+

续表

一级指标	二级指标	指标属性
环境协调	废水中污染物排放量	-
	废气中污染物排放量	-
	一般工业固体废物产生量	-

2. 数据来源

上述指标数据来自历年的《中国统计年鉴》《中国能源统计年鉴》《广东统计年鉴》《广西统计年鉴》《海南统计年鉴》以及《中国环境统计年鉴》，部分缺失值采用插值法进行补充。

3. 指标处理

由于评价指标体系中同时包含正向指标和负向指标，为了分析的一致性并且剔除不同指标量纲的影响，我们对正向指标和负向指标分别采用以下方法进行归一化处理。

正向指标归一化：

$$\widetilde{x_{ij}} = \frac{x_{ij} - x_{jmin}}{x_{jmax} - x_{jmin}} \quad (1)$$

负向指标归一化：

$$\widetilde{x_{ij}} = \frac{x_{jmax} - x_{ij}}{x_{jmax} - x_{jmin}} \quad (2)$$

对归一化处理之后的各二级指标数据，采用变异系数法计算其权重。

各指标的变异系数：

$$cv_j = \frac{stdev_i}{average_j} \quad (3)$$

各指标的权重：

$$w_j = \frac{cv_j}{\sum_n cv_j} \quad (4)$$

n 代表同一一级指标下的二级指标个数。

（二）能源产业绿色发展评价结果

根据上述评价方法，各二级指标的加权和即为各一级指标的指数值，再对各一级指标采用上述变异系数法进行二次赋权，对加权后的一级指标加总即可得到最终的地区能源产业绿色发展指数，结果如表23所示。

表23　华南地区能源产业绿色发展指数

省区	2020	2019	2018	2017	2016
广东	50.13	50.23	47.55	45.58	35.38
广西	29.99	30.73	35.54	35.68	34.17
海南	53.71	56.69	52.72	45.07	51.31

截止到2020年，海南的能源产业绿色发展指数为53.71，位居榜首，其次是广东，能源产业绿色发展指数为50.13，最后是广西，能源产业绿色发展指数仅为29.99。广东的能源产业绿色发展指数从2016年以来一直保持稳定增长趋势，但近年的增长趋势愈发缓慢。海南的能源产业绿色发展指数呈波动上升趋势，先是从2016年的51.31下降为2017年的45.07，又在2018、2019年一路攀升至56.69，在2020年又回落至53.71，能源产业绿色发展指数整体较高。广西的能源产业绿色发展指数一直偏低，未曾表现出明显的改善趋势，反而在2019年之后愈发降低。

总体来讲，海南和广东的能源产业绿色发展指数趋势较好，但也存在"后劲不足"的问题，2020年与2019年相比均有所下滑，后续如何保持绿色发展趋势是两省必须着重考虑的方向之一。广西的问题在于尚未出现能源产业绿色发展趋势，能源产业绿色发展成效明显落后于其他地区，未来需要采取更有力的措施推动能源产业绿色化发展。

为了准确把握华南地区能源产业绿色发展的关键点和薄弱环节，为未来进一步促进能源产业绿色发展提供经验依据，接下来分别从能源生产结构、能源消费结构、电能替代、节能降耗和环境协调五个方面细化华南地区能源产业绿色发展绩效差异。

1.能源生产结构

如表24所示，从能源生产结构来看，广东和海南的能源生产结构"绿色化"程度相对更高，广西相对落后，但三省区表现差异不大。可以发现，广东的能源生产结构"绿色化"程度在2020年有所下滑。

表24　华南地区能源生产结构指数

省区	2020	2019	2018	2017	2016
广东	59.51	63.38	59.64	49.28	50.11
广西	46.89	44.82	45.68	47.91	43.16
海南	56.00	55.04	58.65	60.42	63.39

2.能源消费结构

如表25所示,从能源消费结构来看,三省区均表现出较好的发展趋势,特别是在2020年,华南地区能源消费结构"绿色化"程度均有明显提升。能源消费结构"绿色化"程度相对较高的是广东,其次是海南,广西再次之。

表25 华南地区能源消费结构指数

省区	2020	2019	2018	2017	2016
广东	62.77	59.17	46.43	49.63	49.57
广西	50.58	43.97	47.63	48.24	47.97
海南	56.00	51.12	45.91	47.85	41.15

3.电能替代

如表26所示,从电能替代情况来看,三省区存在显著差异。广东的电能替代发展趋势良好且发展迅猛,广西的电能替代发展速度相对较缓但趋势良好,海南的电能替代进程则十分缓慢,导致其与其他地区的差距不断扩大,这也成为制约海南能源产业绿色发展进程的主要因素。

表26 华南地区电能替代指数

省区	2020	2019	2018	2017	2016
广东	95.55	80.46	72.41	60.83	46.03
广西	60.56	42.42	39.06	33.39	25.00
海南	5.56	5.20	5.14	1.53	0.59

4.节能降耗

如表27所示,从节能降耗情况来看,三省区同样存在显著差异。表现最佳的是海南,但其2020年的节能降耗指数相比2016年和2019年有明显下降。其次是广东,但其节能降耗情况表现出恶化趋势。广西的节能降耗指数最低,但其2016年的节能降耗指数高于广东,在2016年之后则一直呈快速衰退趋势,成为制约广西能源产业绿色发展成效的主要因素。

表27 华南地区节能降耗指数

省区	2020	2019	2018	2017	2016
广东	36.22	67.35	56.63	50.09	44.55

续表

省区	2020	2019	2018	2017	2016
广西	1.33	19.62	39.87	40.25	52.95
海南	56.99	62.84	52.16	33.90	72.58

5.环境协调

如表28所示,从环境协调情况来看,表现最佳的是海南,其环境协调指数一直稳居高位,但同时需注意到,海南的环境协调指数存在轻微下滑趋势。与海南相比,广东和广西的环境协调度较低,环境污染问题仍较严重。

表28 华南地区环境协调指数

省区	2020	2019	2018	2017	2016
广东	18.94	12.86	19.37	24.94	16.09
广西	25.13	22.34	29.33	34.88	35.16
海南	94.53	97.87	98.79	98.70	99.14

从以上分析可以看出,制约华南地区能源产业绿色发展进程的因素不尽相同。广东和海南虽然整体绿色发展指数较高,但广东在环境协调发展方面还有很大的提升空间,海南的能源产业在电能替代方面还需加快步伐,尽早使用更清洁的能源代替污染性较高的能源。广西的能源产业绿色发展指数相对最低,主要的制约因素在节能降耗和环境协调方面,广西的能源加工转换效率偏低,政府的环保性支出相对不足,污染物的排放量特别是工业固体废物的产生量居高不下。未来华南地区应在找准各自能源产业绿色发展的薄弱环节的基础上,加快转变步伐、加大政策措施力度,有力提升能源产业绿色发展水平。

三、华南地区能源产业"双重迭代"升级成效

(一)能源产业"双重迭代"升级的内涵

历史经验表明,能源转型是一项复杂的系统工程。早在2020年,欧盟国家可再生能源发电量已超化石能源。但2021年夏季以来,受气候影响,欧洲风电供给明显下降,大幅增加了对化石能源的需求,导致天然气价格暴涨。从结果看,在新能源大规模接入后,以当前的技术和基础设施规模,尚无法有效保障能源系统的灵活调节能力。此外,欧洲"超前"的转型力度已经带来了较为沉重的经济和社会负担,这些因素都将阻碍转型进程。

事实证明，传统能源逐步退出，应建立在新能源安全可靠的替代基础上[1]。当前我国可再生能源发电累计装机容量突破10亿千瓦大关，占比超过40%。可由于发电可利用小时数远低于燃煤机组经济运行小时数，发电量占比不及总发电量的30%。尤其是装机增速更快的风电和光伏，装机容量占比接近25%，但发电量占比不足10%。再加上光照、来风、来水情况都要"靠天吃饭"，可再生能源在当前能源系统中尚难担当中流砥柱。接下来，在持续加大太阳能、风能等新能源投资力度的同时，必须着力提升新能源消纳和存储能力，积极构建以新能源为主体的新型电力系统，健全有利于全社会共同开发利用可再生能源的体制机制和政策体系，有力推动可再生能源从补充能源向主体能源转变。

与此同时，包括煤炭、天然气在内的化石能源，既是保障能源安全的"压舱石"，又是高比例新能源接入的新型电力系统下电力安全的"稳定器"[2]。一方面，我们应立足以煤为主的基本国情，抓好煤炭清洁高效利用，推动煤炭和新能源优化组合。在充分发挥煤炭在能源系统中"压舱石"作用的同时，做到"吃粗粮干细活"，大力推进煤炭清洁高效利用，发展现代煤化工，优化煤炭产能布局。根据发展需要合理建设先进煤电，继续有序淘汰落后煤电，最大限度减少煤炭资源开发对生态环境的不利影响。另一方面，应充分重视天然气作为过渡能源的作用。当前及未来较长时期，我国能源发展进入增量替代和存量替代并存的发展阶段，天然气是碳排放量较低的化石能源，灵活性强，大力发展天然气对于降低碳排放具有重要意义。随着"双碳"目标的提出，天然气在我国能源绿色低碳转型中的"桥梁"作用日益突出。要充分利用好国内、国际两个市场，坚持立足国内，持续提升国内气田增产增供水平，加快推进"全国一张网"建设，提升互联互通能力，进一步完善储气调峰体系，增强多元化进口能力，多措并举应对可能出现的国际油气供应中断和价格波动[3]。

能源转型在做到"开源"的同时，也不能忽视"节流"。节能是能源消费革命的核心。2021年政府工作报告提出单位国内生产总值能耗降低3%左右，年度实际完成降低2.7%，距离完成指标尚有一些差距。未来，要继续把节约能源资源放在首位，实行全面节约战略，持续降低单位产出能源资源消耗和碳排放，提高投入产出效率，倡导绿色低碳生活方式，从源头和入口形成有效的碳排放控制阀门[4-5]。

2022年政府工作报告中指出，要立足我国的资源禀赋条件，坚持先立后破、通盘谋划，循序渐进地推进能源低碳转型。2022年3月，习近平总书记在参加内蒙古代表团审议时提出，绿色转型是一个过程，不是一蹴而就的事情。要先立后破，而不能未立先破。能源转型不可"拔苗助长"，必须立足基本国情，把握好转型节奏，实现不同能源品种间的平稳过渡。所谓先立后破，就是在保证化石能源生产供应的前提下，寻找更加清洁的能源供应来源，逐步调整能源生产供应结构，最终实现低碳目标。因此，能源产业转型升级以低碳为目标，应首先保证化石能源消费在能源消费总量中的基础性地位，以先进技术实现化石能源的清洁高效利用，充分发挥禀赋优势，这是我国能源产业升级的第一重迭代。然后在此基础上，寻找清洁的替代能源，以逐步减少对化石能源的依赖，这是我国能源产业升级的第二重迭代。能源产业低碳升级要围绕这一"双重迭代"路线进行整体布局谋划，依托地区禀赋条件，因地制宜地推进能源产业低碳升级。

本文围绕能源产业"双重迭代"升级路线，分别对华南地区化石能源的清洁高效利用情况以及可再生能源替代情况展开讨论。

（二）化石能源的清洁高效利用情况

1.能源生产结构

从表29所示的近两年华南地区能源生产结构来看，广西的原煤生产占比略微增加，广东的原油生产占比有所提升，海南的原油生产占比也有所增加。从清洁能源的生产来看，广东的产量有下滑趋势，海南的天然气产量有所提升，但电力生产有所下降，广西的清洁能源生产占比变化不大。可见，华南地区清洁能源的生产势头不足，高碳排放的煤炭、石油生产量占比不降反增。如何在保障地区能源生产供应的同时，调整能源生产结构，进一步提高清洁能源生产占比，逐渐降低高碳产品产量，是华南地区未来一段时期能源转型的重要方向之一。

表29 2019—2020年华南地区能源生产结构

单位：%

2020	原煤生产占比	原油生产占比	天然气生产占比	一次电力及其他能源生产占比
广东	0.00	26.9	17.70	55.40
广西	5.10	1.80	0.00	93.10
海南	0.00	9.27	2.57	88.16
2019	原煤生产占比	原油生产占比	天然气生产占比	一次电力及其他能源生产占比
广东	0.00	25.2	17.80	57.10
广西	5.00	2.00	0.00	93.00
海南	0.00	8.82	2.45	88.73

2.能源加工转换效率

表30展示了华南地区能源加工转换效率的变化情况，能源加工转换效率由火力发电、供热、炼焦、炼油和制气的生产效率均值代表。可以看出，华南地区总体能源加工转换

效率较高，海南的能源加工转换效率一直保持在80%以上，广东和广西的能源加工转换效率也基本维持在70%以上。从能源加工转换效率的变化趋势来看，广东和海南的能源加工转换效率变化不大，广西的能源加工转换效率呈明显下降趋势。提高能源加工转换效率是节约能源资源、降低能耗、实现低碳发展的重要任务之一。华南地区能源加工转换效率不增反降，将会严重阻碍其能源转型进程。

表30 华南地区能源加工转换效率

单位：%

省区	2020	2019	2018	2017	2016
广东	75.51	74.94	74.56	76.06	76.41
广西	68.25	70.80	73.35	75.90	78.45
海南	83.68	84.79	84.86	83.48	84.77

3.能源生产清洁化成效

表31展示了华南地区能源利用效率的变化情况，能源利用效率的变化用每万元生产总值能耗下降速度来衡量。可以看出，华南地区每万元生产总值能耗一直保持下降趋势，只有广西2020年的每万元生产总值能耗与2019年持平，其他地区每万元生产总值能耗均逐年下降。但需要注意，华南地区每万元生产总值能耗下降的速度存在减慢趋势，广东在2017年实现能耗下降最快速度，到2020年能耗下降速度只有2017年的1/3。海南2016年的能耗下降速度为3.70%，随后不断减缓，直到2020年有所恢复。广西则在2018年达到能耗下降最快速度，之后的能耗下降速度不断减慢。

因此，尽管华南地区的每万元生产总值能耗一直保持逐年下降趋势，但如何保持并逐年提升能耗下降速度，是华南地区仍需努力实现的低碳目标之一。

表31 华南地区每万元生产总值能耗下降速度

单位：%

省区	2020	2019	2018	2017	2016
广东	1.16	3.52	3.42	3.69	3.62
广西	0.00	3.64	6.78	6.35	4.55
海南	2.97	1.46	1.24	2.02	3.70

4.石油化工产业发展情况

华南地区的石油化工产业主要集中在广东，广东拥有中国最大的石油化工生产基地之一——中国石油化工股份有限公司茂名分公司。茂名地处广东沿海，现在是全国最大的乙烯生产基地和第二大炼油基地。打造世界级的石化产业基地是广东省对茂名的最新定位。

目前茂名存在的石化下游企业很多都是以中石化茂名分公司的炼油和乙烯副产品作为原料进行加工生产，只要茂名炼油和乙烯发展到一定的规模，茂名的石化下游产业就有可能发展壮大，延伸出更多的石化下游企业，形成规模化的石化下游产业集群。然而，茂名如果只有大炼油和大乙烯工业，就很难摆脱工业强而不大的命运。要想实现茂名地方经济的腾飞，就必须利用大炼油大乙烯的资源优势，丰富完善石化下游产业链，提高精细化率，从而形成石化下游产业的集聚效应。

乙烯是世界上产量最大的化学产品之一，乙烯工业是石油化工产业的核心，乙烯产品占石化产品的75%以上，在国民经济中占有重要的地位。世界上已将乙烯产量作为衡量一个国家石油化工发展水平的重要标志之一。据中商产业研究院数据库显示，近年来全国乙烯产量持续增长，2021年达近年来产量最高值。2021年全国乙烯产量为2826万吨，同比增长18.3%，产量持续增长。表32展示了2021年乙烯产量位列全国前十的省区。2021年1—12月乙烯产量全国前十省市自治区排名分别是辽宁省、广东省、山东省、江苏省、福建省、上海市、新疆维吾尔自治区、天津市、浙江省、黑龙江省。其中，辽宁省排名第一位，2021年产量为440.11万吨，位居全国榜首。广东省排名第二，2021年产量为417.75万吨。2021年乙烯产量超400万吨的有两个省，分别是辽宁省、广东省。

表32 2021年乙烯产量全国前十省市自治区情况

单位：万吨

排名	省市区	产量
1	辽宁	440.11
2	广东	417.75
3	山东	261.50
4	江苏	243.71
5	福建	211.90
6	上海	194.87
7	新疆	160.11
8	天津	149.04
9	浙江	142.83
10	黑龙江	135.90

数据来源：《中国乙烯市场前景及投资机会研究报告》。

广东省近年的乙烯产量如表 33 所示，可以看出，2021 年之前，广东的乙烯产量始终位列全国首位，并且广东的乙烯产量始终保持稳步增长趋势。

表 33　2016—2021 年广东乙烯产量

单位：万吨

排名	年份	产量
1	2016	241.8
1	2017	248.2
1	2018	299.3
1	2019	348.2
1	2020	365.7
2	2021	417.75

表 34 展示了近两年广东的主要炼油产品的产量情况。可以看出，广东的石油加工类产品的种类十分丰富，并且已经形成较大规模。

表 34　2020 年、2019 年广东二次能源生产量

单位：万吨

年份	原油加工	汽油	煤油	柴油	燃料油	液化石油气
2020	6211.95	1206.19	668.74	1592.53	576.73	464.49
2019	5587.93	1165.50	840.45	1469.20	174.13	461.35

表 35 展示的是 2019 年广东各种石油化工产品的调出量和出口量，也可以间接反映出广东的石化加工行业规模。

表 35　广东石油化工产品 2019 年调出量和出口量

单位：万吨

	原油	汽油	煤油	柴油	燃料油	润滑油	石蜡	溶剂油	石油沥青	石油焦	液化石油气	其他石油制品
调出量	1603.82		346.91			44.38	3.05	58.44	68.09	177.66	103.40	867.85
出口量	8.44	292.10	401.63	252.63	55.02	2.68	3.10	0.18	23.99	1.39	74.76	2.79

通过表 36 展示的广东几个代表性石油化工产业的营业收入情况可以看出，广东的石油化工产业在全国总体上处于领先地位。2020 年，广东化学原料和化学制品业营业收入为 5685.26 亿元，排全国第三，仅次于江苏（8659.69 亿元）和山东（8273.00 亿元）。广

东石油、煤炭及其他燃料加工业的营业收入也位居全国第三，化学纤维制造业营业收入位列第六，橡胶和塑料制品业营业收入位居全国首位。可见，整体而言，广东的石油化工产业发展规模较大，处于全国前列。

表36　2020年广东石油化工产业营业收入

单位：亿元

	化学原料和化学制品业	化学纤维制造业	橡胶和塑料制品业	石油、煤炭及其他燃料加工业
营业收入	5685.26	173.92	5407.13	2883.41
在全国排名	3	6	1	3

广东的石油化工产业已取得较好的发展成效，在此基础上，广东将继续扩大其石油化工产业优势，扩大行业规模的同时，不断延长下游产业链。2022年3月，广东省发改委发布了2022年全省重点建设项目的计划。其中，2022年计划投产的重大石化项目主要有4个，包括：恒力石化（惠州）PTA项目、惠州石化产品结构优化及升级项目、广东石化2000万吨/年重油加工工程、中国石油吉化（揭阳）分公司60万吨/年ABS及其配套工程。其中，广东石化重油加工项目重点建设120万吨/年乙烯，总投资654亿，2022年计划投资109亿；揭阳60万吨/年ABS项目主要建设60万吨/年ABS、13万吨/年丙烯腈和5万吨/年MMA，总投资65亿，2022年计划投资15亿。

2022年续建石化类项目3个，包括埃克森美孚惠州乙烯项目、巴斯夫（广东）一体化基地以及东华能源（茂名）项目。其中，埃克森美孚120万吨/年乙烯及下游产品项目计划2026年投产，总投资651亿，截至2021年已投资48亿，2022年计划投资60亿。巴斯夫（广东）一体化基地主要建设100万吨/年乙烯联合装置及其下游装置，计划2025年投产，总投资651亿，截至2021年已投资48亿，2022年投资60亿。东华能源（茂名）烷烃资源综合利用项目目前一期（Ⅰ）和（Ⅱ）项目已经进入建设阶段，两者合计投资215亿，截至2021年累计投资63亿，2022年投资28亿。一期（Ⅰ）项目（60万吨/年PDH、40万吨/年PP）计划于2022年年底投产，一期（Ⅱ）项目（60万吨/年PDH、80万吨/年PP）预计将于2023年投产。目前一期（Ⅰ）项目已进入设备全面安装阶段。

另外，广东省发改委还公布了多个烯烃及下游产业预备项目，其中中科炼化接连发布了4个预备项目，总投资142亿，公司已投产10万吨/年EVA装置，80万吨乙烯产能，此次预备新项目，公司计划再上10万吨EVA装置，同时将80万吨/年乙烯产能最高扩能30%。另外，公司还规划了60万吨/年PDH装置及下游30万吨/年环氧丙烷、40万吨/年聚丙烯装置。同时从预备项目名单看到，除茂名综合利用一期（Ⅰ）和（Ⅱ）项目,东华能源还规划了(Ⅲ)期项目,计划再投资 135 亿,上马 2 套 100 万吨/年 PDH 装置和 4 套 50 万吨/年 PP 装置。另外可以看到,巨正源(揭阳)90 万吨/年丙烷脱氢项目也在预备项目中,总投资 112 亿,建设 90 万吨/年丙烷脱氢装置、40 万吨/年聚丙烯改性装置。同时忠信化工计划新增两个项目,总投资 52 亿,建设 60 万吨/年丙烷脱氢及下游配套 PP、苯酚/丙酮装置[①]。

未来,广东将牢牢抓住石油化工产业优势,打造全国石油化工产业高地。

(三)可再生能源的替代发展情况

1.可再生能源产业发展概述

(1)可再生能源发电。表 37 展示了华南地区 2019—2020 年可再生能源发电装机量,可以看出,广东和广西的可再生能源发电装机量近两年增长迅速,可再生能源发电产业规模显著增加。海南的可再生能源发电装机量虽远低于其他地区,但也保持着上升趋势,只有水电装机量出现轻微下滑。

表 37 2019—2020 年华南地区可再生能源发电装机量

单位:万千瓦

2020	发电装机容量	风电装机量	太阳能发电装机量	水电装机量
广东	14224	565	797	1666
广西	5178	653	205	1759
海南	999	29	143	151
2019	发电装机容量	风电装机量	太阳能发电装机量	水电装机量
广东	12870	441	610	1576
广西	4615	287	135	1681
海南	918	29	140	154

结合表 19 所示的华南地区发电量占全国的比重情况也可以看出,华南地区特别是广东和广西的可再生能源发电量在全国范围内占有重要的地位,尤其是水力发电和核能发电,在全国占有较高比重。可以说,华南地区较充分地利用了自身丰富的海洋、湖泊资源优势,相对充裕的水资源优势未来也将继续发挥更大利用价值,为华南地区水力发电产业及其他相关可再生能源产业注入持久的发展动力。

---

① 以上资料整理自:广东省发改委《关于下达广东省 2022 年重点建设项目计划的通知》粤发改重点〔2022〕157 号。

（2）新能源汽车产业。表38展示了华南地区2018—2019年新能源汽车充电桩数量及其占全国的比重，可以发现，广东的新能源汽车充电桩数量占全国的比重较高，2018年占比为10.87%，2019年增加为12.17%，其新能源汽车产业已形成较大规模。相比之下，广西、海南新能源汽车充电桩数量较少，占比不超过全国的1%。尽管如此，可以看到，广西和海南的新能源汽车充电桩数量占全国的比重呈上升趋势，广西的占比从2018年的0.55%增加到2019年的0.70%，海南的占比则从2018年的0.42%增加到2019年的0.65%。因此，华南地区新能源汽车产业规模整体呈扩张趋势，发展势头较好。

表38 华南地区新能源汽车充电桩数量

省区	2019		2018	
	数量（个）	占比（%）	数量（个）	占比（%）
广东	62834	12.17	36009	10.87
广西	3596	0.70	1807	0.55
海南	3354	0.65	1401	0.42
全国	516396	—	331294	—

①广东新能源汽车产业现状。2020年，广东新能源公交车保有量占全部公交车比例超75%，其中纯电动公交车占比超65%，基本实现纯电动公交车的规模化、商业化运营。珠三角地区新能源公交车保有量占比超85%，其中纯电动公交车占比超75%，珠三角地区成为全国纯电动公交车推广应用的示范区域。

②广西新能源汽车产业现状。"十三五"期间，广西深入实施"工业强桂战略"，多措并举全力推动新能源汽车产业高质量发展。新能源汽车累计产量达到31.6万辆。其中，2020年产量达到18.9万辆，国内新能源新车占有率为13.8%，一举跨入新能源汽车产销大省行列。

③海南新能源汽车产业现状。截至2018年，海南省内清洁能源汽车累计推广3.71万辆（其中：新能源汽车2.28万辆，天然气汽车1.43万辆）。全省公交领域清洁能源化比例达到77%，出租车领域清洁能源汽车达90%以上。以海口、三亚为代表的重点区域推广新能源汽车20670辆，占比90%，推广集中度较高，示范带动效应较强。

2.生物质能基本情况介绍

（1）生物质能的零碳属性。生物质是指通过光合作用而形成的各种有机体，包括所有的动植物和微生物。而所谓生物质能，就是太阳能通过光合作用贮存二氧化碳，转化为生物质中的化学能，即以生物质为载体的能量。它直接或间接来源于绿色植物的光合作用，可转化为常规的固态、液态和气态燃料，取之不尽、用之不竭，是一种可再生能源，同时也是唯一一种可再生的碳源[6]。据计算，生物质储存的能量比目前世界能源消费总量大2倍。生物质能作为重要的可再生能源，是国际公认的零碳可再生能源，具有绿色、低碳、清洁等特点。生物质资源来源广泛，包括农业废弃物、木材和森林废弃物、城市有机垃圾、藻类生物质以及能源作物等。生物质能通过发电、供热、供气等方式，广泛应用于工业、农业、交通、生活等多个领域，是其他可再生能源无法替代的。若结合BECCS（生物能源与碳捕获和储存）技术，生物质能将创造负碳排放[7]。在未来，生物质能将在各个领域为我国2030年"碳达峰"、2060年"碳中和"作出巨大减排贡献。

与燃料煤相比，使用生物质燃料可减排二氧化碳97.91%、减排二氧化硫99.15%、减排氮氧化物72.09%。同时，生物质气化燃气锅炉产生的炭渣可进一步加工成木质活性炭、高端烧烤炭等高附加值产品。生物质直燃锅炉产生的残灰是生产有机肥和土壤改良剂的优质原材料。可见，采用生物质替代燃料煤几乎没有固废排放。在"双碳"目标下，发展生物质能产业可以在补充能源供应来源的同时，极大地降低环境污染。

（2）生物质资源分布。我国生物质资源受到耕地短缺的制约，主要以各类剩余物和废弃物为主（被动型生物质资源），主要包括农业废弃物、林业废弃物、生活垃圾、污水污泥等[8]。目前我国主要生物质资源年产生量约为34.94亿吨，生物质资源作为能源利用的开发潜力为4.6亿吨标准煤。截至2020年，我国秸秆理论资源量约为8.29亿吨，可收集资源量约为6.94亿吨，其中，秸秆燃料化利用量8821.5万吨；我国畜禽粪便总量达到18.68亿吨（不含清洗废水），沼气利用粪便总量达到2.11亿吨；我国可利用的林业剩余物总量3.5亿吨，能源化利用量为960.4万吨；我国生活垃圾清运量为3.1亿吨，其中垃圾焚烧量为1.43亿吨；废弃油脂年产生量约为1055.1万吨，能源化利用量约52.76万吨；污水污泥年产生量干重1447万吨，能源化利用量约114.69万吨。

我国秸秆资源主要分布在东北、河南、四川等产粮大省，资源总量前五分别是黑龙江、河南、吉林、四川、湖南，占全国总量的59.9%[9]。畜禽粪便资源集中在重点养殖区域，资源总量前五分别是山东、河南、四川、河北、江苏，占全国总量的37.7%。林业剩余物资源集中在我国南方山区，资源总量前五分别是广西、云南、福建、广东、湖南，占全国总量的39.9%。生活垃圾资源集中在东部人口稠密地区，资源总量前五分别是广东、山东、江苏、浙江、河南，占全国总量的36.5%。污水污泥资源集中在城市化程度较高区域，资源总量前五分别是北京、广东、浙江、江苏、山东，占全国总量的44.3%。

（3）生物质资源利用方式。生物质资源的最主要利用方式是发电，尽管生物质发电成本远高于风电、光伏等其他可再生能源发电成本，但是生物质发电输出稳定，能够参与电力调峰[10-11]。如果与储热结合，更能参与电力市场的深度调峰。除生物质发电之外，国内外主要的生物质利用方式包括以下三种：生物质清洁供热、生物天然气和生物质液体燃料。

①生物质清洁供热。生物质清洁供热主要用于工业园区、工业企业、商业设施、公共服务设施、农村居民采暖等供热领域，主要供热方式有生物质热电联产、生物质锅炉集中供热、户用锅炉炉具等[12]。从经济性方面进行测算，生物质清洁供热与电供热、天然气供热相比，也是目前成本最接近燃煤、居民可承受的供热方式。随着可再生能源发电成本逐步走低，全面电气化将是未来发展趋势。在未来10年间，应大力发展生物质清洁供热，在县域替代燃煤小锅炉，发挥生物质零碳属性，在供热供暖领域作出减排贡献。

②生物天然气。生物天然气是以农作物秸秆、畜禽粪污、餐厨垃圾、农副产品加工废水等各类城乡有机废弃物为原料，经厌氧发酵和净化提纯产生的绿色低碳清洁可再生的天然气。未来将会是以工业化、规模化生物天然气项目（日产生物天然气超过1万立方米）发展为主。2019年12月，十部委出台的《关于促进生物天然气产业化发展的指导意见》提出了到2030年生物天然气年产量超过200亿立方米的发展目标[13]。届时生物天然气在天然气消费量中占比将达到5%左右，预计碳减排量将超过6000万吨。如果到2060年生物天然气产量能达到1000亿立方，将极大地缓解我国天然气的紧张局面，贡献的碳减排量将超过3亿吨。

③生物质液体燃料。在交通领域应用方面，生物质液体燃料具有巨大的发展潜力。燃料乙醇有效替代化石汽油，生物柴油可以替代化石柴油，生物航空煤油同样已经在航空领域得到应用验证。通过生物质液体燃料替代化石石油，为交通领域碳减排拓宽新的途径。

四、华南地区生物质能产业规模化发展的可行性分析

（一）华南地区生物质能产业发展的优势

目前，广东省已批准并建设完成投入运营的生物质发电企业主要有2家，分别是湛江生物质发电厂和韶能生物质发电厂，这2家企业目前已正式投产并网发电。此外，还有不少生物质发电项目正计划落成，如阳山生物质发电项目和新丰生物质发电项目。经过多年的探索，广东省的生物质能利用技术呈现多元化发展，生物质成型燃料、生物质燃气、生物质发电、生物质液体燃料等多种燃料利用技术不断进步，应用技术亦渐趋成熟。

在广东，生物质成型燃料从业单位主要包括燃料设备生产、燃料生产、合同能源管理应用等。目前在珠三角的应用已覆盖纺织印染、食品饮料、医药化工、造纸包装、五金塑胶等20多个行业。

此外，广东省内有少量企业从事生物质能的应用推广，通过掌握生物质成型燃料的燃烧、锅炉运行技术，为客户提供热能服务。

（二）华南地区生物质能产业发展的不足

1.行业规模小、企业数量多，难以形成规模效益

经过多年的发展，广东省生物质能从业单位逐年增多，但是尚未形成规模化的发展。广东省内生物质成型燃料的从业单位约有500家，但绝大多数为私营企业或个体经营户，且集中分布在生物质原材料比较富余的区域。广东省产能1500吨／月以下的生物质成型燃料工厂占60%以上，主要从事单一的生物质成型燃料的生产和销售。广东省从事生物质成型燃料的私营企业大部分为小微型规模企业，导致行业整体呈现出一种规模小、数量多的状态。这些企业的原料比较单一，产品质量可控性稍差，产品价格较低，技术水平含量不高，容易面临被市场淘汰的局面。企业生物质能项目的投资回报率低，运行成本高，难以形成规模效益。为降低投资，大多数企业会采用简单工艺和简陋设备，从而造成能源转化能力低、成本较高的现实问题，更难以发挥其应有的清洁能源优势。

2.新技术开发慢，技术单一

广东省生物质能源利用工业化技术大多尚处于起步阶段，早期的生物质利用主要集中在沼气利用上，近年来逐渐重视热解气化技术的开发应用，也取得了一定突破。气化技术不仅可以达到更好的环保标准，且应用范围更为广泛。部分生物质气化从业单位通过生物质气化技术的应用，在广东省建成了较大规模的生物质气化技术工业窑炉、锅炉示范项目。但是，这种更环保、更实惠的燃烧技术只存在于广东省少数企业手中。由于其门槛高、难度大的特点，广东省具有该技术并采用合同能源管理模式的生物质企业屈指可数。同时，其他生物质能源利用技术进展非常缓慢，如生物质热解液化、直接燃烧的工业技术仍不成熟。目前广东省生物质液体燃料技术尚处在技术研发和实验阶段，还未大规模商业化生产和应用。

3.缺乏有力的行业监管

生物质能是新兴产业，尚未配有完善的政策法规以规范市场，且市场上的小微企业居多，行业的自律主要靠的是企业的社会责任感。行业内存在不少乱象，比如生物质成型燃料产品质量参差不齐、从业单位将生物质直燃或掺杂燃烧等，导致环境污染问题层出不穷，造成政府各级监管部门对生物质成型燃料产生误解，给行业的发展造成一定的阻碍。

4.市场不统一，缺乏排放和产品标准

产品和排放标准是生物质企业自律的依据，但是，广东省生物质行业的相关标准仍

有待全面完善。生物质企业对生物质锅炉的燃烧应采取何种排放标准仍无法把握。虽然广东省出台了生物质成型燃料的地方标准，但也只是属于推荐性标准，缺乏标准的执行力度。另外，生物质成型燃料锅炉排放的国家标准也已颁发，但是否能有效执行还需市场的验证。

（三）华南地区生物质能产业发展面临的挑战

社会各界对生物质能认识不够充分。近年来，广东省生物质能行业在市场需求的推动下快速发展，但行业的发展一直得不到社会和政策上最直接的关注和支持。生物质能开发利用涉及原料收集、加工转化、能源产品消费、伴生品处理等诸多环节，政策分散，难以形成合力。尚未建立生物质能产品优先利用机制，缺乏对生物天然气和成型燃料的终端补贴政策支持[14]。

农林生物质原料难以实现大规模收集，畜禽粪便收集缺乏专用设备，能源化、无害化处理难度较大。急需探索就近收集、就近转化、就近消费的生物质能分布式商业化开发利用模式。

生物天然气和生物质成型燃料仍处于发展初期，受限于农村市场，专业化程度不高，大型企业主体较少，市场体系不完善，尚未成功开拓高价值商业化市场[15]。

尚未建立生物天然气、生物成型燃料工业化标准体系，缺乏设备、产品、工程技术标准和规范。尚未出台生物质锅炉和生物天然气工程专用的污染物排放标准。生物质能检测认证体系建设滞后，制约了产业专业化规范化发展。缺乏对产品和质量的技术监督。

（四）华南地区生物质能产业发展的机遇

随着"双碳"目标落地，大力发展可再生能源已然成为我国能源产业未来发展趋势之一。2022年3月，国家发展改革委和国家能源局联合发布《"十四五"现代能源体系规划》（以下简称《规划》），《规划》中明确指出，要推进生物质能多元化利用，稳步发展城镇生活垃圾焚烧发电，有序发展农林生物质发电和沼气发电，因地制宜发展生物质能清洁供暖。广东拥有丰富的生物质资源，加上各行业产生的副产品如废气木材、秸秆、城市固体有机垃圾、禽兽粪便等，为广东生物质能源产业发展创造了条件。

从目前我国对新能源的需求及生物质能的发展优势来看，生物质能的应用具备广阔的发展空间，供热燃料、发电技术、热电联产都将是生物质产业规模化的主要方向，并有望替代天然气和车用燃料成为新的能源利用方式[16-17]。

（五）华南地区生物质能产业发展建议

针对目前广东省生物质能产业存在的问题，可从以下几方面入手进行调控。

首先，针对目前行业存在的产品质量不一、用能方式不规范导致环境污染等问题，需要健全相关法规政策，制定行业统一标准，加大监管力度。及时取缔产品原料控制不当、燃烧后乱排乱放的现象。其次，要加大对生物质能产业的研发投入，突破关键转化技术，实现生物质资源商业化生产利用。鼓励企业进行技术投入，提高核心竞争力。同时发挥行业联盟效应，鼓励企业抱团发展，促使产业发展规模化。具体来讲，可从政策层面、技术层面以及市场层面进行调控，促进生物质能产业的规模化发展。

1.政策层面

提升对生物质能绿色零碳属性的认识。生物质能是重要的可再生能源，具有绿色、低碳等优势，是我国可再生能源体系中的重要组成部分。同时不同于其他国家，我国主要为生物质废弃物的能源化利用，环境效益和零碳效益更为突出[18-19]。需要加强宣传新技术下生物质能利用成效，破除生物质能利用高污染的误区，普及生物质能作为零碳能源的作用，在更多的场合为生物质能发声，让公众重新认识生物质能。

完善生物质能产业发展顶层设计。发展生物质能是一项利在当代、功在千秋的系统工程，从国家层面明确生物质能发展在推动乡村振兴、保障国家能源安全中的定位，推动各地进一步提高认识。建立健全有关部门分工负责、协同推进生物质能发展的工作机制，构建政策支持体系，形成工作合力，促进生物质能可持续健康发展。

建立有机废弃物有偿处理机制。一是建立普惠制有机废弃物处理收费制度，按照"谁产生谁付费，谁污染谁付费，谁处理谁受益"模式，逐步形成对畜禽粪污、餐厨垃圾，以及其他有机废弃物处理收费的机制，以市场化方式建立安全高效的原料收集体系；二是地方政府设立废弃物处理公共预算资金，对处理农业、林业废弃物，生活垃圾的企业进行适当的补助，落实地方治理环境责任，缓解中央补贴资金压力。

加强生物质专用锅炉替代燃煤锅炉支持力度。一方面发展生物质清洁供热要形成与煤改气、煤改电同部署、同落实、同检查、同考核，公平对待、一视同仁，享受与煤改气、煤改电同样的支持政策，另一方面各级政府要严控燃煤锅炉项目，鼓励用生物质专用锅炉替代燃煤锅炉。

进一步推广配额制。总结生物液体燃料在试点配额方面的经验，根据生物天然气产量、生物质清洁供热情况、生物液体燃料量，选择有条件的区域进一步按照一定的比例要求与化石产品进行配额，促进市场化发展。

2.技术层面

开展生物质清洁供热各项标准建设。一是组织研究机构、行业协会加快开展生物质清洁供热工业化标准研究，包括燃料标准、锅炉标准、工程建设标准等，从源头规范行业发展；二是尽快出台生物质锅炉污染物排放标准，使行业有法可依，促进行业发展。

建立技术创新目录。建立生物质能产业技术创新推进目录，每年根据技术的先进性、安全性、实用性、经济性等指标对行业先进技术进行评选。对于入选的技术进行一定的资金支持，并进行宣传推广。

建立生物质能产业监测体系。推动生物质资源信息大数据建设，提升生物质资源的数字化、信息化水平，开展全国统一的生物质资源调查行动，分区域、分类别对各类生物质资源进行统计。建立废弃物处理数据库，对各行业废弃物处理情况进行监测、监控，对产生产品进行统计分析。

3.市场层面

加大绿色金融支持力度。一方面开发各类产业绿色信贷、绿色基金、绿色债券等，为产业发展提供良好的金融支持基础条件，另一方面通过财税政策激励投资者对生物质能行业的投资，促进产业的发展。

打破生物质能源产品消纳壁垒。各级政府营造良好的营商环境，消除市场壁垒，保证有机废物资源化利用后的热、电、气、肥、油等商品能够被市场无歧视接受和消纳，促进产业发展，体现生物质减排效益。

参考文献

[1] 张强，苗龙，汪春雨，等. 新时代中国能源安全及保障策略研究——基于推进"一带一路"能源高质量合作视角 [J]. 财经理论与实践，2021，42（05）：116-123.

[2] 王轶辰. 能源转型要先立后破 [N]. 经济日报，2022-3-10：010.

[3] 张永生，巢清尘，陈迎，等. 中国碳中和：引领全球气候治理和绿色转型 [J]. 国际经济评论，2021（03）：9-26，4.

[4] 周宏春，李长征，周春. 碳中和背景下能源发展战略的若干思考 [J]. 中国煤炭，2021，47（05）：1-6.

[5] 中金公司研究部，中金研究院. 碳中和经济学 [M]. 北京：中信出版集团，2021.

[6] 中国产业发展促进会生物质能产业分会. 3060 零碳生物质能发展潜力蓝皮书 [EB/OL]. http: // huanbao.bjx.com.cn/news/20210915/1177039.shtml，2021-09-14.

[7] International Renewable Energy Agency. Bioenergy[EB/OL].https://www.irena.org/

bioenergy, 2021-08-26.

[8] 丁攀, 叶芳, 张轲, 等. 我国农业生物质能利用现状及发展前景[J]. 河南农业, 2020（19）: 22-23.

[9] 农业农村部市场预警专家委员会. 中国农业展望报告（2021—2030）[M]. 北京: 中国农业科学技术出版社, 2021.

[10] 樊静丽, 李佳, 晏水平, 等. 我国生物质能——碳捕集与封存技术应用潜力分析[J]. 热力发电, 2021, 50（01）: 7-17.

[11] 谢光辉, 王晓玉, 包维卿, 等. 中国废弃生物质能源化利用碳减排潜力与管理政策[M]. 北京: 中国农业大学出版社, 2020.

[12] 黄存瑞. 气候变化如何影响人类健康[J]. 可持续发展经济导刊, 2020（05）: 26-28.

[13] 生态环境部. 中国应对气候变化的政策与行动 2020 年度报告[EB/OL]. http://www.mee.gov.cn/ywgz/ydqhbh/syqhbh/202107/t20210713_846491.shtml, 2021-07-13.

[14] 焦耀华. 我国生物质能源产业的发展前景探究[J]. 经济研究导刊, 2020（25）: 44-45.

[15] 李俊峰. 我国生物质能发展现状与展望[J]. 中国电力企业管理, 2021（01）: 70-73.

[16] International Renewable Energy Agency. Renewable Power Generation Costs in 2020 [EB/OL]. https://www.irena.org/publications/2021/Jun/Renewable-Power-Costsin-2020, 2021-06.

[17] MING K. Renewable energy policies in several foreign countries and the revelation to our country [J]. Energy of China, 2000, 6: 15-17.

[18] WATT M., OUTHRED H. Australian and international renewable energy policy initiatives [J]. Renewable Energy, 2001, 22: 241-243.

[19] MEYER N I, KOEFOED A L Danish energy reform: policy implications for renewables [J]. Energy Policy, 2003, 31（7）: 597-607.

黄河流域生态环境水平时空分布、动态演进与影响因素研究

郝佳馨

（西北大学 经济管理学院，陕西 西安 710127）

摘　要：黄河流域是中国重要的生态安全屏障和经济地带，生态环境脆弱是制约黄河流域生态保护和高水平发展的桎梏。文章以黄河流域作为典型研究案例，以地级市为研究尺度，从生态环境压力、状态及响应维度子系统构建生态环境水平评价指标体系，运用改进的 CRITIC 法——熵权法组合确权法测算 2005—2020 年黄河流域沿线市域生态环境水平，综合空间自相关、核密度、QAP 分析等方法探讨黄河流域市域生态环境水平的时空分异、动态演进与影响因素。结果表明：第一，时序变化方面，黄河流域生态环境水平整体较低，上游、下游地区高于整体水平，中游地区低于整体水平；空间分布方面，随时间变化呈现"东移递次提升，下游均衡高、上中游均衡低"分布格局。第二，黄河流域生态环境水平呈现负空间相关，表现为"小集聚大分散"的空间分布格局。第三，黄河流域整体区域内绝对差异存在扩张趋势，极化现象和空间非均衡特征明显。第四，状态系统是影响黄河流域整体生态环境水平的最大成因。

关键词：生态环境水平；"压力—状态—响应"框架；空间关联；动态演进；QAP 相关分析

引　言

黄河是中华民族的母亲河，是中国重要的生态屏障和经济地带，也是中国重要的能源基地和粮食产区，在国家发展大局和社会主义现代化建设全局中具有举足轻重的战略

作者简介：郝佳馨，女，1994 年生，内蒙古包头人，西北大学经济管理学院在读博士，研究方向为资源环境经济学。

地位。由于黄河流域禀赋先天不足和后天失养的缘故，黄河一直"体弱多病"，流域水资源短缺，水沙关系不协调，水土流失、水环境超载严重，生态环境极易退化[1]，沿黄城市饱受洪水威胁[2]，生态环境"旧疾"依然是制约黄河流域生态保护和高水平发展的桎梏所在。2019年9月，习近平总书记在黄河流域生态保护和高水平发展座谈会上发表重要讲话，提出黄河流域生态保护和高水平发展是重大国家战略，强调共同抓好大保护，协同推进大治理。2021年3月，《中华人民共和国国民经济和社会发展第十四个五年规划和2035年远景目标纲要》提出，深入实施区域重大战略，推动区域重大战略取得新的突破性进展，扎实推进黄河流域生态保护和高水平发展。黄河治理实现了从被动到主动的历史性转变。

学界对于黄河流域生态环境高度关注，研究大致分为三类：（1）黄河流域生态保护与高质量发展的研究，集中于从宏观层面探讨黄河流域生态保护与高质量发展的内涵、框架、路径[3-4]，以及两者耦合关系研究[5-6]。（2）黄河流域生态环境的相关关系探讨，多着重关注经济发展、产业发展、城镇化与生态环境关系的研究，具体有产业发展与生态环境两者关系[7-8]、经济增长—产业发展—生态环境三者关系的探讨[9]以及生态效率层面的评价[10-11]。（3）黄河流域生态环境评价研究，包括生态环境单一要素评价，如水资源供应与承载力评价[12-13]、水污染防治与水环境保护[14]、大气污染等[15]；以及综合性要素评价，如崔盼盼等[6]从资源环境水平、压力水平、抗逆水平三个维度构建黄河流域生态环境水平评价指标体系，认为黄河流域生态环境水平整体不高，呈现先转好后恶化趋势。赵建吉等[8]从生态环境水平、资源环境利用、资源环境保护三个系统维度构建黄河流域生态环境评价指标体系，研究发现黄河流域生态环境总体水平不高，呈下降趋势。刘琳轲等[16]从资源状况、污染排放、生态建设、环境治理维度构建黄河流域生态保护评价指标体系，认为黄河流域生态保护状况整体向好，总体呈现增长态势。

黄河流域生态治理已取得阶段性的进展，摸清黄河流域生态环境水平的发展现状，研判黄河流域生态环境困境与短板，是适应生态环境矛盾转化、让黄河成为造福人民的幸福河的关键抉择。纵观现有研究，学者较多关注黄河流域生态环境与经济高质量发展、新型城镇化等耦合关系探讨，较少研究聚焦黄河流域生态环境本身，从结构性子系统视角出发全方位审视黄河流域生态环境状况。同时，黄河流域作为特殊的地理单元和地理空间，横跨中国三大自然区，流域上、中、下游资源禀赋、发展基础各异，从流域内部解读黄河流域生态环境的空间分域特征、演进趋势以及系统影响因素的研究也相对较少。本文在现有基础上将进行两方面的尝试与探索。一是指标体系，尝试从生态环境内部结构子系统视角出发细化评价指标，涵盖自然、人口、资源、环境、经济、社会多因素，从一个新的视角研判当前黄河流域生态环境现状，以期为决策部门制定差异化、精准化的相关政策提供依据和参考；二是研究视角，本文将从黄河流域分域特征角度探究黄河流域上、中、下游生态环境水平的空间分异特征、演进趋势以及影响因素，动态把握黄河流域生态环境分域现状，横向解读流域间、流域内空间分布、变化关联与演进趋势，并在此基础上进一步揭示上、中、下游生态环境水平的结构性系统影响因素，为形成全流域优势互补、协同治理和高水平发展的区域生态环境布局提供决策依据，丰富黄河流域地理单元的生态环境研究。

一、研究设计

（一）生态环境水平评价

1.指标体系构建

生态环境作为承载人类环境资源的集合，学界对与生态环境和谐共存发展的探索大致经历了三个阶段，即"头痛医头，脚痛医脚"[17]逐步过渡到"利用与保护并重"[18-19]，再到"可持续发展"[20]。伴随着人们对生态环境的认识和发展，对生态环境的评价指标也在不断争论与完善，经历了从单一层次向多层次、综合性方向发展，从开始仅关注生态环境污染[21-23]逐渐过渡到环境污染与治理并重[24-25]，到逐渐完善形成以人口、资源、生态、环境、经济、社会、文化等多层次、综合性的评价指标体系[26,6]。由于地域资源禀赋、环境状态以及众多影响因素的复杂性，至今尚未形成统一的评价指标体系。20世纪八九十年代联合国经济合作开发署和环境规划署提出了"压力—状态—响应"框架体系[27]，是指人类生存和发展过程中不可避免地造成自然资源消耗和环境状态改变的"压力"系统，因"压力"系统改变而使原本的自然资源与生态环境发生改变的"状态"系统，以及为缓解和抑制"状态"系统改变，人类社会采取一些措施来限制人类活动和优化自然资源配置的"响应"系统[28-29]，将三者纳入一个整体框架来揭示资源利用过程中人类活动与资源环境相互作用的链式关系[30-31]。"压力—状态—响应"分析框架一经提出就受到国内外学者的广泛认可，成为生态环境水平测度的典型框架选择[32]，也被其他领域广泛应用[33-34]，为测度生态环境水平提供了科学合理的研究思路和理论支撑框架。

依据"压力—状态—响应"研究框架，参照已有研究成果指标选择[35,6]，本文将生态环境水平评价系统细分为压力系统、状态系统、响应系统。压力系统是指人们在生产生活中对自然资源的消耗和利用所造成的污染物排放、自然环境和生活环境改变所带来的负荷系统。人口密度改变直接关系到人均生态资源占有率的变化，人口会向高排放产业集聚[36]，资源开发强度和环境干扰强度也随之增加，经济增长所带来的环境污染，水、电、土地等能源消耗以及居民生产生活资源消耗压力日益凸显[37]，因此，人口压力、经济社会压力以及资源环境压力是刻画生态环境压力系统的主要内容。状态系统是指在特定时间和区域范围内，区域环境水平与自然资源以及经济发展状况。水资源、土地资源、能源资源是人类赖以生存和发展的物质基础[38]，声环境、消费环境、教育环境改善以及植被绿化、社会福利提升是增进民生福祉的新内涵和时代的新要求。因此，本文从资源状态、环境状态、人文社会状态角度出发考查黄河流域生态环境状态系统。响应系统是指为防止、减少、缓解和适应生态环境变化所采取的措施的效果评价系统。本文主要考虑环境响应、经济响应、人文社会响应。环境响应方面，为应对环境恶化、污染防治，政府课征环境保护税有助于倒逼企业参与环境治理[39-40]；经济响应方面，经济增长本身并不能自动改善环境污染[41-42]，但经济增长所带来的技术进步、产业结构转型升级完全有可能实现生态环境低污染[43]；人文社会响应方面，绿色创新是协调经济增长与环境保护的关键因素[44]，教育环境改善、科研集聚水平提升是创新发展的根基，有助于生态环境水平的提高。

2.指标体系测度

在遵循科学性、可行性、可测性和数据可获取性等原则的基础上，本文构建了生态环境水平评价指标体系，运用改进的 CRITIC 法——熵权法组合确权方法[45]对黄河流域生态环境水平评价指标确权，在确定权重的基础上采用 TOPSIS 模型[46]对生态环境水平指标体系进行测度。

表 1 "压力—状态—响应"分析框架下黄河流域生态环境水平测度指标体系

目标层	准则层	要素层	计量单位	指标属性	CRITIC——熵权法组合权重			
					2005	2010	2015	2020
压力	资源压力	城市建设用地面积占市区面积比重	%	正向	0.0474	0.0517	0.0543	0.0761
		家庭用水量	万吨	负向	0.0020	0.0024	0.0033	0.0048
		单位 GDP 电耗	万千瓦·时/亿元	负向	0.0029	0.0038	0.0047	0.0061
	环境压力	工业烟（粉）尘排放量	万吨	负向	0.0046	0.0060	0.0070	0.0068
		二氧化硫排放量	万吨	负向	0.0026	0.0030	0.0033	0.0070
		工业废水排放量	万吨	负向	0.0038	0.0037	0.0046	0.0068
	人文社会压力	人口密度	人/平方千米	负向	0.0038	0.0041	0.0050	0.0038
		城镇登记失业率	%	负向	0.0045	0.0036	0.0051	0.0051
		人口自然增长率	%	负向	0.0113	0.0075	0.0084	0.0076

续表

目标层	准则层	要素层	计量单位	指标属性	CRITIC——熵权法组合权重			
					2005	2010	2015	2020
状态	资源状态	人均城市道路面积	平方米	正向	0.0218	0.0275	0.0330	0.0257
		人均供水量	立方米	正向	0.0693	0.0821	0.0822	0.1234
		人均燃气供应量	立方米	正向	0.1981	0.1727	0.1107	0.0517
	环境状态	人均公园绿地面积	公顷	正向	0.0827	0.0685	0.0707	0.0399
		人均建成区绿化覆盖面积	公顷	正向	0.0545	0.0571	0.0575	0.0917
		区域环境噪声水平 dB（A）	分贝	负向	0.0056	0.0140	0.0140	0.0135
	人文社会状态	人均社会消费品零售总额	万元	正向	0.0402	0.0355	0.0406	0.0226
		教育支出占财政支出比重	%	正向	0.0089	0.0285	0.0117	0.0187
		公共汽（电）车客运总量	万人次	正向	0.0817	0.0813	0.0833	0.0927
响应	环境响应	工业固体废物综合利用率	%	正向	0.0113	0.0079	0.0109	0.0119
		城市污水处理厂集中处理率	%	正向	0.0191	0.0110	0.0085	0.0059
		生活垃圾无害化处理率	%	正向	0.0168	0.0172	0.0134	0.0138
	经济响应	人均GDP	元	正向	0.0307	0.0286	0.0286	0.0265
		第三产业占GDP比重	%	正向	0.0102	0.0128	0.0195	0.0138
		科学支出占财政支出比重	%	正向	0.0295	0.0451	0.0683	0.0509
	人文社会响应	每万人拥有医院床位数	床	正向	0.0518	0.0323	0.0362	0.0438
		公共图书馆图书总藏量	册	正向	0.0432	0.0676	0.0658	0.0722
		在校学生数	人	正向	0.0769	0.0530	0.0686	0.0757
		普通高等院校学校数	所	正向	0.0649	0.0717	0.0808	0.0814

（二）空间相关性

1.全局空间自相关

本文运用空间自相关模型来分析黄河流域生态环境水平时空分异格局，其中全局指数主要分析生态环境水平空间关联特征，局部指数描述黄河流域局部区域的空间集聚特征[47]，理论公式为：

$$Moran's\ I = \frac{\sum_{i=1}^{n}\sum_{j=1}^{n}(x_i - \bar{x})(x_j - \bar{x})}{s^2 \sum_{i=1}^{n}\sum_{j=1}^{n}w_{ij}} \tag{1}$$

Moran's I 的取值范围为 [−1,1],*Moran's I* > 0,生态环境水平存在空间正相关,数值越大且越趋近于 1,则空间集聚程度越强;*Moran's I* < 0,生态环境水平存在空间负相关,数值越小且越趋近于−1,则空间离散程度越强;*Moran's I* = 0,则不存在空间相关性。

2.局部空间自相关

为探索黄河流域生态环境水平是否存在局部空间的异质性和不稳定性,利用局部空间自相关分析局部区域的空间关联程度以及集聚特征,计算公式为:

$$I_l = \frac{(x_i - \bar{x})\sum_{j=1}^{n} w_{ij}(x_j - \bar{x})}{s^2} \tag{2}$$

公式(2)中,$s^2 = \frac{\sum_{i=1}^{n}(x_i - \bar{x})^2}{n}$ 为样本方差,w_{ij} 为空间权重矩阵(i, j)的元素(空间相邻为 1,不相邻为 0),x_i,x_j 为第 i, j 个地级市的生态环境水平,$\bar{x}$ 为地级市生态环境水平均值,$\sum_{i=1}^{n}\sum_{j=1}^{n} w_{ij}$ 为所有空间权重之和。

(三)核密度估计

利用核密度估计来描述黄河流域及分域生态环境水平的动态演进特征。假定 $f(x)$ 为黄河流域生态环境水平 x 的密度函数,X_1, X_2, $\cdots$, X_N 表示独立同分布的观测值,N 表示为观测值的个数;$\bar{x}$ 为样本均值;h 为带宽;$K(x)$ 表示为核函数,本文选择高斯核函数对黄河流域生态环境水平的分布进行估计,具体公式为:

$$f(x) = \frac{1}{Nh}\sum_{i=1}^{N} K(\frac{X_i - x}{h}) \tag{3}$$

$$K(x) = \frac{1}{\sqrt{2\pi}}\exp(-\frac{x^2}{2}) \tag{4}$$

(四)QAP 分析方法

QAP 分析方法包括 QAP 相关分析和 QAP 回归分析,无须考虑变量之间相互独立的假设条件,避免了传统统计学参数估计中变量存在的高度自相关和多重共线性[48-49],是一种可以用于研究"关系型"数据之间关系的方法。本文分别采用 QAP 相关分析和 QAP 回归分析从结构性系统角度探究黄河流域生态环境水平的影响因素并进行分析。模型设立如下[50]:

$$E = f(P(i,j), S(i,j), R(i,j)) \tag{5}$$

公式（5）中的所有变量均是关系数据，即为一系列矩阵。其中，E 表示生态环境水平，$P(i, j)$ 表示压力系统差异的第 i 个城市的第 j 个指标组成的矩阵，$S(i, j)$ 表示状态系统差异的第 i 个城市的第 j 个指标所组成的矩阵，$R(i, j)$ 表示响应系统差异的第 i 个城市的第 j 个指标所组成的矩阵。

（五）数据来源及区域划分

本文遵循以自然黄河流域范围为基础，选取2005—2020年作为时间研究样本，以地级市为研究单位，共78个地级市（四川省阿坝藏族羌族自治州、青海省海东市因缺失多年重要指标数据无法计入研究样本，故予以删除，山东省莱芜市2019年1月行政区划发生变更，将其所辖区域划归济南市管辖，故予以删除）。所用数据均来自《中国城市统计年鉴》，各省份、地级市历年统计年鉴以及统计公报，其中，区域环境噪声水平指标数据来源于各地级市历年《生态环境状况公报》。在借鉴张可云[50]的划分基础上，本文将研究区域划分为黄河流域上游、中游、下游，确定内蒙古河口镇和河南省桃花峪作为上游与中游、中游与下游的分界线，具体流域划分布局以及样本数据选取如图1所示。部分生态环境和水资源数据来源于EPS数据平台，部分缺失的数据采取插值法或类推法进行赋值补缺。

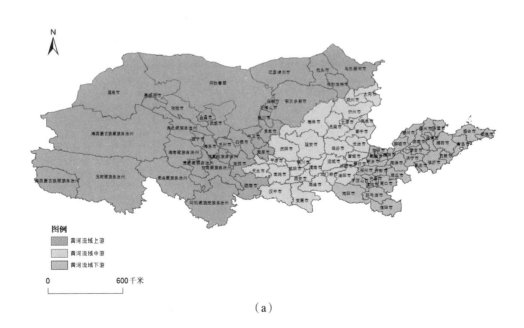

（a）

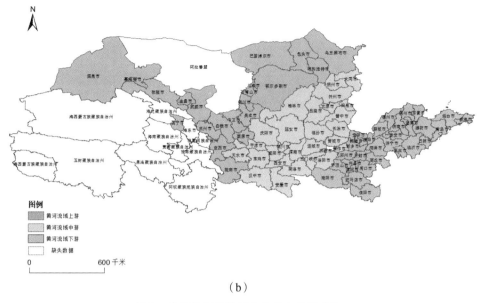

(b)

图 1 黄河流域流域划分及样本数据选取

二、黄河流域生态环境水平时空演变特征分析

（一）时序变化

依据"压力—状态—响应"理论框架对黄河流域生态环境水平进行测度，测度结果如图 2 所示。从时间尺度来看，黄河流域生态环境水平整体较低，呈现在"0.07~0.18"数值范围内"波动上升"的变化趋势，从 2005 年的 0.0989 上升至 2020 年的 0.1559，年均增长率为 3.08%，表明黄河流域生态环境水平持续明显向好仍面临较大压力。经过多年持续努力，黄河水沙治理初见成效，干流的整体水环境显著提升，防洪减灾体系基本建成，流域用水得到有效控制，但黄河流域生态本底条件脆弱，水资源匮乏，生态环境治理仍是一个长期而艰巨的系统工程[51]。黄河生态流量是维护河流健康和支撑沿岸社会经济发展的基础，干流水清了只是一个表象，并不代表生态系统功能提升，还应保证黄河不断流，为工农业供水、维持下游泥沙平衡，为鱼类等提供全年性栖息。下一步，黄河流域工作重心落在如何恢复生态系统功能，提升水源涵养能力、丰富生物多样性，优化水资源配置、保障流域水安全与粮食安全上[52]，以及如何实现水生态环境修复、承载力提高、建立和完善新兴污染物及流域生态补偿机制是黄河流域未来生态环境保护的重要内容[53]。

从生态环境水平数值大小来看，黄河流域上游、下游地区生态环境水平明显高于全

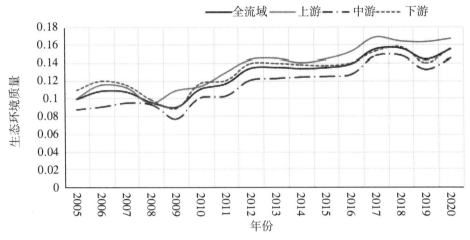

图2 黄河流域上中下游生态环境水平时序变化图

流域生态环境整体水平，中游地区明显低于全流域生态环境整体水平。黄河下游地区的山东半岛城市群、中原城市群，是黄河流域区域经济发展增长极，人口密集区以及生产力布局的重要载体。下游地区经济长期向好，发展韧性强劲，制度优势显著，治理效能较高，与资源环境承载力相适应的产业空间布局相对合理，下游地区生态环境指数处于较高水平。黄河上游、中游地区产业整体倚能倚重、低质低效问题突出，以能源、化工、冶金等重工业高污染产业为主导，尚未形成清洁低碳的新兴产业集群，而省会城市核心能力较强，传统产业转型升级、战略新兴产业发展迅速，城市环境基础设施建设较为完备，具有良好的垃圾收运处置体系和污水垃圾处理体系，城市生态环境综合整治能力较强。因此，上游、中游生态环境水平呈现明显"中心城市凸高"的两极分化趋势，这也是黄河上游生态环境水平普遍较低，但其均值高于整体水平的主要原因（关中平原城市群西安市，黄河"几"字弯都市圈太原市、银川市、呼和浩特市，兰州—西宁城市群兰州市生态环境水平年均值超过0.17）。从生态环境水平的变化趋势来看，上游、中游、下游地区均呈现不同程度的上升趋势，年均增长率分别为3.50%、3.44%、2.41%，表明在考察期内黄河流域上游、中游、下游地区生态环境在逐步改善、持续向好。

（二）空间分布变化

1.空间分布特征

为展现黄河流域生态环境水平空间格局的细节特征与规律，采用自然间断点法将黄河流域生态环境水平划分为低度水平（0.05~0.08）、较低水平（0.09~0.11）、中度水平（0.12~0.15）、较高水平（0.16~0.21）、高度水平（0.22~0.48）等5个等级，并根据能源规划的时间节点选取了2005年、2010年、2015年及2020年四个截面数据来对黄河流

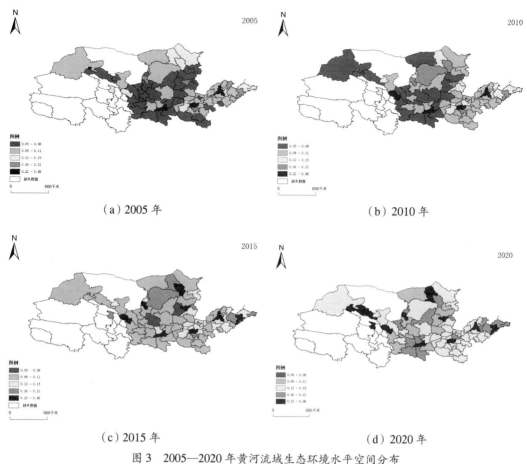

图 3 2005—2020 年黄河流域生态环境水平空间分布

域生态环境水平的空间格局演化特征进行可视化表达（图3）。

在研究期间，黄河流域大多数地级市的生态环境水平相对较低，不同水平区域随时间发生不同变化。首先，从数量和比例来看，2005年黄河流域生态环境水平处于低度和较低水平的城市个数为61个，两者合计所占比例高达77%；2010年、2015年处于低度和较低的省份数量减少，所占比例缩小至69%、55%；2020年生态环境处于低度的地级市消失，较低水平的地级市比例缩减至14%，相较2005年降幅达41%。与之相对应地，中度、较高、高度水平的地级市则呈现"渐进式"填补态势，表明黄河流域生态环境治理取得显著成效，泥沙、水土流失治理，国土绿化水平和水源涵养能力在持续提升。其次，从空间分布特征来看，黄河流域生态环境水平区域不均衡空间结构清晰。黄河上游生态环境水平呈现以"呼包鄂银"抱团式由较低水平向较高水平跨级跃进的态势，省会城市作为重要空间节点，辐射带动周边城市由低度水平向较低、中度水平迈进。黄河中游生态环境水平呈现以"太原—晋中延安—咸阳—西安"为中心轴线，中等、较高、高度水平串联式分布，中轴线以外城市逐步以中度生态环境水平均衡分布。黄河下游中度、较高、高度生态环境水平呈"连片式"分布，主要覆盖山东半岛城市群以及中原城市群，以"郑州、济南、青岛"为中心向四周辐射，"组团式"带动周边城市由较低水平过渡到中度水平。总体来看，黄河流域生态环境水平随时间变化呈现"东移递次提升、下游均衡高、上中游均衡低"的空间分布格局。

2.空间关联特征

为进一步厘清黄河流域生态环境水平的空间关联及差异程度，采用 Moran's I 指数和聚类与异常值分析方法对生态环境水平的集聚特征进行分析。表2、图4展示了黄河流域生态环境水平空间相关及聚集特征，2005—2020年黄河流域生态环境水平全局 Moran's I 均为负值，且均通过5%、10%显著性检验，表明黄河流域生态环境水平在空间上存在显著的负空间自相关，即高生态环境水平值与低生态环境水平值相邻。

表2 黄河流域生态环境水平空间自相关系数

年份	Moran's I	Z 检验值	P 检验值
2005	-0.021	1.669	0.048
2010	-0.046	-1.531	0.063
2015	-0.045	-1.376	0.084
2020	-0.010	-1.416	0.078

为揭示黄河流域生态环境水平在地理空间上的集聚特征，绘制了黄河流域生态环境水平空间自相关分析图（图4），探究黄河流域生态环境水平与邻近空间单元的相似性或异质性。整体来看，黄河流域生态环境水平呈现"小集聚大分散"的空间分异格局，城市群内发达城市独立分布，拉动周边城市生态环境水平提高，"高"生态环境水平值与"低"生态环境水平值相邻，集聚特征仅发生在小范围区域。具体来看，高—高集聚型主要在上游黄河"几"字弯都市圈呼包鄂、兰州—西宁城市群以及下游山东半岛城市群的发达城市集聚，低—低集聚型主要分布在中游关中平原城市群。黄河流域高—高集聚型扩张趋势明显，2005年主要集中在山东半岛城市群济南、淄博、聊城、潍坊市以及青海省西宁市，2020年分布范围扩张明显，主要分布于山东省济南、内蒙古自治区鄂尔多斯、乌海、甘肃省张掖以及青海省西宁市。黄河流域低—低集聚型范围缩减明显，2005年低—低集聚型涉及中游关中平原城市群6个地级市，呈"连片式"分布，2020年低—低集聚型仅存在天水、阳泉、临汾市。高—低集聚型与低—高集聚型对高—高集聚型形成一定的空间包围，说明越接近高生态环境水平集聚区，越有利于地级市生态环境水平的提高，存在一定的空间溢出效应。

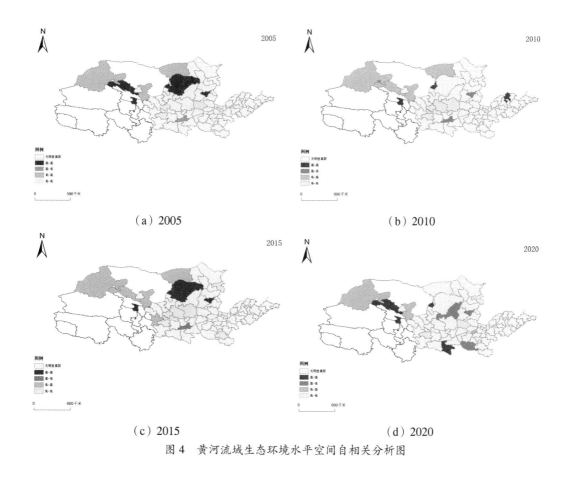

图4 黄河流域生态环境水平空间自相关分析图

3.动态演进特征

在识别黄河流域生态环境水平空间集聚性的基础上，从区域差异的角度进一步探究黄河流域及分域生态环境水平的分布位置与形态、延展性和极化特征。采用核密度函数对黄河流域生态环境水平进行估计，以直观反映黄河流域及分域生态环境水平的空间结构演化特征。图5（a）从整体上描述了黄河流域生态环境水平在样本观测期内的分布动态演进趋势，可以看出，随着时间的推移，黄河流域生态环境水平的核密度曲线中心以及变化区间右移，其主峰高度上升、波宽小幅度拓宽，说明黄河流域生态环境水平在逐年提高，其区域内绝对差异存在扩张趋势。同时，黄河流域生态环境水平分布曲线持续存在明显的右拖尾现象，其分布延展性呈现一定程度的拓宽趋势，这意味着流域范围内生态环境水平高的省份与平均水平差距在持续拉大，极化现象和空间非均衡特征明显。

分域来看，黄河流域区域内差异整体呈现"下游＞中游＞上游"的分布格局，黄河流域中下游地区核密度值较高。从分布形态来看，上游生态环境水平经历了从"一主一侧"双峰逐渐演变为"单峰"的变化过程，主峰高度下降明显，主峰波宽显著拓宽，中

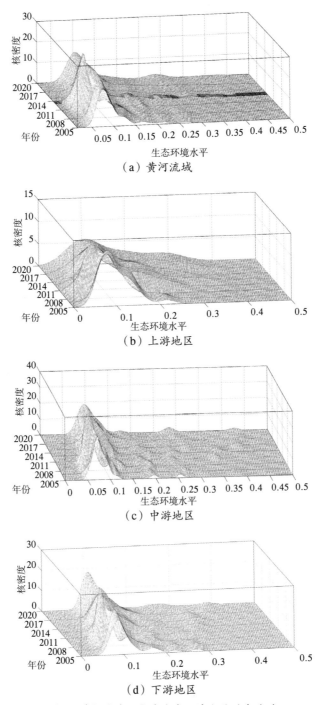

图 5 黄河流域及分域生态环境水平动态演进

心轴线小幅度右移,表明上游生态环境水平极化现象明显减弱,内部差距先扩大后缩小,绝对差异显著。中游生态环境水平整体呈现"主峰—多峰并存""主峰轴线右移、高度上升、波宽拓宽"的变化趋势,这预示着中游生态环境水平仍具有一定梯度效应,两极分化态势不显著，区域内差异依然明显。下游生态环境水平在"0.1~0.15"水平集聚，演变趋势整体呈现"主峰高度明显上升，主峰宽度显著收紧"态势，表明下游生态环境水平集聚度较高，整体绝对差异存在缩小趋势，但核密度高值与核密度低值分散分布，区域内差异较大。

三、黄河流域生态环境水平影响因素分析

（一）黄河流域全样本影响因素分析

从生态环境水平的内部结构子系统来看，生态环境水平由压力系统、状态系统、响应系统共同决定，各子系统的存在和变动均是构成黄河流域生态环境水平变动的主要驱动力。鉴于此，为进一步探究黄河流域生态环境水平的影响因素，本文从其内部结构系统出发，以黄河流域生态环境水平差异与各系统差异形成的关系矩阵为数据集，生态环境水平差异矩阵为被解释变量，子系统差异矩阵为解释变量，探讨黄河流域生态环境水平发展的系统影响因素。

表3报告了样本期内黄河流域全样本生态环境水平在2005年、2020年以及2005—2020年均值的QAP相关性分析结果。可以观察到，黄河流域生态环境水平与压力系统、状态系统、响应系统存在高度正相关关系，表明压力系统、状态系统、响应系统的任一子系统差异变化都会引起生态环境水平差异的同方向变化，而关联程度并不等同于作用强度，因此还需进行QAP回归分析来揭示各系统对黄河流域生态环境水平的影响程度。

表3 全样本QAP相关性分析结果

年份	变量	生态环境水平	压力	状态	响应
2005	生态环境水平	1***	0.114	0.641***	0.876***
	压力	0.114	1***	-0.066	-0.029
	状态	0.641***	-0.066	1***	0.382***
	响应	0.876***	-0.029	0.382***	1***
2020	生态环境水平	1***	0.261**	0.759***	0.790***
	压力	0.261**	1***	-0.017	0.273**
	状态	0.759***	-0.017	1***	0.320***
	响应	0.790***	0.273**	0.320***	1***
2005—2020	生态环境水平	1***	0.142*	0.767***	0.870***
	压力	0.142*	1***	-0.050	0.098

续表

年份	变量	生态环境水平	压力	状态	响应
2005—2020	状态	0.767***	−0.050	1***	0.466***
	响应	0.870***	0.098	0.466***	1***

表4和图6揭示了黄河流域生态环境水平与子系统维度的QAP回归结果。结果显示，压力系统、状态系统、响应系统差异对黄河流域生态环境水平发展均有正向影响，均通过1%水平的显著性检验，意味着黄河流域沿线城市间任何一个系统维度的差异都会导致生态环境水平差异的形成，任一系统维度的提高都会促使黄河流域生态环境水平整体水平的提高。分系统维度来看，状态系统差异矩阵的回归系数最大，标准化回归系数为0.6389，状态系统是影响黄河流域生态环境水平的最大成因，其次为响应系统差异的影响，其带动黄河流域生态环境水平提高的能力仅次于响应系统，压力系统差异的影响最小。

表4 黄河流域全样本QAP回归结果

年份	变量	非标准化回归系数	标准化回归系数	p值	p large	p small	标准误	调整后R^2
2005	截距项	−0.0040	0.0000	0.0000	0.0000	0.0000	0.0000	0.903
	压力	0.0565	0.1600	0.0005	0.0005	1.0000	0.0076	
	状态	0.4789	0.3679	0.0005	0.0005	1.0000	0.0545	
	响应	0.3368	0.7404	0.0005	0.0005	1.0000	0.0344	
2020	截距项	−0.0081	0.0000	0.0000	0.0000	0.0000	0.0000	0.921
	压力	0.0518	0.1133	0.0005	0.0005	1.0000	0.0086	
	状态	0.5610	0.5769	0.0005	0.0005	1.0000	0.0383	
	响应	0.3783	0.5743	0.0005	0.0005	1.0000	0.0409	
2005—2020	截距项	−0.0029	0.0000	0.0000	0.0000	0.0000	0.0000	0.934
	压力	0.0515	0.1026	0.0005	0.0005	1.0000	0.0077	
	状态	0.3959	0.6389	0.0005	0.0005	1.0000	0.0336	
	响应	0.3932	0.4743	0.0005	0.0005	1.0000	0.0391	

（二）黄河流域分域样本影响因素分析

考虑到黄河流域生态环境水平结构性因素对总体非均等性影响可能存在区域异质性，因此，本文从分域角度出发，探求黄河流域上游、中游、下游生态环境水平结构性系统

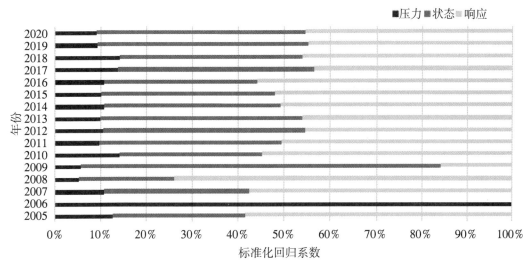

图 6 黄河流域生态环境水平结构性系统因素驱动强度演变趋势图

影响因素。表5报告了黄河流域上游、中游、下游生态环境水平系统维度的相关关系，可以看出，黄河流域上游、中游、下游生态环境水平与压力系统差异、状态系统差异、响应系统差异之间的相关系数均为正值，并且相关系数多数通过了1%、5%水平的显著性检验。

表6和图7展示了黄河流域分域生态环境水平与系统维度的QAP回归结果与驱动强度演变趋势。黄河流域上游地区三大结构性系统因素对生态环境水平均存在正向影响，影响强度存在异质性。其中，状态系统对于生态环境水平的带动作用最强，标准化回归系数为0.7936，其次为响应系统，标准化回归系数为0.3525，压力系统作用强度最低，仅为0.0160，表明状态系统是引致黄河流域上游地区生态环境水平发展的最强驱动力。黄河流域中游地区压力系统、状态系统、响应系统对生态环境水平的影响系数均为正，且均通过显著水平检验，表明压力系统、状态系统、响应系统均是形成中游地区生态环境水平发展差距的原因，其中，响应系统对于黄河流域中游地区生态环境水平的带动作用最为明显，标准化回归系数为0.6646，状态系统回归系数略低于响应系统回归系数，为0.3818，因此，中游地区要将响应系统差异的缩小作为推进生态环境水平均等化发展的重要任务，同时也要注重状态系统水平的均等化提高。黄河流域下游地区结构性系统因素对于生态环境水平也均存在正向影响，响应系统的影响强度最大，标准化回归系数为0.7253，占到总体的60%以上，压力系统、状态系统的带动强度相差不大，标准化回归系数分别为0.2140、0.1999，表明响应系统水平均衡提高是黄河流域下游地区生态环境水平提高的工作重点，压力系统、状态系统是导致黄河流域生态环境水平差异化的重要原因。

表 5 黄河流域分域 QAP 相关分析

地区		2005			2020			2005—2020		
		生态环境水平	压力	状态	响应	生态环境水平	压力	状态	响应	生态环境水平	压力	状态	响应
上游地区	生态环境水平	1***	0.019	0.820***	0.477***	1***	0.035	0.947***	0.256**	1***	-0.009	0.912***	0.623***
	压力	0.019	1***	-0.103	-0.085	0.035	1***	0.003	0.182	-0.009	1***	-0.058	0.061
	状态	0.820***	-0.103	1***	0.140	0.947***	0.003	1***	0.070	0.912***	-0.058	1***	0.339**
	响应	0.477***	-0.085	0.140	1***	0.256**	0.182	0.070	1***	0.623***	0.061	0.339**	1***
中游地区	生态环境水平	1***	0.064	0.943***	0.981***	1***	0.2	0.753***	0.921***	1***	0.088	0.876***	0.953***
	压力	0.064	1***	-0.008	-0.028	0.2	1***	-0.092	0.238	0.088	1***	-0.038	0.033
	状态	0.943***	-0.008	1***	0.936***	0.753***	-0.092	1***	0.534**	0.876***	-0.038	1***	0.748***
	响应	0.981***	-0.028	0.936***	1***	0.921***	0.238	0.534**	1***	0.953***	0.033	0.748***	1***
下游地区	生态环境水平	1***	0.120	0.798***	0.933***	1***	0.569***	0.705***	0.939***	1***	0.423**	0.769***	0.940***
	压力	0.120	1***	-0.075	-0.050	0.569***	1***	0.151	0.468**	0.423**	1***	0.091	0.281**
	状态	0.798***	-0.075	1***	0.816***	0.705***	0.151	1***	0.560***	0.769***	0.091	1***	0.740***
	响应	0.933***	-0.050	0.816***	1***	0.939***	0.468**	0.560***	1***	0.940***	0.281**	0.740***	1***

表6 黄河流域分域QAP回归分析

	地区											
	上游地区				中游地区				下游地区			
2005	截距项	压力	状态	响应	截距项	压力	状态	响应	截距项	压力	状态	响应
非标准化回归系数	-0.0061	0.0392	0.5559	0.3130	-0.0024	0.0514	0.4136	0.3527	-0.0017	0.0520	0.3079	0.3599
标准化回归系数	0.0000	0.1313	0.7804	0.3789	0.0000	0.0883	0.1890	0.8064	0.0000	0.1716	0.1259	0.8386
p值	0.0000	0.0010	0.0005	0.0005	0.0000	0.0005	0.0005	0.0005	0.0000	0.0225	0.0010	0.0005
p large	0.0000	0.0010	0.0005	0.0005	0.0000	0.0005	0.0005	0.0005	0.0000	0.0225	0.0010	0.0005
p small	0.0000	0.9995	1.0000	1.0000	0.0000	1.0000	1.0000	1.0000	0.0000	0.9780	0.9995	1.0000
标准误	0.0000	0.0166	0.1144	0.0423	0.0000	0.0125	0.0966	0.0425	0.0000	0.0127	0.1010	0.0533
调整后 R^2	0.822				0.975				0.903			
2020	截距项	压力	状态	响应	截距项	压力	状态	响应	截距项	压力	状态	响应
非标准化回归系数	-0.0067	-0.0064	0.6510	0.2332	-0.0052	0.0394	0.4776	0.4054	-0.0041	0.0697	0.4406	0.4324
标准化回归系数	0.0000	-0.0025	0.9340	0.1911	0.0000	0.0694	0.3866	0.6986	0.0000	0.2076	0.2944	0.6775
p值	0.0000	0.4168	0.0005	0.0005	0.0000	0.0030	0.0005	0.0005	0.0000	0.0005	0.0005	0.0005
plarge	0.0000	0.5837	0.0005	0.0005	0.0000	0.0030	0.0005	0.0005	0.0000	0.0005	0.0005	0.0005
psmall	0.0000	0.4168	1.0000	1.0000	0.0000	0.9975	1.0000	1.0000	0.0000	1.0000	1.0000	1.0000
标准误	0.0000	0.0560	0.0707	0.0444	0.0000	0.0163	0.0515	0.0656	0.0000	0.0125	0.0632	0.0766
调整后 R^2	0.934				0.949				0.962			

续表

2005—2020	上游地区				中游地区				下游地区			
	截距项	压力	状态	响应	截距项	压力	状态	响应	截距项	压力	状态	响应
非标准化回归系数	-0.0047	0.0134	0.5777	0.3185	-0.00095	0.0619	0.4442	0.3994	-0.0036	0.0674	0.3059	0.4520
标准化回归系数	0.0000	0.0160	0.7936	0.3525	0.0000	0.0807	0.3818	0.6646	0.0000	0.1999	0.2140	0.7253
p值	0.0000	0.2054	0.0005	0.0005	0.0000	0.0005	0.0005	0.0005	0.0000	0.0005	0.0005	0.0005
plarge	0.0000	0.2054	0.0005	0.0005	0.0000	0.0005	0.0005	0.0005	0.0000	0.0005	0.0005	0.0005
psmall	0.0000	0.7951	1.0000	1.0000	0.0000	1.0000	1.0000	1.0000	0.0000	1.0000	1.0000	1.0000
标准误	0.0000	0.0179	0.0634	0.0607	0.0000	0.0104	0.0664	0.0725	0.0000	0.0130	0.0625	0.0743
调整后 R²	0.943				0.975				0.931			

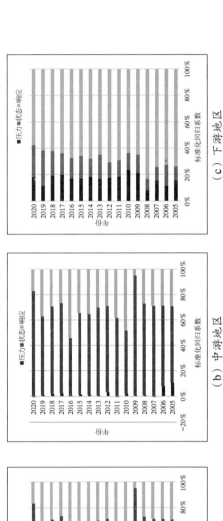

图 7 黄河流域分域生态环境水平结构性系统因素驱动强度演变趋势图

(a) 上游地区　(b) 中游地区　(c) 下游地区

四、结论与建议

依据"压力—状态—响应"理论框架,本文从生态环境压力、状态及响应维度构建生态环境水平评价指标体系,运用改进的 CRITIC 法——熵权法组合确权法测算 2005—2020 年黄河流域市域生态环境水平,综合空间自相关模型、基尼系数等方法探讨黄河流域市域生态环境水平的时空分异特征与差异格局。主要结论如下:①时序变化方面,黄河流域生态环境水平持续明显向好仍面临较大压力,分域表现为上游>下游>中游,上游、中游"中心城市凸高"的两极分化显著;空间分布方面,黄河流域生态环境水平随时间变化呈现"东移递次提升,下游均衡高、上中游均衡低"的空间分布格局。②黄河流域市域生态环境水平呈现负空间相关性特征,表现为"小集聚大分散"的空间分异格局,高—高型在上游黄河"几"字弯都市圈呼包鄂、兰州—西宁城市群以及下游山东半岛城市群的发达城市集聚,低—低型在中游关中平原城市群集聚。③黄河流域整体区域内绝对差异存在扩张趋势,极化现象和空间非均衡特征明显。分域区域内差异整体呈现"下游>中游>上游"的分布格局。④状态系统是影响黄河流域生态环境水平的最大成因,分域来看,状态系统是引致黄河流域上游地区生态环境水平发展的最强驱动力,响应系统对于黄河流域中游、下游地区生态环境水平的带动作用最为明显。

结合黄河流域生态环境水平时空差异分析,针对提高黄河流域生态环境水平、缩小区域内差异提出以下三方面的建议。

第一,黄河流域生态环境水平整体较低,水资源短缺是制约黄河流域生态保护和高水平发展的最大威胁。黄河上游荒漠化、沙化严重,常年干旱少雨,蒸发量大,水资源极度匮乏;黄河中游流经黄土高原,水土流失严重致使黄河含沙量增大,黄河中游地表千沟万壑,支离破碎,旱灾频发,土地肥力明显下降,土地面积减少严重;黄河下游河道和三角洲是中国重要鱼类栖息地和国际重要湿地,下游滩区承担黄河滞洪沉沙的重要任务,仍遭受洪水威胁。为缓解黄河流域水资源,应将系统治理与空间均衡相结合,首先,合理规划南水北调西线工程,提前部署科学规划按需调水,采用现代信息技术系统研究水资源的供需平衡问题,其次,加强水文水质监测和规划水资源论证,推动沿线流域水土流失综合治理,针对主要受面的水资源调出区、受水区和输水通过区,分区进行生态环境水平评价,科学确定调水线路与规模,实现满足黄河流域水资源优化配置、引水补源的缺水需求。

第二,倚能倚重、低质低效是制约黄河流域生态环境水平提高的窠臼,响应系统是影响黄河流域生态环境水平的最大成因。"十四五"期间,重点控制黄河流域上中游各省区新型能源重化工业产业区的煤炭开采规模,严格控制地区煤化工的扩展态势,按照资源约束确定适度的煤化工规模。另外，在能源基础原材料产业极力实现"控制总量、优化存量，提质增效"的目标，稳定现有大型企业发展规模的基础上，重视响应系统的配套搭建，建立主要污染总量减排、浓度控制"倒逼"机制，鼓励多途径煤炭煤电冶金废渣利用、废水回用、废气资源化利用，降低单位产品环境载荷，提高能源利用技术水平及效率，实现能源重化工业产业进入清洁、高效发展模式。黄河流域下游河南和山东充分发挥区位技术人才优势，弱化能源基础原材料基地定位，着力发展电子信息、装备制造等高成长型制造业，培育生物医药、新能源等战略性新兴产业，拓展现代服务业，实现资源综合利用最大化和污染物排放接近零排放，推动黄河流域清洁低碳化发展。

第三，黄河流域市域生态环境水平呈现"小集聚大分散"的空间分异格局，区域内差异明显，呈现"下游＞中游＞上游"的分布格局。充分利用"小聚集大分散"的生态环境水平空间分布格局，发挥中心城市"领头羊"学习标杆作用，辐射拉动周边生态环境水平较低市域进行经验学习、发展模式复制，合理发挥市场调控作用，综合运用排污权交易制度、水权交易制度与生态补偿制度协同推进，实现生态环境水平整体稳步提升。另外，以"一轴两区五极"为轴线，加强流域内、流域间要素合理流动和高效集聚，缩小区域差异。充分发挥流域中心城市的"枢纽功能"，依托干线航道通航、交通便利优势，搭建产业园区、产业转移平台，实现产品、技术、项目、人员等要素的及时流动，轨道交通设备、机器人与智能装备、生物医药、新材料、数字经济等产业的合作对接，促进产业互补，产业链整合升级，加强流域内、流域间互联互通，降低全流域航运能耗和成本，进一步拓展流域合作空间，创新合作模式。

参考文献

[1] 廖建凯，杜群．黄河流域协同治理：现实要求，实现路径与立法保障［J］．中国人口·资源与环境，2021，31（10）：39-46．

[2] BAI P, LIU X M, LIANG K, et al. Investigation of changes in the annual maximum flood in the Yellow River Basin, China [J]. Quaternary International, 2016, 392: 168-177.

[3] 王金南．黄河流域生态保护和高水平发展战略思考［J］．环境保护，2020，48（1）：18-21．

[4] 于法稳，方兰．黄河流域生态保护和高水平发展的若干问题［J］．中国软科学，2020（6）：85-95．

[5] 刘琳轲，梁流涛，高攀，等．黄河流域生态保护与高水平发展的耦合关系及交互响应［J］．自然资源学报，2021，36（1）：176-195．

[6] 崔盼盼,赵媛,夏四友,等.黄河流域生态环境与高水平发展测度及时空耦合特征[J].经济地理,2020,40(5):49-57.

[7] 金凤君,马丽,许堞,等.黄河流域产业发展对生态环境的胁迫诊断与优化路径识别[J].资源科学,2020(1):127-136.

[8] 赵建吉,刘岩,朱亚坤,等.黄河流域新型城镇化与生态环境耦合的时空格局及影响因素[J].资源科学,2020,42(1):159-171.

[9] 任保平,杜宇翔.黄河流域经济增长—产业发展—生态环境的耦合协同关系[J].中国人口·资源与环境,2021,31(2):119-129.

[10] 关伟,许淑婷,郭岫垚,等.黄河流域能源综合效率的时空演变与驱动因素[J].资源科学,2020,42(1):150-158.

[11] 阎晓,涂建军.黄河流域资源型城市生态效率时空演变及驱动因素[J].自然资源学报,2021,36(1):223-239.

[12] 张建军,彭勃,郝伏勤,等.黄河流域水资源保护措施[J].人民黄河,2013,35(10):104-106.

[13] 张宁宁,粟晓玲,周云哲,等.黄河流域水资源承载力评价[J].自然资源学报,2019,34(8):1759-1770.

[14] 马军旗,乐章.黄河流域生态补偿的水环境治理效应——基于双重差分方法的检验[J].资源科学,2021,43(11):2277-2288.

[15] 滕堂伟,谌丹华,胡森林,等.黄河流域空气污染的空间格局演化及影响因素[J].地理科学,2021,41(10):1852-1861.

[16] 刘琳轲,梁流涛,高攀,等.黄河流域生态保护与高质量发展的耦合关系及交互响应[J].自然资源学报,2021,36(1):176-195.

[17] HOWARD E. Garden Cities of Tomorrow[J]. Organization & Environment, 2007, 16(1): 98-107.

[18] CARSON R. Silent Spring[M]. Boston: Houghton Mifflin Company, 1962.

[19] MEADOWS D H, MEADOWS D L, RANDERS J. The Limits to Growth: A Report for the Club of Rome's Project on the Predicament of Mankind[R]. New York: Universe Books, 1972.

[20] WCED (World Commission on Environment and Development). Our Common Future[M]. Oxford: Oxford University Press, 1987.

[21] 郭晓东,李莺飞.中国旅游经济与生态环境协调发展水平的空间差异与演变特征[J].中国人口·资源与环境,2014,24(5):356-359.

[22] 刘耀彬,李仁东,张守忠,等. 城市化与生态环境协调标准及其评价模型研究[J]. 中国软科学,2005(5):140-148.

[23] 崔峰. 上海市旅游经济与生态环境协调发展度研究[J]. 中国人口·资源与环境,2008,18(5):64-69.

[24] 周成,冯学钢,唐睿,等. 区域经济—生态环境—旅游产业耦合协调发展分析与预测——以长江经济带沿线各省市为例[J]. 经济地理,2016(3):186-193.

[25] 王国霞,刘婷. 中部地区资源型城市城市化与生态环境动态耦合关系[J]. 中国人口·资源与环境,2017,27(7):80-88.

[26] 杨万平,赵金凯. 中国人居生态环境水平的时空差异及影响因素研究[J]. 华东经济管理,2018,32(2):58-67.

[27] ADRIAANSE A. Environmental policy performance indicators:a Study on the Development of Indicators for Environmental Policy in the Netherlands[M]. The Hague:Sdu,1993.

[28] HAMMOND A, ADRIAASE A, RODENBURG E, et al. Environmental indicators:a systematic approach to measuring and reporting on environmental policy performance in the context of sustainable development[J]. Environmental Pollution,1995(11):211-221.

[29] XIAO J, YANG S. Application of the PSR Model to the assessment of island ecosystem[J]. Journal of Xiamen University,2007,46(1):191-196.

[30] GUO X, YANG J, MAO X. Primary studies on urban ecosystem health assessment[J]. China Environmental Science,2002,22(6):525-529.

[31] BERNHARD W, HARALD V. Evaluating sustainable forest management strategies with the analytic network process in a pressure-state-response framework[J]. Journal of Environmental Management,2008,88(1):1-10.

[32] 任保平,吕春慧. 中国生态环境水平的变动态势及其空间分布格局[J]. 经济与管理评论,2019(5):120-134.

[33] HUCHEY K F, CULLEN R, KERR G N. Appliacation of the preaaure-state-response framework to perceptions reporting of the state of the New Zealand environment[J]. Journal of Environmental Management,2004,70(1):85-93.

[34] 谢小青,黄晶晶. 基于PSR模型的城市创业环境评价分析——以武汉市为例[J]. 中国软科学,2017(2):172-182.

[35] 张欢,成金华,陈军,等. 中国省域生态文明建设差异分析[J]. 中国人口·资源与环境,2014,24(6):22-29.

[36] KNAPP T, MOOKERJEE R. Population Growth and Global CO_2 Emissions [J]. Energy Policy, 1996, 24 (1): 31-37.

[37] 张成, 朱乾龙, 于同申, 等. 环境污染和经济增长的关系 [J]. 统计研究, 2011, 28 (1): 59-67.

[38] 封志明, 杨艳昭, 闫慧敏, 等. 百年来的资源环境承载力研究: 从理论到实践 [J]. 资源科学, 2017, 39 (3): 379-395.

[39] ACEMOGLU D, AGHION P, BURSZTYN L, et al. The environment and directed technical change [J]. American Economic Review, 2012, 102 (1): 131-166.

[40] 李青原, 肖泽华. 异质性环境规制工具与企业绿色创新激励——来自上市企业绿色专利的证据 [J]. 2021 (9): 192-208.

[41] GROSSMAN G, KREUGER A. Economic Growth and the Environment [J]. Quarterly Journal of Economic, 1995, 110 (2): 353-337.

[42] 陈向阳. 环境库兹涅茨曲线的理论与实证研究[J]. 中国经济问题, 2015(3): 51-62.

[43] 王敏, 黄滢. 中国的环境污染与经济增长 [J]. 经济学 (季刊), 2015 (1): 557-578.

[44] MAGAT, W A. Pollution Control and Technological Advance: A Dynamic Model of the Firm [J]. Journal of Environmental Economics and Management, 1978, 5 (1): 1-25.

[45] 张立军, 张潇. 基于改进 CRITIC 法的加权聚类方法 [J]. 统计与决策, 2015, (22): 65-68.

[46] 傅为忠, 储刘平. 长三角一体化视角下制造业高水平发展评价研究——基于改进的 CRITIC—熵权法组合权重的 TOPSIS 评价模型[J]. 工业技术经济, 2021(9): 145-152.

[47] MOHAMMAD Z, ASIMA P. Spatial autocorrelation analysis on two-dimensional images of Mueller matrix for diagnosis and differentiation of cervical precancer [J]. Journal of Biophotonics, 2020, 13 (7): 1-14.

[48] BARNETT G A., Encyclopedia of Social Networks [M]. Thousand Oaks, CA: SAGE Publications Inc, 2011.

[49] 李敬, 陈澍, 万广华, 等. 中国区域经济增长的空间关联及其解释——基于网络分析方法 [J]. 经济研究, 2014, 49 (11): 4-16.

[50] 张可云, 张颖. 不同空间尺度下黄河流域区域经济差异的演变 [J]. 经济地理, 2020, 40 (5): 49-57.

[51] 刘昌明, 刘小莽, 田巍, 等. 黄河流域生态保护和高水平发展亟待解决缺水问题 [J]. 人民黄河, 2020, 42 (9): 6-9.

[52] 刘昌明, 刘璇, 于静洁, 等. 生态水文学兴起: 学科理论与实践问题的若干商

榷[J]. 北京师范大学学报（自然科学版），2022，58：1-12.

[53] 郜国明，田世民，曹永涛，等. 黄河流域生态保护问题与对策探讨[J]. 人民黄河，2020，42（9）：112-116.

长江经济带能源产业绿色协同发展研究

印玺[1] 胡健[2]

[1. 西安财经大学 管理学院，
2. 西安财经大学 中国（西安）丝绸之路研究院，陕西 西安 710100]

摘　要：围绕践行生态环保和绿色低碳发展目标，提升长江经济带能源产业绿色协同发展水平，是长江经济带作为中国跨东西能源经济大通道的必然要求。在长江经济带"生态优先、绿色发展"的目标下，本文结合能源转型战略，利用长江经济带2012—2019年间的数据，以长江经济带能源产业发展的区域协同和功能要素协同为切入点，通过建立复合系统协同度模型来测度各省、区域间区域和功能要素的协同度，进一步识别了影响区域协同的关键性障碍因素。研究表明，各省域间的协同程度和能源产业绿色发展各功能要素之间的协同度较低，反映出各省能源产业绿色发展定位还不能很好地与区域一体化发展目标融合，能源消费、能源供给升级、技术创新、环境可持续和政策要素之间匹配还不协调。因此，长江经济带能源产业在发展过程中，需要从顶层框架设计入手，尽快建立较为统一的区域能源政策协同机制，从供给侧积极提升能源管网互联互通能力，梯度培养能源产业创新集群，以需求为牵引，推进区域创新资源整合，加速推进区域能源产业协同发展。

关键词：长江经济带；产业协同；复合系统协同

引　言

提升清洁能源供给、构建绿色低碳的能源消费体系，是我国新时代能源转型发展的重要方向。长江经济带作为国家生态文明建设的先行重点示范地区，地区能源产业转型

作者简介：印玺，女，1980年生，江苏泰兴人，硕士，西安财经大学管理学院讲师，研究方向为技术创新管理；胡健，男，1959年生，甘肃天水人，博士，西安财经大学教授，中国（西安）丝绸之路研究院学术委员会主任，西北大学经济管理学院博士生导师，研究方向为能源经济学。

发展不仅是推动产业升级和区域经济发展的内在要求，也是破解地区发展与资源环境不协调和区域间能源供需发展矛盾的途径。长江经济带能源产业绿色发展，可以为保持区域在中国跨东西能源经济大通道的核心地位提供有效保障。

但是，从现实发展基础来看，由于长江经济带横跨我国东中西三大区域的安徽、江苏、浙江和上海、湖南、湖北、江西、四川、重庆、云南和贵州九省二市，产业结构和资源禀赋差异大，区域能源产业转型协同发展存在一定障碍。一方面，区域能源结构性矛盾突出，"西电东送、西气东输"的能源供需逆向分布的不均衡格局与长江经济带区域经济高质量发展的战略目标矛盾凸显。长江经济带的"重化工"的产业结构和能源供给以煤为主的格局，增加了能源低碳转型与环境污染治理的难度。2021年，长江经济带的硫酸、纯碱、乙烯等化工产品产量分别占全国的61.5%、51.43%、25.0%。能源消费煤炭占比约为49.2%，而天然气占比仅为7%。预计到2030年，长江经济带的天然气需求量将达到2322亿立方米/年，供应缺口估计将超过480亿立方米/年。另一方面，长江下游地区经济发达省份的能源供应严重依赖外部输入，天然气、非化石能源在高峰时期的用能紧张现象时有发生，而长江上游地区虽然拥有相对丰富的水电等可再生能源，但并未有效消纳输送至中下游地区。在经济发展过程中，长江经济带还暴露出能源产业定位同构、地区经济发展中抢占资源等现象，对区域能源产业协同发展形成了一定阻碍。

习近平总书记先后在2016、2018和2020年长江经济带发展的三次座谈会上强调"生态优先、绿色发展"的同时，要把"自身发展放到协同发展的大局之中，实现错位发展、协调发展、有机融合，形成整体合力"。随着2021年9月，《"十四五"长江经济带发展实施方案》围绕践行生态环保和绿色低碳发展目标，长江经济带区域协调发展的重点任务实施有序拉开，在此背景下有必要对长江经济上中下游区域间的能源产业供需协同状况进行评估，发现影响地区能源产业协同发展的主要因素，从而为长江经济带能源产业绿色协同发展建言献策。研究对加快长江经济带上中下游协同发展，促进区域间的资源配置，加强区域内部的协调性具有现实意义。

一、文献综述

围绕区域经济发展中的均衡与非均衡问题，学术界围绕其特征与范式形成了不同的研究主线[1-3]。随着我国经济社会发展全面绿色转型，区域协调与可持续发展作为均衡发展的代表性战略，受到了广泛的关注。学术界对产业区域协同的研究主要集中在探讨各要素流动对区域协同发展的影响、区域协同发展政策的有效性、区域协同发展水平及影响因素研究等几个方面。区域经济协同发展的本质是资源禀赋、要素流动与产业分工三者的协同，学者们围绕劳动力、资本和技术等要素的投入与流动对区域协同发展展开了较为丰富的研究。从要素层面来看，资本与技术要素总体上可以缩小经济发展差距[4]。研究表明，长江经济带上中下游的要素流动对区域协同发展存在着异质性。通过加大长江经济带下游地区对中游地区的技术支援以及上游发达地区的资本保障，可以对提升区域协调发展起到积极作用[5]，而中游地区劳动力要素流动虽然可以提升省会城市的集聚能力，但是地区辐射带动能力不足[6]。同时，长江下游地区通过地区扩容、加快劳动力流动可以矫正区域劳动力市场扭曲，进而改善地区劳动力要素错配，因此，长江经济带需重点加大下游地区的劳动力流动，构建产业梯度合理转移的路径，才能更好地促进地区协调发展[7]。

关于区域一体化政策的制定对提升区域发展的有效性问题，国外与国内的研究结论差异较大。就区域一体化政策的适用性而言，大部分学者认同政府在制定区域发展规划时需要有整体的区位意识，通过协调不同地区达到优化资源配置的目的[8]，但对区域一体化政策的有效性持不同观点。有学者则通过分析澳大利亚的区域经济改革的发展、产业集群特征，发现由于澳大利亚人口密度低、资源依赖度高，中等规模经济体的区域发展过程中，政府区域政策制定对干预区域经济协同的作用相对有限[9]，更多的西方学者似乎也对区域一体化发展的有效性持怀疑态度[10]。而我国学者则大多持肯定观点。研究表明，长江经济带区域协同发展政策有助于强化区域市场的规模经济，但区域的协同发展受到了产业集聚水平的影响：在长江经济带产业低集聚度和高集聚度地区，一体化政策有利于区域经济发展[11]。

由于不同区域的资源禀赋差异较大，区域协同发展的影响因素很多，学术界一般采用通过定量分析来测度区域协同发展水平。李琳（2015）[12]认为经济协同发展的主要驱动因素应包含区域比较优势、区域经济联系和区域产业分工，但并未就此开展实证研究。张满银（2020）[13]认为区域协同发展是区域经济与其人口、资源、社会和环境之间的相互匹配，并采用主成分分析法测度了京津冀区域协同发展的经济系统、社会系统和生态系统的发展水平。张杨（2017）[14]构建了京津冀地区创新、协调、绿色、开放、共享五个核心子系统，并对其协同度进行了测度，发现京津冀协同发展呈现出极大的空间差异性。成长春（2022）[15]从协调性均衡发展角度出发，通过构建长江经济带协调性均衡发展评价指标，对2019年长江经济带流域内城市的协同发展程度进行了评价，在地市尺度下分析了长江经济带协调性均衡发展现状和格局。

可以发现，国内外学者区域协同发展的研究已经取得了很大进展，但现有对区域协同发展的测度的研究更多是对协同发展状态的反映，多把区域产业协同发展看成一个大系统，并未讨论区域内、区域间和各因素对协同发展的影响的异同。因此本文的研究边际贡献在于：第一，考虑了影响区域协同因素的异质性，分析了区域内、区域间和各功能要素对能源产业绿色协同发展的影响差异，为协同发展形成合力指明方向。第二，对长江经济带协同发展的评价突出了战略背景和产业发展战略定位，本研究以产业为切入点，在生态文明建设背景下，反映了能源转型战略对长江经济带能源产业绿色发展的影响，结合影响区域协同发展的资源禀赋、要素和产业特征，在设置能源绿色协同发展的具体的参序量指标上有所侧重。

二、长江经济带能源产业供需发展现状

（一）化石能源供给稳中有升，清洁能源发展迅速

长江经济带沿线九省二市化石能源资源禀赋差异显著，整体呈现缺油、多气、少煤的特征。长江经济带石油资源基础储量为5056.4万吨，仅占全国石油基础储量的1.4%，石油资源主要集中在中游地区的湖北、下游地区的江苏省，两省石油资源基础储量占长江经济带的82.0%。天然气资源基础储量为14995.6亿立方米，上游地区天然气资源集中在四川盆地，四川、重庆两地天然气资源储量占长江经济带的99.6%。煤炭资源基础储量为348.1亿吨，占全国煤炭基础储量的14%，集中分布在下游地区，上游地区的安徽和江苏也有少量分布。在"双碳"目标约束下，长江经济带的能源供给按照"减煤、稳油、增气、加新"的路径持续推进。

目前，长江经济带清洁能源优势主要集中在水电领域，其光伏、风电等发展势头良好，地区虽无较大范围的弃风弃光现象，但清洁能源消纳的矛盾依然存在。2020年长江经济带水利发电量占全国水力发电总量的75.9%，地区分布上中游地区优于下游地区，但是由于长江经济带经济性较好的水电站已经逐步被开发完毕，常规水电进一步开发的空间相对有限。而上游地区的四川、贵州两省虽然水电在电力结构上占比优势明显，但地区水库蓄水和调节能力的提升相对滞后。具备多年调节能力的仅有小湾、糯扎渡、雅砻江等少数水电站，上游地区水电开发的结构性矛盾依然存在。

截止到2020年底，长江下游地区累计光伏装机量8276万千瓦，发电量721亿千瓦·时，占全国比例分别为27.6%和37.6%。风电发电量1061亿千瓦·时，占全国风电发电总量的比例为22.7%。随着电力能源结构向绿色低碳化转型，长江经济带的火电比重逐年下降。2020年水电发电量占本地区总发电量的35.1%。如图1所示，地区风电、核电和太阳能占本地区发电量比例分别为3.5%、3.3%和2.5%。其中，水电优势集中在上游的四川、贵州，太阳能及核电主要集中在下游的江苏、浙江。

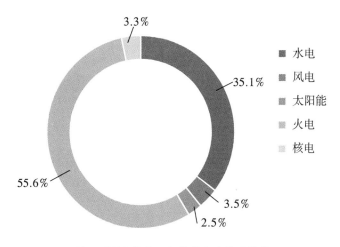

图 1 2020 年长江经济带电力能源结构

（二）能源消费效率不断提升，但终端用能结构不合理、对外依赖矛盾依然凸显

长江经济带在全国的地位举足轻重，煤炭消费依然是地区能源消费的主力。煤、油、天然气和电力的能源消费总量从 2009 年的 14.6 亿吨标准煤上升至 2019 年的 15.5 亿吨标准煤，占全国能源消费总量的 32.7%。在"双控"总量目标下，能源消费强度与人均能耗持续降低。长江经济带能源效率从 2009 年的 0.62 吨标准煤/万元下降至 2019 年 0.35 吨标准煤/万元，人均能耗从 2009 年的 3.3 吨下降至 2019 年的 2.64 吨。2019 年上下游地区万元生产总值能耗分别为 0.37 吨标准煤/万元、0.35 吨标准煤/万元，高于中游区域的 0.31 吨标准煤/万元。

长江中上游地区终端消费电气化水平较低，终端用能煤炭占比过高，其中，农林渔牧业、工业、建筑业、交通运输部门等用煤结构均高于全国平均水平。中游地区煤炭占工业终端能源消费比例为 47.6%，工业终端消耗量为 6329.8 万吨标准煤，高于全国的 22.4%的平均水平，农林渔牧业煤炭终端能耗结构占比 55.2%，终端消耗量为 499.4 万吨标准煤，高于全国 26.1%的平均水平。长江下游地区农林渔牧业、工业、批发零售业的终端煤炭消费比例依然较高。其中，农林渔牧业煤炭终端消耗量为 295 万吨标准煤，工业煤炭终端消耗量为 7222.4 万吨标准煤，煤炭消费占本行业终端能耗的 42%以上。结合长江上游地区水电和天然气丰富的现实，未来长江上游地区还需要进一步提升本地区的终端用能清洁化水平，在推进区域终端能源消费电气化道路上依然任重道远。

长江经济带沿线各省市的能源高度依赖外部输入，用能紧张问题突出。2009—2019 年，区域能源自给率（能源产量/能源消费量）平均从 0.53 下降至 0.43。其中，下游地区能源自给率从 0.98 下降至 0.88，中游地区分别从 0.47 下降至 0.25，上游地区保持在 0.3 左右。除上游地区天然气可满足本地区消耗的同时还大量外输外，全区煤炭、原油的消费大部分需要依靠外省调入或进口，这无疑给长江经济带的能源通道建设与能源运输效率提出了较高要求。2019 年，长江经济带煤炭消费量 122418.6 万吨，净调入量 81068.1 万吨。下游地区煤炭消费 59516.97 万吨，依靠外部净调入比例达 80%，净进口煤炭达 4672.13 万吨。中游地区煤炭消费 30428.29 万吨，依靠外部净调入比例达 79.1%，净进口煤炭 409.31 万吨。上游地区煤炭消费量 32473.31 万吨，外部净调入量 9053.91 万吨，占比 11.2%。

（三）能源运输通道压力较大，区域能源管网互联互通发展差异显著

由于地区煤炭自给率不足，长江经济带中下游地区煤炭 80% 以上需要外调，其中进口煤炭运输方式主要以海运为主，而煤炭调入运输依靠铁路和内河水路通道完成，长江经济带省外煤炭水铁调运通道能力并不乐观。随着煤炭去产能工作深化，全国西煤东运、北煤南运的区域供需格局进一步强化，晋陕蒙煤炭外运任务加重，在运力供应净增量有限的情况下，长江经济带在用煤高峰季节结构性运力紧张在所难免。而沿海煤炭港口的装船港主要集中在"北方七港"，江苏连云港 2020 年煤炭发运量 958.8 万吨，同比增加 8%，但总体规模在其余六港口中的优势不足。煤炭内河运输通道主要包括长江干线、京杭运河通道。由于江海联运在我国煤炭调运格局中地位不断提升，在铁路及传统的供应途径无法充分满足需求的情况下，长江中游地区煤炭"海进江"比例不断增加。

长江经济带能源管网基础设施互联互通发展差异较大，下游地区发展优于中上游地区。下游地区在油气管网布局和应急储备能力方面均有一定提升。依托海上原油、成品油进口通道，长江经济带下游地区初步形成了以宁波舟山港为核心的进口原油运输系统，并通过中国石化甬沪宁进口原油管道将油库、码头和炼化企业连接起来，服务于整个长江经济带下游沿线。长江下游地区已经建成的天然气管网主要包括西一线、西二线、川气东送、冀宁县、江苏液化天然气外输管道等。由于中游地区石油管网规模不大，长江中游地区成品油输送管道和成品油库的布局仍需进一步加强，区域天然气管网发展滞后，除湖北外，天然气管网覆盖严重不足，大型储气调峰设施和城市应急调峰储备设施基础也较薄弱。上游地区虽然以四川为中心初步建成了覆盖长江上游地区的天然气网络，但在支线覆盖范围、城镇储气调峰等应急设施的建设等方面还有较大不足，地区压缩天然气（CNG）母子站、液化天然气加气站的建设也落后于长江中下游地区。

（四）能源产业创新支撑要素集聚，但产业创新发展定位同质化

长江经济带沿线各省市装备制造基础较为雄厚。据统计，全国注册资本5000万元以上的能源装备制造企业3563家，其中长江下游地区拥有1008家、中游323家、上游221家。2019年，地区装备制造业销售收入19.36万亿元，约占中国装备制造业总额的59.7%；下游、中游、上游装备制造业销售收入占整个长江经济带比例分别为64.0%、20.6%、15.4%。根据工业和信息化部2013—2019年发布的一至九批《光伏制造行业规范条件》入围企业名单，全国入围光伏制造企业共计182家，长江经济带光伏制造企业占96家，其中长江经济带上游企业占80家、中游企业占12家、下游企业4家，分别占全国入围光伏制造企业的比例为44.0%、6.6%和2.2%。长江经济带各类优质创新资源汇聚，为打通"政产学研"通道、推动产业集聚向创新集聚转变奠定了一定基础。截至2020年底，长江经济带形成了各类众创空间3337家、科技企业孵化器2573家、大学科技园54家，占全国的比例分别为44%、39.2%和47.0%，集聚各类科技人才超过185万人。下游地区科创载体集聚效应显著，众创空间、科技企业孵化器和大学科技园占全国比例分别高达30.0%、21.1%和30.4%，为区域创新能力提升提供了强有力的支撑。

但是，从长江经济带的能源产业创新发展现实来看，创新集群优势地区主要集中在下游地区，中上游地区在装备制造和电子信息领域的产业集群虽然已近基本形成，但围绕地区能源装备优势基础还没有形成合力。各地区在新能源技术热点领域技术突破重点不清晰，中上游地区大部分重点技术创新领域存在雷同。

三、长江经济带能源产业绿色发展协同指标模型构建

（一）复合系统协同度模型构建

本文选取复合系统协同度模型对绿色发展背景下的长江经济带能源产业绿色发展协同度进行测算。运用该方法进行协同度测度的具体步骤如下：第一步，构建复合系统协同度的指标体系，确定序参量；第二步，计算基期和考察期各系统的序参量及有序度；第三步，测度复合系统的协同度。本研究以长江经济带能源产业绿色发展系统作为研究对象，该系统中省域间、区域间和要素间相互影响。

设 $S=\{S_1, S_2, \cdots, S_n\}$，其中，$S_k$ 是系统 S 的第 k 个能源产业绿色发展子系统，$k=1,2,\cdots,n$，能源产业绿色发展子系统由多个序参量组成。发展过程中子系统 S_k 的序参量为 $X_k=(x_{k1}, x_{k2}, \cdots, x_{kj})$，$j \in [1, n]$，$n \geq 1$。取子系统稳定临界点上序参量分量的下限和上限分别为 α_{kj} 和 β_{kj}，并满足关系 $\alpha_{kj} \leq x_{kj} \leq \beta_{kj}$。如果 $x_{k1}, x_{k2}, \cdots, x_{kj}$ 为正向指标，系统的有序程度随着指

标的增大而增大；如果为负向指标，系统的有序程度随着指标的增大而减小。

序参量分量 x_{kj} 的有序度 y_{kj} 计算公式为：

$$y_{kj} = \begin{cases} \dfrac{x_{kj} - \alpha_{kj}}{\beta_{kj} - \alpha_{kj}} & (x_{kj}为正向指标) \\ \dfrac{\beta_{kj} - x_{kj}}{\beta_{kj} - \alpha} & (x_{kj}为负向指标) \end{cases} \quad (1)$$

本文按省域、区域、功能要素构建能源产业绿色发展新复合系统，分别为省域间能源产业绿色发展复合系统、区域间能源产业绿色发展复合系统和功能要素间复合系统。各子系统的划分方法见表1。

表1　长江经济带能源产业绿色发展复合系统按省域、区域和功能要素划分

系统	子系统
省域间能源产业绿色发展复合系统	上海、江苏、浙江、安徽、江西、湖北、湖南、重庆、四川、云南和贵州
区域间能源产业绿色发展复合系统	上游地区、中游地区、下游地区
功能要素间能源产业绿色发展复合系统	供给、消费、技术创新、环境可持续、政策效力

设 Y_k 为序参量变量 X_k 的有序度，则有：

$$Y_k = \sum_{j=1}^{n} \lambda_j y_{kj}, \quad \lambda \geq 0 \text{ 且 } \sum_{j=1}^{n} \lambda_j = 1 \quad (2)$$

式（2）中，λ_j 为各序参量变量的权重系数，表示序参量分量在系统有序运行过程中的地位和作用。由式（2）可知，Y_k 越大，序参量变量 X_k 对子系统 S_k 有序度的贡献越大，子系统 S_k 的有序程度越高。关于序参量的权重问题，根据客观赋权法，一般有熵权法、标准离差法和客观赋权法（Criteria Importance Through Intercrieria Correlation，CRITIC）等几种客观赋权法，CRITIC 法能够对比指标的强度和冲突性，相较于其他两种方法更为客观，因此，本文选择 CRITIC 法来赋予子系统评价指标的权重 λ_j。

假设在 T_0 时刻，各子系统 Y_k 的有序度为 Y_k^0，当系统演化到 T_1 时刻，各子系统 Y_k 的有序度为 Y_k^1。定义 V 为区域的能源产业绿色发展系统的协同度，构建系统协同度模型为：

$$V = \eta \sum_{k=1}^{n} \varpi * \left| Y_k^1 - Y_k^0 \right| \quad (3)$$

其中，$\eta = \begin{cases} 1, & Y_k^1 > Y_k^0 \\ -1, & 其他 \end{cases}$

从式（3）可知，当协同度大于 0 时，区域能源产业绿色协同发展系统从 T_0 到 T_1 时

间段处于协同演化状态,数值越大,协同程度越高。当协同度小于0时,区域至少有一个子系统处于无序状态。该模型综合探究了各个子系统的运行状况,若某一子系统有序度较高,而其他子系统有序度明显较低,则整个系统会呈现非协同的无序发展局面。另外,该模型可以表现系统动态演进过程,反映长江经济带能源产业绿色发展的协同度水平及演化趋势。

(二)序参量指标体系设计

基于客观性、可操作性、科学性原则,本研究结合相关文献,选择合理且决定性强的序参量。在经济合作与发展组织(OECD)生产、消费、资源与政策四个维度绿色增长指标框架的基础上,结合绿色发展目标,本文构建基于能源供给、能源消费升级、技术创新、环境可持续和政策效力这五类关联的核心要素的能源产业绿色发展基本框架。能源产业绿色发展就是要在能源革命战略背景下,以创新驱动、环境可持续为基础,以政策措施为机遇,从能源供给与能源消费双侧加速能源产业转型升级,最终推动能源产业低碳化转型升级,最终实现产业高质量发展。基于绿色发展目标,考虑到数据可获取性和评价体系的层次性,构建了包括能源供给、能源消费升级、技术创新、环境可持续和政策效力五个维度的指标体系。

能源供给主要归纳为以能源产量、自给率、能源多元化和流动性反映能源供给安全性,从新能源供给规模和结构反映新能源供给情况,以天然气储气能力和管网建设以及高压输电网长度反映能源储运管网发展水平。能源消费升级方面,从能源消费规模、能源消费结构升级、能源消费效率和终端能源消费着手,通过能源消费量和城镇化水平反映能源消费规模及趋势,以交通、建筑业用能和清洁化能源消费结构比例情况反映能源消费结构水平,用能耗反映能源消费效率,以终端加气站数量、新能源充电桩数量反映终端用能消费需求的变化。

技术创新主要从创新投入、创新产出、创新环境和创新效率方面考察,其中创新投入从地区和企业研发经费投入、人员投入情况反映,从专利数、技术市场成交额和新产品三个维度衡量创新产出结果,用能源企业的劳动生产率、企业运营绩效来反映创新效率,通过影响绿色能源竞争力的能源装备制造业以及高技术产业的发展水平反映创新环境的支撑。环境可持续主要是利用压力—状态—响应(Pressure-State-Response,PSR)模型,从压力、状态和响应三方面解释长江经济带能源工业发展与环境和谐发展程度,分别以人均水资源、人均绿地面积、森林覆盖率、单位产出的污染物排放、单位水耗、单位电耗和工业"三废"治理情况表征。

政策效力方面考虑了政府经费投入、政策作用后的市场活力环境以及政策接受度三个方面的要素。政府经费投入即从节能环保、环境保护经费的投入情况进行考察，从能源产品价格指数、能源消费多样性反映市场活跃程度，从企业节能环保政策的制定和企业环保行动的开展反映政策目标群体对政策的认同情况。

表2 长江经济带能源产业绿色发展评价指标体系

一级指标	二级指标	参与量指标	参与量指标及含义	指标性质
能源供给	供给安全	能源产量	能源产量占比	正
		能源自给率	能源产量/能源消费量	正
		能源生产多元化	生产多元化指数	正
		能源流动性	本地区能源输入、输出量	正
	新能源发展	新能源供给结构	新能源发电量占总发电量比	正
		新能源发展规模	累计光伏装机量占比	正
	储运管网能力	储气能力	石油天然气储气能力占比	正
		管网运输能力	石油天然气管道长度占比	正
		电网输送能力	新增高压输电线路占比	正
能源消费升级	能源消费规模	能源消费总量	能源消费量占全国比例	正
		城镇化发展	城镇人口比例	正
	消费结构升级	消费需求升级	建筑、交通行业能源消费比例	正
		能源消费结构	天然气消费在能源消费中占比	正
		新能源消纳能力	新能源消纳比例	正
	能源消费效率	能耗	单位GDP能源消耗量	负
	终端能源消费	终端加气站数量	石油天然气加气站数量全国比	正
		新能源消费终端需求	新能源汽车充电桩分布占全国比例	正
技术创新	创新投入	地区研发投入强度	研发（R&D）投入强度	正
		企业研发经费投入	企业研发（R&D）经费占全国比	正
		研发人员投入	研究与实验发展人员全时投入占比	正
	创新产出	企业专利申请	能源企业平均发明专利申请数	正
		技术市场成交额	每万名科技活动人员技术市场成交额	正
		新产品产出	新产品销售收入占主营业务收入比	正
	创新效率	劳动生产率	能源产业劳动生产率	正
		企业运营绩效	能源企业成本费用利润率	正

续表

一级指标	二级指标	参与量指标	参与量指标及含义	指标性质
环境可持续	环境状态	能源装备制造业规模	能源装备制造业占地区工业比	正
		高技术产业发展水平	高技术产业新产品出口收入占比	正
		人均水资源	人均水资源	正
		人均绿地面积	人均绿地面积	正
		森林覆盖率	森林覆盖率	正
	环境压力	单位二氧化硫排放	万元工业增加值二氧化硫排放	负
		单位化学需氧量（COD）排放	万元工业增加值化学需氧量排放	负
		单位水耗量	万元工业增加值水耗量	负
	环境响应	工业废水治理	工业废水治理设施套数占全国比	正
		工业废气治理	工业废气治理设施处理能力	正
		固体废物利用率	固体废物综合利用率	正
政策效力	政府经费投入	节能保护财政投入	节能保护支出占财政支出比例	正
		环境保护治理投入	环境保护治理投资占GDP比例	正
	能源市场活跃性	市场化指数	市场化指数	正
		能源消费多样性	消费多样性指数	正
	政策接受度	环保行动开展	企业环保行动开展比例	正
		企业政策与制度建立	企业环保制度建立比例	正

四、长江经济带复合系统协同度的测算及评价

本文以2012—2019年长江经济带九省二市为研究对象，相关数据主要从年度《中国统计年鉴》《中国环境统计年鉴》《中国能源统计年鉴》《中国财政统计年鉴》《中国科技统计年鉴》获得，其中涉及的能源行业企业数据采用国泰安数据库中的各省能源上市公司企业数据。

长江经济带能源产业绿色发展协同度的测算，首先，将处理过的2012—2019年长江经济带的相关数据代入公式（1），计算出各子系统序参量分量的有序度；其次，利用客观赋权法计算出各子系统评价指标的权重；再次，利用公式（2）的子系统有序度模型，计算出不同年份省域间、区域间和功能要素间子系统的有序度；最后，以2012年的子系统有序度为基准，利用公式（3）的复合系统协同度模型测算出2013—2019年长江经济带省域间、区域间和功能要素间的能源产业绿色发展复合系统整体协同度。

（一）省域间子系统有序度和协同度分析

图 2 显示了长江经济带九省二市能源产业绿色发展的有序度。从有序度的结果来看，2012—2019 年，长江经济带各省（市）之间能源产业绿色发展子系统的有序度在 2015 年后逐渐提高且差异加大，各子系统的有序度存在差异性。就各地区间各子系统有序度而言，江苏、浙江、上海的有序度最高，平均分别为 0.42、0.42 和 0.39，安徽、四川和重庆的有序度次之，湖北、江西和云南处于中下水平，贵州的有序度相对最低，平均为 0.23。

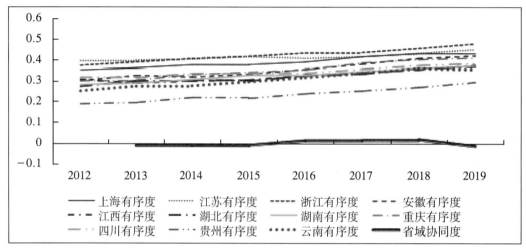

图 2　长江经济带各省（市）能源产业绿色发展的有序度与协同度

省域间整体协同度皆属于低度协同发展状态，并且呈现震荡上升的趋势。这是由于上、中、下游区域间和区域内部的能源产业绿色发展存在一定差异，导致省域间整体协同度处于较低水平。

（二）长江经济带区域间与功能要素间的协同度分析

就区域间各子系统有序度而言，长江上游地区的有序度最高，其次为下游地区，中游地区的有序度相对较低。就各功能要素子系统有序度而言，环境可持续的有序度最高，表明长江经济带自践行习近平总书记生态文明思想和三次"全面推动长江经济带发展座谈会"讲话精神以来，长江生态环境保护工作取得了一定成效。通过《长江行动计划》等一系列重点任务分解，环境生态保护初见成效。能源消费和技术创新有序度处于中等水平，能源供给次之，政策效力有序度相对略低。

图 3 显示，长江经济带上、中、下游区域间协同度在 0.015~0.019，均为正值且逐年上升，反映出长江经济带区域经济整体处于低度协同状态，由于省域协同程度和能源

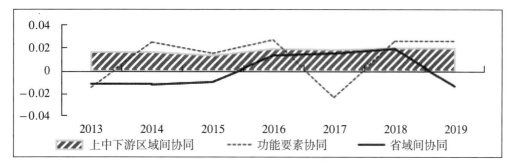

图3　长江经济带能源产业绿色发展区域间、省域间与功能要素间协同度

产业绿色发展各要素之间的协同度不够,地区一体化进程相对较慢。从各区域内部来看,由于区域内差异较大,地区各省市之间的能源产业绿色发展的协同较差且不稳定,也必然影响了长江经济带协同发展的进程。2013—2016年,长江经济带省域间协同值平均为-0.011,2016年后协同程度有一定改善,提升到2018年的0.019,2019年又降至-0.013。系统各功能要素之间的协同值反映了能源消费、供给、技术创新、环境可持续和政策要素之间的不协调,在一定程度上阻碍了长江经济带能源产业绿色协同发展。从各功能要素协同值来看,经历了先上升、后下降、再上升的过程。在2016年后长江经济带各功能要素协同度出现震荡,表明这一时期由于政策制定和执行之间各地区差距较大,随着地区供需矛盾加剧,区域协同发展关系处于不稳定状态。因此,长江经济带需要因地制宜地制定能源产业转型路径,寻求地区间能源供需合作的共性,缩小地区间发展水平。同时,在各要素之间,还要以政策协同作为推手,以技术创新合作、环境大保护为契机,提升长江经济带能源产业绿色协同化整体水平。

五、结论与启示

本文通过对比长江经济带能源产业供需差异,在绿色发展目标下,通过构建复合系统协同度模型分析了长江经济带各地区能源产业发展的有序度,进一步分析了长江上、中、下游省域间、区域间及功能要素间协同度。研究结果表明,系统省域协同程度和能源产业绿色发展各要素之间的协同度不够,反映出各省市能源产业绿色发展定位还不能很好地与长江经济带区域一体化发展目标融合,能源供给、能源消费升级、技术创新、环境可持续和政策要素之间的匹配不协调。针对上述矛盾,本文提出以下建议:

(一)从顶层框架设计入手,尽快建立较为统一的区域能源政策协同机制

首先,各地区需要从顶层协调机制入手,建立能源重点领域和重大政策沟通协调机制,提高政策制定统一性、规则一致性和执行协同性。从打破长江经济带能源产业省域

间壁垒和行业间壁垒的角度出发,重视顶层规划。通过建立区域标准化联合组织,在环境联防联治、节能降碳、生态补偿、数据共享、能源系统综合服务平台等领域尽快形成统一标准,为未来推进城市、区域的综合能源系统数据共享提供先决保障。其次,适时推进区域能源系统顶层框架设计。尽快推进"工业园区—城市—区域"三级框架的综合能源系统的顶层框架设计与应用,在全国范围建立先导示范,提升整个大区域能源系统智能化水平。以园区综合系统和地区内各类微电网为基础,以上海、武汉、重庆等核心城市为引领,尽快建立城市级的能源综合服务平台。

(二)供给侧积极提升能源管网互联互通,梯度培养能源产业创新集群

首先,积极提升煤炭港口中转与海铁联运地位,积极发挥沿线港口与陆地煤炭运输网络的集疏能力。在目前煤炭运输"公转铁"的新形势下,一方面,应当提升南京、舟山、连云港等港口的海铁联运能力,提升长江下游地区煤炭运输的海铁联运效率;另一方面,加大苏州港、泰州港、南通港、扬州港和镇江港等专业化接卸中转码头布局,提升湖南岳阳港、江西九江港的服务能力,为提升长江经济带中游地区煤炭"海进江"服务能力提供更好的支撑。

其次,在各类能源的开发、转化、储运、消费等领域展开协作角度,统一合理布局、扩大能源供给的互济、共享共建各类能源基础设施网络,积极扩大区域内能源互联互通。长江经济带需要增强天然气管网跨区输送能力,通过推进中上游地区的大型输气管道工程、完善天然气加注站等能源基础设施建设,提升地区互联互通水平,下游地区通过推进液化天然气"海进江",进一步提升长江沿线液化天然气输送能力。

再次,形成区域特色鲜明的新能源产业集群,加快长江中上游地区对下游地区的能源装备制造产业的承接。在产业集群的基础上,以地区龙头企业为核心,逐步形成"研发中心在下游、制造在中下游、产业链梯度布局"的能源产业分工体系。长江中下游地区围绕汽车、能源装备制造和基础实力,在提升制造业的层次和水平的基础上,引导下游地区产业有序向中上游地区转移。着重加强中上游地区在太阳能、风力发电系统建设及运营、新能源汽车充电建设、能源储备设施的承接竞争力,推动江西、湖北、湖南、重庆、四川等国家级承接产业转移示范区和园区跨省市合作的建设,吸引成套装备制造商、能源高端装备制造商等大型企业地区落户,围绕产业高端化、清洁化、低碳化发展的要求,在更高层次上参与能源装备制造产业链分工合作。

(三)以需求为牵引,推进区域创新资源整合

一方面,持续推动区域创新资源整合,充分发挥能源产业创新集群的集聚与引领作

用。加大对各地区重点创新产业集群和人才支持政策协调的力度，有序发布创新集群发展目录与紧缺人才需求目录，防止无序竞争。依托上海松江G60科创走廊数字经济创新型产业集群、精细化工产业集群、江苏新能源汽车零部件产业集群、数控成型机床创新型产业集群等地区创新集群集聚优势，发挥长江下游地区对长江经济带能源产业创新发展的龙头带动作用。另一方面，有序推动地区重点技术创新公共平台建设。通过完善一批面向企业的创新技术公共服务平台，逐步探索建立长江经济带技术交易中心，完善企业需求联合发布和科技成果的共享利用机制，加速科技创新成果在长江经济带的转化。

参考文献

[1] 范德成，杜明月. 中国工业技术创新资源配置时空分异格局研究——以经济新常态为视角[J]. 科学学研究，2017，35（08）：1167-1178.

[2] 曹阳. 区域经济发展的差异性与制度发展的非均衡[J]. 经济学家，2001（4）：67-71.

[3] 匡海波，余方平，谭志加，等. 港口供需匹配非均衡评价模型及实证[J/OL]. 科研管理，2018，39（4）：113-123. DOI: 10.19571/j.cnki.1000-2995.2018.04.012.

[4] ACEMOGLU D, RESTREPO P. The race between man and machine: implications of technology for growth, factor shares, and employment [J]. American Economic Review, 2018, 108（6），2499-2526.

[5] 张治栋，吴迪. 产业空间集聚、要素流动与区域平衡发展——基于长江经济带城市经济发展差距的视角[J]. 经济体制改革，2019（4）：42-48.

[6] 白永亮，石磊，党彦龙. 长江中游城市群空间集聚与扩散——基于31个城市18个行业的劳动力要素流动检验[J]. 经济地理，2016，36（11）：38-46. DOI: 10.15957/j.cnki.jjdl.2016.11.006.

[7] 吴青山，吴玉鸣，郭琳. 区域一体化是否改善了劳动力错配——来自长三角扩容准自然实验的证据[J/OL]. 南方经济，2021（6）：51-67. DOI: 10.19592/j.cnki.scje.381601.

[8] RANDOLPH R. Regional development policies and the challenge to reduce spatial inequalities in Brazil [J]. Area Development and Policy, 2019, 4（3）: 271-283.

[9] MAUDE A. Regional development processes and policies in Australia: a review of research 1990—2002 [J]. European Planning Studies, 2004, 12（1）: 3-26.

[10] COOKE P. From clusters to platform policies in regional development [J]. European Planning Studies, 2012, 20（8）: 1415-1424.

[11] 黄文，张羽瑶. 区域一体化战略影响了中国城市经济高质量发展吗？——基于

长江经济带城市群的实证考察［J/OL］. 产业经济研究，2019（6）：14-26. DOI: 10.13269/j.cnki.ier. 2019.06.002.

[12] 李琳，刘莹. 区域经济协同发展的驱动机制探析［J］. 当代经济研究，2015（5）：67-73.

[13] 张满银，全荣. 京津冀区域协同发展评估［J/OL］. 统计与决策，2020，36（4）：72-76. DOI: 10.13546/j.cnki.tjyjc. 2020.04.016.

[14] 张杨，王德起. 基于复合系统协同度的京津冀协同发展定量测度［J/OL］. 经济与管理研究，2017，38（12）：33-39. DOI: 10.13502/j.cnki.issn1000-7636.2017.12.004.

[15] 成长春，徐长乐，叶磊，等. 长江经济带协调性均衡发展水平测度及其空间差异分析［J］. 长江流域资源与环境，2022，31（5）：949-959.

黄河流域高质量发展的均衡特征分析

张文彬[1]　闫艺丹[2]

（1. 西安财经大学 管理学院，2. 西安财经大学 经济学院，陕西 西安 710100）

摘　要：文章基于系统均衡视角对黄河流域高质量发展的均衡特征进行分析，扩展了高质量发展研究的广度和深度。首先，基于五大新发展理念构建黄河流域高质量发展系统的评价指标体系，然后采用均衡熵模型测算黄河流域沿线城市高质量发展的均衡水平，结果表明，高质量发展的均衡水平呈上升趋势，未来发展潜力大，但多数城市处于低水平均衡和高水平失衡状态，错配明显。其次，采用Dagum基尼系数法分析均衡水平的差异及来源，结果表明，均衡水平差异呈现波动中上升趋势，上游地区高质量发展均衡水平差异性下降；中下游地区高质量发展均衡水平差异性上升；超变密度差异贡献率最高。再次，采用核密度方法分析了均衡水平的动态演化，结果表明，总体均衡水平呈稳定上升趋势且不存在极化现象，协调优势增加，三大区域均衡水平均存在极化现象，极化弱化。最后，基于系统论视角为实现黄河流域高质量发展系统的均衡推进提出了政策建议。

关键词：黄河流域；高质量发展；新发展理念；均衡特征

引　言

2022年10月，党的二十大明确提出未来五年是全面建设社会主义现代化国家开局起步的关键时期，经济高质量发展是全面建设社会主义现代化国家的首要任务。实际上，自党的十九大提出高质量发展战略以来，学界对高质量发展相关内容进行了充分的研究，在高质量发展的内涵界定、水平测度、实现路径以及政策保障等方面的研究都取得了丰富

作者简介：张文彬，男，1985年生，河北唐山人，博士，西安财经大学管理学院副教授，研究方向为资源环境经济学；闫艺丹，女，1998年生，河南漯河人，西安财经大学经济学院硕士研究生，研究方向为产业经济学。

的研究成果。区域是我国高质量发展的重要载体,十九大以来,高质量发展也成为区域经济面临的核心主题(魏后凯等,2020)[1],区域高质量发展为中国高质量发展提供了多种路径选择,为全国实现高质量发展提供了有力支撑(金碚,2018)[2]。作为我国区域高质量发展的重要组成部分,自2019年上升为国家重大战略之后,黄河流域生态保护和高质量发展战略成为社会各界关注的焦点和热点问题,国内多家重要期刊如《资源科学》《经济地理》《自然资源学报》等更是以专题方式对黄河流域生态保护和高质量发展的战略内涵、水平测度、实现路径以及政策保障等方面进行了全面系统性研究。同时以任保平教授为核心的科研团队也对黄河流域生态保护和高质量发展进行了大量研究[①]。经济高质量发展作为一个系统工程,必须坚持系统观念,既要实现经济高质量综合发展,也要实现系统内部各子系统均衡协调发展。白谨豪等(2020)[3]认为区域高质量发展有两层含义,即重视空间均衡和在空间均衡基础上的区域发展,邓祥征等(2021)[4]、姚树洁和张帆(2021)[5]同样提出区域高质量发展应当是各子系统的综合发展水平和子系统间的发展协调水平的统一。

学界基于均衡视角对区域经济高质量发展的研究,主要集中在运用耦合协调度模型对两变量或者三变量耦合协调关系进行测度分析,如创新与经济高质量发展(刘和东等,2020;徐晔等,2021)[6-7],科技金融与经济高质量发展(程翔等,2020)[8],黄河流域生态保护与高质量发展(崔盼盼等,2020;刘琳轲等,2021)[9-10],基本公共服务、城镇化与区域经济三系统(马慧强等,2020)[11],经济、社会与环境三系统(王建康等,2021)[12],黄河流域经济增长、产业发展与生态环境三系统(任保平等,2021)[13]。

实际上,均衡应是差异基础上的协调状态,是协调和差异的统一(王淑婧等,2022)[14],均衡测度既要侧重发展状态空间差异的单要素均衡,又应关注同一空间内不同事物之间相互协调状态(樊杰等,2013)[15]。因此在当前推动我国区域高质量发展向纵深延伸的新时期,基于问题导向和系统观点更全面地探讨区域高质量发展系统内部均衡特征尤为重要。本文将以黄河流域沿线62个城市为研究样本,基于五大新发展理念构建高质量发展系统指标体系,对黄河流域高质量发展的均衡特征进行系统分析,扩展了高质量发展研究的广度和深度,进一步完善了高质量发展测度体系和研究范式。主要工作包括三方面:一是采用均衡熵模型测度黄河流域沿线城市高质量发展的均衡水平,分析城市高质量发展的潜力及相对优势,二是采用Dagum基尼系数分解法和核密度估计法分析均衡水平的区域差异、差异来源和动态演进特征,三是提出提升黄河流域沿线城市高质量发展均衡水平的政策参考,为黄河流域乃至中国高质量均衡发展奠定基础。

---

① 限于篇幅,有关文献综述这里不再赘述,感兴趣的读者可以向作者索要。

一、研究设计

（一）指标体系构建及数据来源

学界关于高质量发展评价测度的研究已取得丰硕的成果，学者们从不同角度构建了多种类型的测度评价体系，代表性体系包括马茹等（2019）[16]构建的高质量供给、高质量需求、发展效率、经济运行和对外开放五大维度指标体系；李金昌等（2019）[17]提出的经济活力、创新效率、绿色发展、人民生活、社会和谐五大维度指标体系；杨耀武和张平（2021）[18]提出的经济成果分配、人力资本及其分布、经济效率与稳定性、自然资源与环境、社会状况五大维度指标体系；陈景华等（2020）[19]、陈子曦和青梅（2022）[20]构建的基于创新、协调、绿色、开放、共享五大新发展理念的指标体系；等等。这些指标体系的构建和指标选取为本文的研究提供了文献支撑。

党的二十大指出，必须完整、准确、全面贯彻新发展理念，构建新发展格局，推动高质量发展。基于此，本文同样基于五大新发展理念框架构建高质量发展指标体系，在此基础上测度创新、协调、绿色、开放、共享五大子系统之间的均衡水平，以衡量黄河流域沿线各城市相对协调优势的潜力。根据五大新发展理念的内涵，并借鉴他人的研究成果，基于指标选取的科学合理性、完备性和数据可得性构建高质量发展指标体系。具体来说，创新子系统从创新投入、创新产出和创新环境三个方面衡量；协调子系统从城乡协调、产业协调和经济协调三个方面衡量；绿色子系统从环境污染、环境治理和资源消耗三个方面衡量；开放子系统从对外贸易和外商投资两方面衡量；共享子系统从社会保障、收入分配和公共教育三方面衡量。具体指标体系如表1所示。

表1 黄河流域高质量发展评价指标体系

主要维度	一级指标	二级指标	单位	属性	权重
创新发展	创新投入	高校教师数量	人	+	0.0882
		科学研究、技术服务从业人员数量	人	+	0.0897
	创新产出	发明专利申请授权量	项	+	0.0959
	创新环境	科技经费支出占地方财政支出比重	%	+	0.0328
		教育支出占地方财政支出比重	个	+	0.0106
协调发展	城乡协调	城镇化率	%	+	0.0178
		城乡居民收入比	%	−	0.0118
		城乡恩格尔系数比	%	−	0.0042

续表

主要维度	一级指标	二级指标	单位	属性	权重
协调发展	产业协调	第三产业产值占GDP比重	%	+	0.0163
		第三产业从业人员比重	%	+	0.0163
	经济协调	城镇登记失业率	%	−	0.0192
绿色发展	环境污染	单位GDP废水排放量	t/万元	−	0.0040
		单位GDP二氧化硫排放量	t/万元	−	0.0048
	环境治理	工业固体废物综合利用率	%	+	0.0084
		生活垃圾无害化处理率	%	+	0.0043
		建成区绿化覆盖率	%	+	0.0053
	资源消耗	单位GDP耗电量	kW*h/万元	−	0.0043
		人工、天然气居民家庭消耗量	tce	−	0.0026
		液化石油气居民家庭消耗量	t	−	0.0038
开放发展	对外贸易	进口依存度	%	+	0.0895
		出口依存度	%	+	0.0637
	外商投资	当年实际使用外资金额	万美元	+	0.0917
		外商直接投资合同项目	个	+	0.1432
共享发展	社会保障	养老保险覆盖率	%	+	0.0234
		每万人卫生机构床位数	张	+	0.0154
	收入分配	人均可支配收入	元	+	0.0173
	公共教育	每百人公共图书馆图书藏书数	册	+	0.0302
		城市居民家庭人均教育消费支出	元	+	0.0243
		每万人在校大学生数	人	+	0.0611

选取黄河流域沿线62个地级市为研究对象,时间跨度为2010—2020年,原始数据主要来源于《中国城市统计年鉴》和各地级市历年的统计年鉴,对于缺失的个别指标数据,采用移动平均法进行补充。

(二)研究方法

1.熵值法

相比于主观赋权法,熵值法可以尽量减少和避免某些主观因素和客观局限(邓宗兵等,2020)[21]。根据熵值法计算的指标熵值越大,说明其在综合评价中的权重就越大,表明所测度的高质量发展水平越高,反之其权重就越小,高质量发展水平越低(陈明华等,2020)[22]。首先对各城市高质量发展指标值进行无量纲化处理,然后计算各指标的熵值,再根据熵值确定指标的权重,最后计算黄河流域沿线城市高质量发展综合水平指数。具体计算步骤如下:

第一,指标无量纲化处理,公式为:

当 X_{ij} 为正向指标时,

$$Y_{ij} = \frac{X_{ij} - \min'(X_{ij})}{\max'(X_{ij}) - \min'(X_{ij})} \tag{1}$$

当 X_{ij} 为负向指标时,

$$Y_{ij} = \frac{\max'(X_{ij}) - X_{ij}}{\max'(X_{ij}) - \min'(X_{ij})} \tag{2}$$

式(1)和式(2)中,i 表示城市,j 表示指标,X_{ij} 表示原始指标值,Y_{ij} 表示无量纲化指标值,为了避免无量纲化过程中 0 和 1 的出现,分别对原始指标值的最大值和最小值进行缩放处理,$\min'(X_{ij}) = \min(X_{ij}) \times 0.9996$,$\max'(X_{ij}) = \max(X_{ij}) \times 1.0004$。

第二,计算规范化矩阵 P_{ij},公式为:

$$P_{ij} = \frac{Y_{ij}}{\sum_{i=1}^{n} Y_{ij}} \tag{3}$$

其中,n 为城市个数。

第三,计算指标的熵值 e_j,公式为:

$$e_j = -k \sum_{i=1}^{n} P_{ij} \ln P_{ij} \tag{4}$$

其中,$k = \frac{1}{\ln n} > 0$。

第四,计算信息熵冗余度 d_j,公式为:

$$d_j = 1 - e_j \tag{5}$$

第五,计算指标权重 w_j,公式为:

$$w_j = \frac{d_j}{\sum_{j=1}^{m} d_j} \tag{6}$$

其中,m 为指标个数。

第六，得到高质量发展综合水平指数S_i，公式为：

$$S_i = \sum_{j=1}^{m} w_j Y_{ij} \tag{7}$$

2. 均衡熵模型

依据物理学的耦合协调模型，对高质量发展五个子系统之间的耦合协调度进行分析，各子系统之间的耦合协调度越高，说明它们之间的相互依赖程度就越强，因此高质量发展系统更加均衡。为更好地衡量系统之间均衡协调关系，进一步构建均衡熵模型，均衡熵越高，代表高质量发展的相对潜力越大。计算公式如下：

$$C = \left\{ \frac{U_1 \times U_2 \times U_3 \times U_4 \times U_5}{\left[\frac{U_1 + U_2 + U_3 + U_4 + U_5}{5}\right]^5} \right\}^{1/5} \tag{8}$$

$$D = \sqrt{C \times T} \tag{9}$$

$$T = \alpha_1 U_1 + \alpha_2 U_2 + \alpha_3 U_3 + \alpha_4 U_4 + \alpha_5 U_5 \tag{10}$$

$$EQ_i = \frac{D_i}{\sum_{i=1}^{n} D_i} \bigg/ \frac{S_i}{\sum_{i=1}^{n} S_i} \tag{11}$$

式中，C表示耦合度，D表示耦合协调度，T表示五个子系统的综合评价指数，U_1、U_2、U_3、U_4、U_5表示创新、协调、绿色、开放、共享五个子系统的综合水平值，α_1、α_2、α_3、α_4、α_5是待定系数，均赋值为 1/5，EQ_i表示i城市高质量发展的均衡熵。$EQ_i > 1$时，说明各子系统之间的耦合协调度优于高质量发展总体水平，该城市的均衡性相对较好，高质量发展未来具有较大的潜力；$EQ_i < 1$时，说明各子系统之间的耦合协调度相对于高质量发展总体水平比较差，该城市存在系统性失衡；$EQ_i = 1$时，说明各子系统之间的耦合协调度和高质量发展总体水平比较一致。

3. Dagum 基尼系数分解法

Dagum 基尼系数分解法是对指标相对差异变化的反映。采用 Dagum（1997）[23]的基尼系数计算方法，根据上述得到的均衡熵值可以计算出在均衡情况下黄河流域总体、区域间和区域内基尼系数，并将黄河流域高质量发展均衡总体基尼系数G分解为三个组成部分：区域内差异贡献G_w，区域间差异贡献G_{nb}和超变密度贡献G_t，并且它们之间的关系满足$G = G_w + G_{nb} + G_t$。基尼系数能够反映出黄河流域高质量发展均衡性的区域相对差异，准确地呈现出均衡性区域发展的差异及来源。具体计算如下：

$$G = \frac{\sum_{j=1}^{k}\sum_{h=1}^{k}\sum_{i=1}^{n_j}\sum_{r=1}^{n_h}|y_{ji}-y_{hr}|}{2n^2\bar{y}} \quad (12)$$

$$G_{jj} = \frac{\sum_{i=1}^{n_j}\sum_{r=1}^{n_j}|y_{ji}-y_{jr}|}{2n_j^2\bar{y}_j} \quad (13)$$

$$G_w = \sum_{j=1}^{k}G_{jj}p_js_j \quad (14)$$

$$G_{jh} = \frac{\sum_{i=1}^{n_j}\sum_{r=1}^{n_h}|y_{ji}-y_{hr}|}{n_jn_h(\bar{y}_j+\bar{y}_h)} \quad (15)$$

$$G_{nb} = \sum_{j=2}^{k}\sum_{h=1}^{j-1}G_{jh}(p_js_h+p_hs_j)D_{jh} \quad (16)$$

$$G_t = \sum_{j=2}^{k}\sum_{h=1}^{j-1}G_{jh}(p_js_h+p_hs_j)(1-D_{jh}) \quad (17)$$

$$D_{jh} = \frac{d_{jh}-p_{jh}}{d_{jh}+p_{jh}} \quad (18)$$

$$d_{jh} = \int_0^{\infty}\mathrm{d}F_j(y)\int_0^y(y-x)\mathrm{d}F_h(x) \quad (19)$$

$$p_{jh} = \int_0^{\infty}\mathrm{d}F_h(y)\int_0^y(y-x)\mathrm{d}F_j(x) \quad (20)$$

式（12）中，G 表示总体基尼系数，j、h 为划分区域的个数（共有 k 个区域），i、r 是区域内城市个数（共有 n 个城市），y_{ji}、y_{hr} 分别表示第 j 个区域中 i 个城市、第 h 个区域中 r 个城市高质量发展均衡熵，$\bar{y}$ 是各区域高质量发展均衡熵平均值。式（13）、式（15）分别表示第 j 个区域内的基尼系数 G_{jj}、第 j 个和第 h 个区域间的基尼系数 G_{jh}。式（14）、式（16）、式（17）中，G_w 表示区域内差异贡献，G_{nb} 表示区域间差异贡献，G_t 表示超变密度贡献，$p_j=n_j/n$，$s_j=n_j\bar{y}_j/n\bar{y}$，$(j=1, 2, \cdots, K)$。式（18）中，$D_{jh}$ 表示第 j 个区域和第 h 个区域均衡熵的相对影响。式（19）中，d_{jh} 表示区域间高质量发展指标的差值，即表示 j、h 区域中 $y_{ji}-y_{hr}>0$ 的样本值加总的数学期望；式（20）中，p_{jh} 为超变一阶矩，即表示 j、h 区域中 $y_{hr}-y_{ji}>0$ 的样本值加总的数学期望，F_j（F_h）为 j（h）区域的累计密度分布函数。

4.核密度估计

Kernel 核密度估计是一种能够用来估计样本位置变动趋势并研究空间非均衡分布问

题的密度函数,将样本数据作为参考依据对随机变量的分布特征进行描述,包括随机变量的位置、态势以及延展性等。本文使用高斯核函数来研究黄河流域高质量发展均衡性的动态演进,如式(21)和式(22),假定随机变量 X 的密度函数为 $f(x)$,则概率密度函数和核密度函数表达式为:

$$f(x) = \frac{1}{Nh} \sum_{i=1}^{N} K(\frac{X_i - \bar{x}}{h}) \tag{21}$$

$$K(x) = \frac{1}{\sqrt{2\pi}} \exp(-\frac{x^2}{2}) \tag{22}$$

N 为区域城市的个数,X_i 表示独立同分布的观测值,$\bar{x}$ 为均值,$K(x)$ 为核密度函数,h 为带宽,带宽越大,曲线越光滑。

二、黄河流域高质量发展均衡水平测度及分析

(一)黄河流域高质量发展均衡水平测度结果

使用熵值法对2010—2020年黄河流域62个城市高质量发展系统综合水平进行测度,各指标权重如表1所示。进一步采用均衡熵模型测算黄河流域城市高质量发展系统均衡水平,并将黄河流域分为上游、中游和下游三大区域,对62个沿线城市进行分类测度分析,相关测度结果如表2和表3所示。

根据均衡熵的含义及划分标准,均衡熵大于1表明各子系统之间的耦合协调度优于高质量发展系统综合水平,即黄河流域沿线城市高质量发展系统均衡水平要高于高质量发展系统综合水平。在62个样本城市中,有46个城市的高质量发展系统均衡水平大于1,仅有16个城市的高质量发展系统均衡水平小于1,表明接近四分之三的城市高质量发展系统均衡水平较好。

分样本城市看,黄河流域高质量发展系统均衡水平最高的五个城市分别为吕梁、中卫、周口、白银、商洛,其均衡水平均值分别为1.449、1.437、1.429、1.416、1.412;高质量发展系统均衡水平最低的五个城市分别为青岛、西安、郑州、济南、烟台,其均值水平分别为0.515、0.556、0.610、0.671、0.715。

分区域看,上游地区高质量发展系统均衡水平最高的城市为中卫和白银,均衡水平均值分别为1.437和1.416,最低的城市为兰州和呼和浩特,均衡水平均值分别为0.818和0.919;中游地区高质量发展系统均衡水平最高的城市为吕梁和商洛,均衡水平均值分别为1.449和1.412,均衡水平最低的城市为西安和太原,均衡水平均值分别为0.556和0.740;下游地区高质量发展系统均衡水平最高的城市为周口和濮阳,均衡水平均值分别

为 1.429 和 1.370，均衡水平最低的城市为青岛和郑州，均衡水平均值分别为 0.515 和 0.610。

从 2010—2020 年高质量发展系统均衡水平的动态变化来看，黄河流域沿线城市高质量发展系统均衡水平整体呈现增长趋势，增长最快的五个城市分别为开封、铜川、吕梁、石嘴山、渭南，其均衡水平年均增长率分别为 3.56%、2.15%、2.11%、1.83%、1.78%；增长最慢的五个城市分别为烟台、濮阳、晋中、聊城、太原，均衡水平年均增长率分别为 0.23%、0.23%、0.14%、0.05%、0.05%。此外，由表 3 还可以看出，均衡水平大于 1 的城市个数同样呈现增长趋势，由 2010 年的 43 个增长到 2020 年的 48 个，这表明黄河流域沿线城市高质量发展系统均衡水平和比较优势向好转变。

表 2 黄河流域高质量发展均衡水平指数

地区	2010	2015	2020	均值	地区	2010	2015	2020	均值
西宁	1.026	1.057	0.993	1.038	太原	0.744	0.728	0.747	0.740
海东	1.187	1.367	1.274	1.308	晋中	1.111	1.043	1.127	1.101
兰州	0.766	0.807	0.863	0.818	延安	1.173	1.096	1.277	1.164
定西	1.367	1.427	1.342	1.407	临汾	1.249	1.288	1.325	1.301
天水	1.254	1.412	1.471	1.403	铜川	0.917	1.079	1.134	1.034
白银	1.500	1.384	1.326	1.416	运城	1.237	1.265	1.443	1.315
平凉	1.300	1.251	1.243	1.284	渭南	1.152	1.126	1.374	1.214
庆阳	1.409	1.332	1.319	1.387	西安	0.610	0.548	0.501	0.556
中卫	1.342	1.477	1.470	1.437	咸阳	1.146	1.214	1.254	1.208
吴忠	1.316	1.334	1.213	1.295	宝鸡	1.286	1.318	1.315	1.299
银川	0.941	0.931	1.025	0.947	商洛	1.368	1.438	1.438	1.412
石嘴山	0.981	1.199	1.176	1.158	三门峡	1.231	1.245	1.181	1.210
乌海	0.880	0.880	1.027	0.937	洛阳	1.067	1.076	1.051	1.051
包头	0.911	0.975	1.059	0.990	晋城	1.246	1.239	1.423	1.290
鄂尔多斯	1.009	1.069	1.107	1.054	长治	1.150	1.169	1.367	1.221
呼和浩特	0.864	0.922	0.940	0.919	阳泉	1.174	1.235	1.275	1.206
上游地区	1.128	1.177	1.178	1.175	焦作	1.127	1.224	1.255	1.195
忻州	1.275	1.395	1.504	1.361	平顶山	1.292	1.341	1.383	1.307
榆林	1.165	1.294	1.300	1.224	中游地区	1.145	1.180	1.253	1.184
吕梁	1.328	1.420	1.636	1.449	郑州	0.687	0.608	0.599	0.610

续表

地区	2010	2015	2020	均值	地区	2010	2015	2020	均值
新乡	1.106	1.240	1.223	1.160	济南	0.690	0.676	0.638	0.671
许昌	1.255	1.308	1.291	1.285	德州	1.280	1.196	1.253	1.235
漯河	1.202	1.298	1.322	1.298	临沂	1.138	1.171	1.003	1.137
鹤壁	1.354	1.287	1.282	1.276	淄博	0.975	0.989	0.956	0.983
开封	0.948	1.219	1.345	1.194	滨州	1.096	1.073	1.011	1.057
周口	1.420	1.443	1.534	1.429	潍坊	0.947	0.924	0.845	0.906
濮阳	1.294	1.412	1.324	1.370	日照	0.841	0.844	0.868	0.867
菏泽	1.284	1.309	1.276	1.254	青岛	0.555	0.498	0.497	0.515
商丘	1.223	1.426	1.445	1.368	烟台	0.696	0.705	0.712	0.715
济宁	1.087	1.155	1.122	1.139	威海	0.778	0.744	0.715	0.752
聊城	1.207	1.234	1.213	1.201	东营	0.985	0.931	0.833	0.904
枣庄	1.237	1.237	1.191	1.257	下游地区	1.058	1.082	1.069	1.069
泰安	1.162	1.118	1.218	1.152	总体	1.106	1.140	1.159	1.135

表3 黄河流域高质量发展均衡水平城市数量分布表

地区	2010		2015		2020		总体均值	
	EQ>1	EQ<1	EQ>1	EQ<1	EQ>1	EQ<1	EQ>1	EQ<1
上游地区	10	6	11	5	13	3	11	5
中游地区	18	3	19	2	19	2	19	2
下游地区	15	10	16	9	16	9	16	9
总体	43	19	46	16	48	14	46	16

黄河流域沿线城市高质量发展系统均衡水平的动态变化如图1所示，整体均衡水平呈现缓慢的增长趋势，由2010年1.106增长至2020年1.159，这表明黄河流域沿线城市的均衡水平始终大于1，处于具有比较优势的状态，未来高质量发展具有较大的潜力和比较优势。分区域看，黄河流域上中游地区城市高质量发展系统均衡水平均高于总体均衡水平，且中游地区城市高质量发展系统均衡水平增长速度最快。下游地区城市高质量发展系统均衡水平低于总体均衡水平，且在2019年出现了一次显著的下降趋势，这也直接导致了整体均衡水平的一次显著下降。自创新驱动战略、高质量发展战略提出并成为国

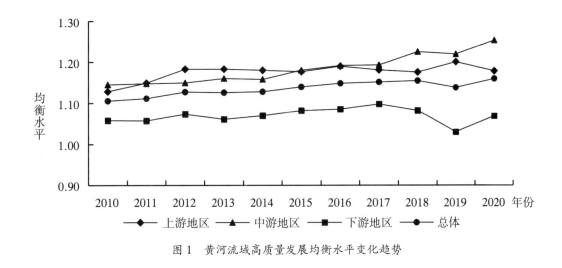

图 1 黄河流域高质量发展均衡水平变化趋势

家重大战略之后,黄河下游地区响应要快于中上游地区,其成效在 2019 年出现了突破,通过查看相关原始数据可知,2019 年下游地区创新发展综合水平和协调发展综合水平显著提高,尤其是发明专利申请授权量、科技经费支出、第三产业从业人数、第三产业产值迅速上升,使得高质量发展系统综合水平进一步提高,五个子系统内部差异进一步扩大,导致均衡水平下降较多。

(二)黄河流域高质量发展均衡水平与综合水平对比分析

为进一步分析黄河流域沿线城市的高质量发展均衡水平分布态势,将黄河流域沿线城市高质量发展综合水平[①]与均衡水平进行对比分析,以可视化的二维空间图分析高质量发展均衡水平特征。具体方式为:以横轴表征高质量发展综合水平,以纵轴表征高质量发展均衡水平,同时以高质量发展综合水平均值划竖线、以均衡熵为 1 的值划水平线将二者的分布图划分为四部分,分别表示高水平均衡、高水平失衡、低水平失衡和低水平均衡四种分布状态,如图 2 所示。

由图 2(a)可以看出,黄河流域沿线城市高质量发展综合水平和均衡水平呈现反向变动趋势,均衡水平较高的城市综合水平较低,反之,均衡水平较低的城市综合水平较高,位于Ⅰ、Ⅱ、Ⅲ、Ⅳ四个空间的城市数分别为 2 个、15 个、1 个、44 个,主要集中在Ⅱ、Ⅳ空间内,处于高水平失衡或者低水平均衡状态。具体来看,位于高水平均衡空间Ⅰ内的城市是洛阳和滨州,表明这两个城市高质量发展综合水平和均衡水平"双优",不仅高质量发展综合水平高,而且各子系统之间处于均衡状态,发展相对优势和潜力明

---

① 限于篇幅,未汇报黄河流域沿线 62 个城市的高质量发展综合水平。

显；处于高水平失衡空间内的典型城市是西安、郑州、青岛，这些城市高质量发展综合水平较高，但五个子系统水平之间的差异性较大；位于低水平失衡空间内的城市为乌海，表明该城市的高质量发展综合水平和均衡水平都不具有比较优势；位于低水平均衡空间内的城市较多，典型城市是吕梁、中卫、周口，尽管这些城市高质量发展综合水平较低，但内部各子系统发展水平较为均衡，未来发展潜力较大。

进一步根据图2（b）—（d）可以看出黄河流域沿线城市高质量发展综合水平和均衡水平的动态变化状态，具体来说，位于高水平均衡状态空间的城市数由4个（西宁、鄂尔多斯、洛阳、济宁）变为3个（洛阳、济宁、滨州），位于高水平失衡状态空间的城市数由16个变为14个，位于低水平失衡状态空间的城市数由3个（石嘴山、乌海、铜川）变为1个（西宁），位于低水平均衡状态空间的城市数由39个变为44个。整体上看黄河流域沿线城市高质量发展综合水平和均衡水平状态逐渐好转，但限于黄河流域沿线城市高质量发展综合水平相对较低的劣势，大部分城市均为低水平均衡状态。

综合上述分析可以得到两个结论：一是黄河流域高质量发展综合水平和均衡水平呈现错配状态，大部分中上游沿线城市高质量发展综合水平低而均衡水平高；大部分下游沿线城市高质量发展综合水平高而均衡水平低。部分城市如西安、郑州、青岛和济南等高质量发展综合水平较高，但其内部子系统发展水平不均衡，在一定程度上掩盖了均衡

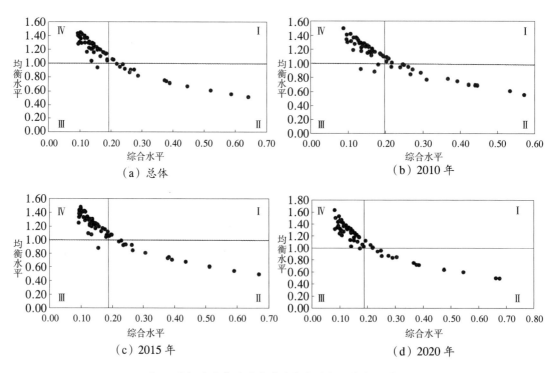

图2 黄河流域高质量发展均衡水平与综合水平对比

优势,这些城市呈现出高水平失衡状态。二是黄河流域沿线大多数城市高质量发展处于低水平均衡状态,未来发展潜力巨大,但提高经济高质量发展综合水平任重道远。

三、黄河流域高质量发展均衡性的时空演变分析

(一)黄河流域高质量发展均衡性的区域差异分析

为进一步刻画和揭示黄河流域高质量发展均衡水平的区域差异及演变趋势,采用Dagum基尼系数分解法对2010—2020年黄河流域高质量发展均衡水平的总体差异以及上中下游三大区域的区域内差异、区域间差异以及差异来源进行了测度,结果如表4和图3所示。

1.总体及区域内差异

可以看到,黄河流域总体高质量发展均衡水平区域差异呈现波动中上升趋势,总体基尼系数从2010年0.110上升到2020年0.122,上涨幅度约为10.9%,这表明黄河流域沿线城市高质量发展均衡水平差异正在逐渐扩大,尽管在2019年黄河流域沿线城市整体差异水平有所下降,但在2020年却快速上升,达到0.122,为测度期内的最大值。黄河流域上中下游城市区域内部高质量发展均衡水平的差异也存在异质性,具体来说,上游地区城市高质量发展均衡水平的差异性均值呈现波动下降趋势,基尼系数从2010年0.112下降为2020年0.087,这表明上游地区内部发展均衡水平差异缩小,内部均衡水平呈现"俱乐部收敛"特征;中游地区和下游地区城市高质量发展的均衡水平差异性呈现波动上升趋势。中游地区和下游地区城市高质量发展均衡水平的基尼系数从2010年0.078和0.124上升为2020年0.098和0.148,同时中下游地区城市高质量发展均衡水平差异性也在2019年出现了明显的下降趋势,但2020年之后又快速上升。与整体均衡水平差异性相比,上游地区和中游地区城市高质量发展均衡水平差异性要低于整体水平,同时中游地区城市高质量发展均衡水平的差异性在2018年超过了上游地区;下游地区城市高质量发展均衡水平差异要高于整体水平。

表4 基尼系数及其分解结果

年份	总体	区域内差异			区域间差异			贡献率(%)		
		上游地区	中游地区	下游地区	上游—中游	上游—下游	中游—下游	区域内	区域间	超变密度
2010	0.110	0.112	0.078	0.124	0.105	0.123	0.108	32.97	17.08	49.94
2011	0.111	0.110	0.085	0.122	0.106	0.123	0.110	32.97	17.91	49.12

续表

年份	总体	区域内差异			区域间差异			贡献率（%）		
		上游地区	中游地区	下游地区	上游—中游	上游—下游	中游—下游	区域内	区域间	超变密度
2012	0.115	0.109	0.086	0.133	0.107	0.129	0.114	33.19	19.00	47.81
2013	0.116	0.110	0.084	0.134	0.107	0.131	0.117	32.83	21.55	45.62
2014	0.116	0.109	0.087	0.134	0.106	0.130	0.116	33.23	19.49	47.29
2015	0.116	0.105	0.089	0.137	0.103	0.127	0.119	33.58	17.85	48.57
2016	0.118	0.101	0.088	0.145	0.100	0.130	0.124	33.61	18.72	47.67
2017	0.120	0.103	0.098	0.143	0.105	0.128	0.126	34.01	16.34	49.65
2018	0.120	0.096	0.097	0.144	0.103	0.126	0.132	33.43	24.08	42.49
2019	0.116	0.093	0.088	0.133	0.097	0.127	0.130	31.78	34.27	33.95
2020	0.122	0.087	0.098	0.148	0.102	0.125	0.140	32.86	30.36	36.78
均值	0.117	0.103	0.089	0.136	0.104	0.127	0.122	33.13	21.51	45.35

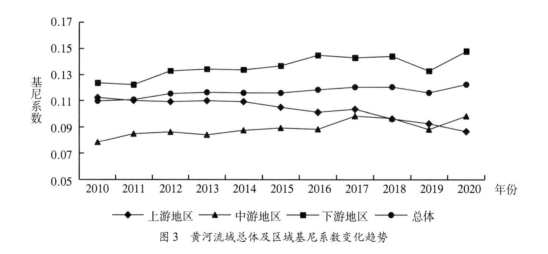

图 3　黄河流域总体及区域基尼系数变化趋势

2.区域间差异

黄河流域沿线城市高质量发展均衡水平区域间差异及演变态势如图4所示。可以看出，上中下城市高质量发展均衡水平区域间差异波动较小，基本保持平稳态势。具体来看，上游地区和中游地区、上游地区和下游地区城市高质量发展均衡水平区域间差异最小且变动不大，这表明黄河流域上中游、上下游地区城市高质量发展各子系统间均衡水平和相对比较优势呈现趋同变化趋势。中游地区和下游地区高质量发展均衡水平的区

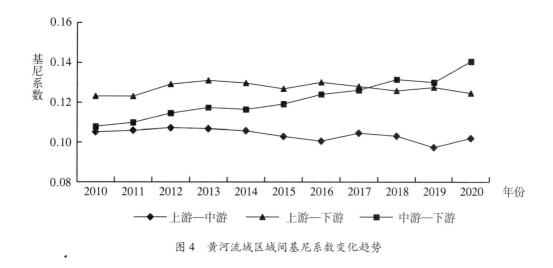

图 4 黄河流域区域间基尼系数变化趋势

域间差异呈现上升趋势,且在 2018 年超过上游地区和下游地区高质量发展均衡水平的区域间差异,在 2020 年达到最大,为 0.140,表明黄河流域中下游城市高质量发展均衡水平之间的区域差异越来越大,甚至超过了上下游城市高质量发展均衡水平之间的区域差异。

3.差异来源及其贡献

黄河流域高质量发展均衡水平的总体差异来源如图 5 所示。可以看到,2010—2017 年间,区域内、区域间和超变密度的贡献率基本保持相对平稳的变动趋势,其中,超变密度贡献率最大,区域内差异贡献率次之,区域间差异贡献率最小,基本稳定在 48%、33% 和 19% 左右。超变密度是造成黄河流域高质量发展均衡水平总体差异的主要来源,超变密度反映了黄河流域三大区域之间的高质量发展均衡性的区域间差异与区域内差异的交互作用对整体黄河流域高质量发展均衡性的总体差异的贡献率,超变密度贡献率大也表明黄河流域上中下游地区高质量发展均衡水平存在区域重叠效应,即出现了区域内城市高质量发展均衡水平较高,但个别城市高质量发展均衡水平低于其他区域内城市高质量发展均衡水平的现象(张文彬等,2021)[24],如上游地区的银川和中游的西安,这也进一步表明黄河流域城市高质量发展均衡水平呈现一定的分散化和多极化特征。2018 年之后,区域内、区域间和超变密度的差异贡献率呈现收敛趋势,贡献率之间的差异快速下降。具体来说,超变密度的差异贡献率显著下降且随后有所上升,区域间差异贡献率显著上升且随后有所下降。本文认为造成这种现象的原因是 2017 年党的十九大报告提出高质量发展战略之后,黄河流域各城市响应不一,上中下游地区城市高质量发展各子系统的差异逐渐拉大,使得区域间差异贡献率上升,而超变密度贡献率相应下降,2019 年黄河流域生态保护和高质量发展战略提出之后,党和政府加大了对黄河流域沿线城市高

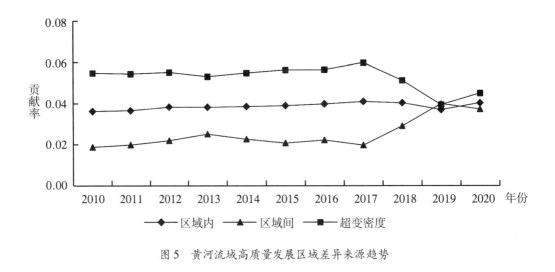

图 5 黄河流域高质量发展区域差异来源趋势

质量发展的支持力度，造成了区域间差异贡献率下降，超变密度贡献率相应上升。

（二）黄河流域高质量发展均衡性的动态演进分析

进一步采用核密度估计方法分析黄河流域高质量发展均衡性在黄河流域总体及上中下游三大区域的分布位置、态势、延展性和极化情况，从而更好地说明黄河流域高质量发展均衡水平的动态演进特征，具体如图 6 和表 5 所示。从分布位置看，黄河流域总体高质量发展均衡水平分布曲线主峰整体先向右移动再向左移动，说明黄河流域高质量发展均衡性先变好后变差。从波峰整体分布来看，主峰高度整体是波动上升趋势，2013 年峰值最低，2019 年峰值最高，整体宽度变窄，左拖尾且延展性收敛，只存在一个主峰、无侧峰，说明黄河流域高质量发展均衡水平的绝对差异不断缩小，不存在极化现象。

分区域来看，上游地区城市高质量发展均衡水平的分布曲线整体向右移动，表明上游地区各城市高质量发展的均衡性变好。波峰高度不断起伏变化，整体上增加，2016 年达到最大值，宽度变窄，说明上游地区高质量发展均衡水平的绝对差异出现缩小的趋势。左拖尾且延展性收敛，始终有两个主峰，存在极化现象，两极分化不断弱化。中游地区城市高质量发展均衡水平的主峰曲线整体上呈左移的趋势，说明中游地区高质量发展均衡性变差。波峰峰值高度变化趋势为"下降—上升"，2010—2017 年一直保持下降态势，之后开始上升，2019 年上升幅度比较大，宽度先变宽又变窄，分布曲线左拖尾且延展性拓宽转向收敛，存在一个主峰，两个侧峰，侧峰的高度总体降低趋势，表明中游地区高质量发展均衡性存在区域差异但绝对差异在逐渐缩小，多极分化不断弱化，仍需加强均衡性发展。下游地区高质量发展均衡水平的分布曲线向右侧移动，主峰高度波动变化比

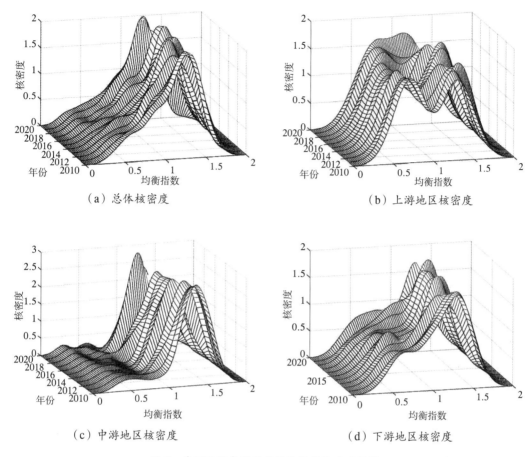

图 6 黄河流域高质量发展均衡性核密度估计

较大，2019年主峰高度达到最大值，之后有所下降，波峰宽度先变窄再变宽，左拖尾且延展性由收敛转向拓宽，只有一个主峰，2014年为双峰出现一个侧峰，两极分化，之后开始弱化，表明下游地区高质量发展均衡性整体呈上升态势，但绝对差异先不断缩小再增加，应当重视黄河流域下游地区城市之间的整体提高。

表 5 黄河流域高质量发展均衡性核密度曲线分布动态演进特征

地区	分布位置	主峰分布态势	分布延展性	极化情况
总体	右移—左移	峰值上升，宽度变窄	左拖尾，延展性收敛	无极化
上游	右移	峰值上升，宽度变窄	左拖尾，延展性收敛	两极分化，极化弱化
中游	左移	峰值下降-上升，宽度变宽-变窄	左拖尾，延展性拓宽-收敛	多极分化，极化弱化
下游	右移	峰值上升-下降，宽度变窄-变宽	左拖尾，延展性收敛-拓宽	两极分化，极化弱化

四、结论和政策建议

本文基于创新、协调、绿色、开放、共享五大发展理念构建了高质量发展指标体系，对黄河流域沿线城市高质量发展五大子系统进行测度，分析其内部发展均衡水平和相对比较优势，并进一步在此基础上分析黄河流域沿线城市高质量发展均衡水平的区域差异和动态演进趋势，系统分析黄河流域城市高质量发展的均衡特征。

主要得到以下结论：第一，黄河流域沿线城市高质量发展均衡水平较高，大多数城市处于有比较优势状态，未来发展潜力大。第二，黄河流域沿线城市高质量发展综合水平和均衡水平存在显著的错配现象，均衡水平高的城市综合水平相对较低，其显著表现就是上游地区城市高质量发展均衡水平较高但综合水平较低，中下游地区城市高质量发展均衡水平较低但综合水平较高。第三，黄河流域总体高质量发展均衡水平区域差异在波动中上升，上游地区城市高质量发展均衡水平在波动中下降；中游地区和下游地区高质量发展均衡水平的区域间差异性呈现上升趋势。此外，各地区高质量发展均衡水平的区域重叠效应（超变密度贡献率）是造成黄河流域沿线城市高质量发展均衡水平差异的最重要原因，区域间、区域内和超变密度对区域差异的贡献率在2010—2017年间基本保持相对平稳状态，但在2017年高质量发展战略提出之后，各城市对此响应不一，造成区域间差异贡献率显著上升。第四，动态演化方面，黄河流域沿线城市总体高质量发展均衡水平呈稳定上升趋势且不存在极化现象，相对协调优势增加，三大区域都呈波动性变化，存在极化弱化现象，其中中游地区和下游地区整体下降，说明中游和下游地区区域绝对差异较大，需要更加重视。

为进一步推进黄河流域生态保护和高质量发展重大国家战略，实现沿线城市又快又好、"量""质"双优发展，笔者从以下几方面提出政策建议。第一，坚持系统观点，推进高质量发展各子系统的协调发展。黄河流域沿线城市高质量发展是一个系统工程，必须坚持系统观点统筹创新、协调、绿色、开放、共享五个层面协同推进。第二，打破高质量发展综合水平和均衡水平区域错配局面，保持合理的均衡水平。实现各地区"量""质"双优发展，高水平失衡地区应打破失衡瓶颈，补齐短板；低水平均衡地区更应打破低水平累计循环效应，实现均衡稳定下的综合水平提升。第三，区域内联动，增强知识溢出效应以实现一体化均衡发展。以城市为载体和对象，充分发挥区域内典型双优和单层面存在相对优势城市的带动效应，打破区域壁垒，提高区域整体的均衡水平和协同优势，以更高水平、更深层次的区域一体化，融入和推动黄河流域生态保护和高质量发展。第四，从共同体全局出发，以"一盘棋"思想实现黄河流域整体高质量发展，按照市场规律在更大范围内统筹创新链、产业链和供应链的人财物高效调配，各地区在促进自身发展的同时也应从全局出发，实现联合决策和协同行动，充分发挥比较优势和知识溢出效应，引领整个黄河流域的均衡发展。

参考文献

[1] 魏后凯，年猛，李玏."十四五"时期中国区域发展战略与政策［J］.中国工业经济，2020，（05）.

[2] 金碚.关于"高质量发展"的经济学研究［J］.中国工业经济，2018，（04）.

[3] 白谨豪，刘儒，刘启农.基于空间均衡视角的区域高质量发展内涵界定与状态评价——以陕西省为例［J］.人文地理，2020，35（03）.

[4] 邓祥征，梁立，吴锋，等.发展地理学视角下中国区域均衡发展［J］.地理学报，2021，76（02）.

[5] 姚树洁，张帆.区域经济均衡高质量发展与"双循环"新发展格局［J］.宏观质量研究，2021，9（06）.

[6] 刘和东，刘童.区域创新驱动与经济高质量发展耦合协调度研究［J］.科技进步与对策，2020，37（16）.

[7] 徐晔，赵金凤.中国创新要素配置与经济高质量耦合发展的测度［J］.数量经济技术经济研究，2021，38（10）.

[8] 程翔，杨小娟，张峰.区域经济高质量发展与科技金融政策的协调度研究［J］.中国软科学，2020，（S1）.

[9] 崔盼盼，赵媛，夏四友，等.黄河流域生态环境与高质量发展测度及时空耦合特征［J］.经济地理，2020，40（05）.

[10] 刘琳轲，梁流涛，高攀，等.黄河流域生态保护与高质量发展的耦合关系及交互响应［J］.自然资源学报，2021，36（01）.

[11] 马慧强，廉倩文，韩增林，等.基本公共服务—城镇化—区域经济耦合协调发展时空演化［J］.经济地理，2020，40（05）.

[12] 王建康，韩倩.中国城市经济—社会—环境耦合协调的时空格局［J］.经济地理，2021，41（05）.

[13] 任保平，杜宇翔.黄河流域经济增长—产业发展—生态环境的耦合协同关系［J］.中国人口·资源与环境，2021，31（02）.

[14] 王淑婧，李俊峰.长三角城市群高质量绿色发展的均衡性特征及障碍因素［J］.自然资源学报，2022，37（06）.

[15] 樊杰, 周侃, 陈东. 生态文明建设中优化国土空间开发格局的经济地理学研究创新与应用实践 [J]. 经济地理, 2013, 33 (1).

[16] 马茹, 罗晖, 王宏伟, 等. 中国区域经济高质量发展评价指标体系及测度研究 [J]. 中国软科学, 2019, (07).

[17] 李金昌, 史龙梅, 徐蔼婷. 高质量发展评价指标体系探讨 [J]. 统计研究, 2019, 36 (01).

[18] 杨耀武, 张平. 中国经济高质量发展的逻辑、测度与治理 [J]. 经济研究, 2021, 56 (01).

[19] 陈景华, 陈姚, 陈敏敏. 中国经济高质量发展水平、区域差异及分布动态演进 [J]. 数量经济技术经济研究, 2020, 37 (12).

[20] 陈子曦, 青梅. 中国城市群高质量发展水平测度及其时空收敛性研究 [J]. 数量经济技术经济研究, 2022, 39 (06).

[21] 邓宗兵, 何若帆, 陈钲, 等. 中国八大综合经济区生态文明发展的区域差异及收敛性研究 [J]. 数量经济技术经济研究, 2020, 37 (06).

[22] 陈明华, 刘玉鑫, 刘文斐, 等. 中国城市民生发展的区域差异测度、来源分解与形成机理 [J]. 统计研究, 2020, 37 (05).

[23] DAGUM C. A new approach to the decomposition of the gini income inequality ratio [J]. Empirical Economics, 1997, 22 (4).

[24] 张文彬, 王赟. 可行能力视角下中国福利水平区域差异、动态演进与结构分解 [J]. 数量经济技术经济研究, 2021, 38 (12).

"双碳"目标下区域行业碳排放核算与分解研究

——以陕西省为例

张文彬[1]　宋建波[2]

（1. 西安财经大学 管理学院，2. 西安财经大学 统计学院，陕西 西安 710100）

摘　要：厘清地区和行业碳排放及驱动因素是实现2030年碳达峰及2060年碳中和"双碳"目标的前提和基础。文章首先利用非竞争型投入产出表，基于生产者原则和消费者原则对行业能耗碳和责任碳测算方法进行界定，并进一步基于消费、投资和流出三类最终需求对碳排放分解方法进行界定。其次以陕西省为例，对碳排放测算和分解进行实证探讨，结果表明，一方面，各行业在碳排放中扮演的生产者和消费者角色不一致和不对称，但能源类行业的碳排放量都是最大的；另一方面，流出需求驱动的碳排放远大于省内消费和投资需求驱动的碳排放，是陕西省碳排放增长最重要的驱动因素。最后文章从提高能源利用效率、优化产业结构、因业制宜重点解决高碳行业节能减排问题以及扩大消费和投资需求比例等方面提出了陕西省节能减排、早日实现"双碳"目标的政策参考。

关键词：投入产出表；能耗碳；责任碳；最终需求

引　言

目前全球变暖问题已成为世界各国关注的焦点，作为最主要温室气体的二氧化碳的减排问题也成为各国生态治理和环保政策的重中之重。改革开放以来，中国经济在取得"增长奇迹"的同时，生态环境问题也以"时空压缩"的形式集中出现，美国耶鲁大学和哥伦比亚大学联合发布的《2020年全球环境绩效指数（EPI）报告》显示，在全球180个

作者简介：张文彬，男，1985年生，河北唐山人，博士，西安财经大学管理学院副教授，研究方向为资源环境经济学；宋建波，女，1996年生，河南安阳人，西安财经大学统计学院硕士研究生，研究方向为资源环境统计。

国家和地区中，我国以37.3分位居第120位。中国的生态治理和节能减排问题是世界各国关注的焦点，在2020年召开的第七十五届联合国大会上，习近平主席庄严承诺中国将提高国家自主贡献力度，采取更加有力的政策和措施，二氧化碳排放力争于2030年前达到峰值，努力争取2060年前实现碳中和。随后一系列基于"双碳"目标的政策规划密集出台，为我国中长期的节能减排提供了顶层设计和配套措施。

"双碳"目标的实现必然要落脚在地区和产业层面，中国"双碳"目标的实现与各个省域的节能减排战略息息相关，合理分配各地区各产业的碳减排责任，寻求和制定省域层面"双碳"目标实现的节能减排战略，是制定科学可行的"碳达峰""碳中和"行动方案的前提和基础，对整体实现国家"双碳"目标具有重要的理论价值与实践意义，省域层面的节能减排将逐步带动整个国家层面的节能减排。"十三五"期间，中央政府也综合考虑了各省（区、市）经济发展阶段、资源环境禀赋、战略发展定位等因素，实施了5级分类指导的碳排放强度控制目标。同时，"双碳"目标的实现也要进一步落脚在地区产业层面，厘清各产业的降碳责任也是重中之重和必要前提。

区域投入产出表为厘清区域内产业碳排放状况提供了基本方法。基于投入产出表剖析碳排放以制定节能减排政策是当前学术界研究的重点和热点问题，在研究视角上，韩梦瑶等（2022）[1]利用投入产出表构建了隐含碳关联网络，解析了碳风险传播的关键节点和路径；尹伟华（2021）[2]基于投入产出模型计算了碳关税税率，研究了征收碳税对碳减排的影响；Wang等（2020）[3]通过融合能源消费、碳排放等因素的投入产出表发现，以能源消费管理为主导的经济转型是平衡各类可持续发展目标的最优路径；张同斌（2018）[4]利用投入产出模型研究发现重点行业碳减排具有"扩散效应"，有利于各行业共同减排。在国家层面，Ma等（2016）[5]基于投入产出模型对比分析了中美两国家庭能源消费碳排放，发现中国家庭碳排放始终低于美国；Lenzen等（2018）[6]通过全球投入产出数据对160个国家的旅游业碳排放进行了分析，认为旅游业的快速发展将使温室气体日益增加；各学者基于多区域投入产出模型研究了"一带一路"沿线地区（姚秋蕙等，2018）[7]、中澳（Wang等，2019）[8]、中德（Wang等，2019）[9]等国际贸易中的隐含碳排放转移问题，都认为发达国家将碳排放责任转移到了发展中国家；刘宏笪等（2021）[10]、Zhu等（2018）[11]、Tang等（2017）[12]基于投入产出表分析了中国产业碳排放产生根源及转移问题，认为出口是中国碳排放总量迅速增加的主要推动力之一。在国内省域层面，陈晖等（2020）[13]通过区域间投入产出表，从消费者与生产者责任视角测算了31省碳排放；Pu等（2020）[14]、李艳梅等（2019）[15]分析了省际碳转移问题；丛建辉等（2021）[16]利用多区域投入产出法核算了中国省域收入者责任碳排放，认为要素输出型省份碳排放更高。

西部地区因其区位条件，经济发展水平相对较低，同时又形成了以能源化工产业为主体的经济结构，随着西部大开发战略和"一带一路"倡议的推进，西部地区在产业结构优化、新能源开发以及低碳技术推广等方面取得了一定的成果，其低碳经济水平和发展潜力正在逐步释放（梁强，2017）[17]。但西部地区整体上处于高碳排放的发展阶段，是我国推进减排降碳工作和实现"双碳"任务的重点关注区域。基于此，文章选择西部能源富集省份陕西省为例进行实证分析。此外，以陕西省为例还有两个原因：一是陕西省近年来通过不断留住和吸引高素质人才、大力发展非能源化工产业、延长能源化工产业链以及建立清洁低碳高科技园区等途径释放了本省的低碳经济发展潜力，其节能减排战略政策具有一定的代表性和可推广性；二是作为西部大省，陕西省能源生产和消费结构的省情与我国国情相符，同时陕西省行业种类比较齐全且以重工业为主，这也与中国整体行业情况相似，从行业层面分析其碳排放状况和减排路径具有典型代表性，能够为其他地区"碳达峰""碳中和"路径设计提供借鉴和参考。

本文研究包括两方面内容：一是基于生产者责任原则和消费者责任原则核算陕西行业能耗碳和责任碳排放状况，以明确各行业实际碳排放责任；二是基于最终需求分解，找出碳排放的驱动因素，为制定科学高效的节能减排政策、早日实现"双碳"目标提供路径选择。

一、研究方法与数据

（一）研究方法

1.非竞争型投入产出表

一方面，竞争型投入产出法无法直接分析和测算作为中间品和最终品的流入省内产品（流入品）对经济体系的影响（沈利生，2011）[18]，另一方面，在能源消耗方面，相关能源统计年鉴仅统计了地区能源消耗数据，不包含省外能源消耗，而竞争型投入产出表含有省外数据。因此文章按"比例等同法"即假设流入品用于中间投入与最终消耗的比例与陕西省内生产的产品相同，将陕西省统计局编制的竞争型投入产出表转化为非竞争型投入产出表。

用 X_i^d、Y_i^d 分别表示行业 i 中间使用与最终使用的省内产品；X_i^m、Y_i^m 分别表示行业 i 中间使用与最终使用的省外流入产品；X_i、M_i 分别表示行业 i 的省内总产出和流入量。按"比例等同法"即 $Y_i^m/X_i^m = Y_i^d/X_i^d$，对投入产出表部门之间的关系加以推导，可得：

$$\frac{X_i^m}{X_i^d + X_i^m} = \frac{M_i}{X_i + M_i} \Rightarrow X_i^m = \frac{M_i(X_i^d + X_i^m)}{X_i + M_i} \tag{1}$$

$$\frac{Y_i^m}{Y_i^d + Y_i^m} = \frac{M_i}{X_i + M_i} \Rightarrow Y_i^m = \frac{M_i(Y_i^d + Y_i^m)}{X_i + M_i} \tag{2}$$

通过式（1）和式（2）可将竞争型投入产出表转化为非竞争型投入生产表，如表1所示。

表1 非竞争型投入产出表的基本结构

		中间使用		最终使用				省内总产出或流入
		$(1,2,\cdots,n)$	合计	消费 C	投资 I	流出 O	合计	
中间投入	省产品 $(1,2,\cdots,n)$	x_{ij}^d	X_i^d	y_{ix}^d	y_{it}^d	y_{ic}^d	Y_i^d	X_i
	流入品 $(1,2,\cdots,n)$	x_{ij}^m	X_i^m	y_{ix}^m	y_{it}^m	y_{ic}^m	Y_i^m	M_i
增加值		Y_j						
总投入		X_j						

可以看出，非竞争型投入产出表的相关数据在水平方向存在以下数量关系：

$$\sum_{j=1}^{n} x_{ij}^d + Y_i^d = X_i, \ i = 1, 2, \cdots, n \tag{3}$$

$$\sum_{j=1}^{n} x_{ij}^m + Y_i^m = M_i, \ i = 1, 2, \cdots, n \tag{4}$$

其中，x_{ij}^d、x_{ij}^m表示行业i生产中消耗的行业j省内和省外流入产品，即其中间投入包括省内和省外两部分。

设a_{ij}为直接消耗系数，则$x_{ij}=a_{ij}x_j$，用矩阵表示式（3）和式（4）为：$A^d X + Y^d = X$；$A^m X + Y^m = M$。因此有：

$$X = (I - A^d)^{-1} Y^d \tag{5}$$

$$M = A^m (I - A^d)^{-1} Y^d + Y^m \tag{6}$$

其中，X、M表示省内整体总产出和流入产品数量；A^d、A^m表示生产过程中对省内和省外产品的直接消耗矩阵；I 为单位矩阵；Y^d、Y^m 表示省内和省外整体最终使用状况。

进一步，基于投入产出表之间的数据关联，可以得到省内产品的里昂惕夫逆矩阵 $L^d = (I - A^d)^{-1}$，以揭示行业间相互依存的内在机理，L^d 矩阵形式可表示为：

$$L^d = (I - A^d)^{-1} = \begin{bmatrix} L_{11}^d & \cdots & L_{1n}^d \\ \vdots & L_{ij}^d & \vdots \\ L_{n1}^d & \cdots & L_{nn}^d \end{bmatrix} \quad (7)$$

式中，L_{ij}^d 表示行业 j 的单位省内生产对行业 i 的省内产品的完全消耗；$\sum_{i=1}^{n} L_{ij}^d$ 为行业 j 的完全消耗，表示行业 j 因生产一单位省内最终需求而消耗的所有行业投入之和。

2.碳排放核算方法

基本责任原则包含生产者责任原则和消费者责任原则，且基本责任原则和共担责任原则同为典型的环境责任分配原则（张友国，2014）[19]。由于生产者责任原则更靠近统计源，因而核算结果更加准确；消费者责任原则既可以核算生产要素中的隐含碳，也可以核算区域内相关行业的隐含碳，可同时解决碳排放在产业间和区域内转移的问题（Rhee 等，2006；Afionis 等，2017）[20-21]。同时生产者责任原则和消费者责任原则也符合 Lenzen 等（2010）[22] 所提的理想环境责任指标特征，所以文章同时采用这两种原则核算碳排放，并将其界定为能耗碳和责任碳。

（1）生产者责任原则下能耗碳核算方法。生产者责任原则的经济逻辑是"谁污染、谁付费"，要求污染行业对其生产过程中产生的碳排放负责，基于这一原则核算的碳排放称为能耗碳。具体测算过程如下：

将能耗碳界定为各行业生产过程中因消耗化石能源而带来的碳排放，其公式可表示为：

$$CE^e = eX \quad （8）$$

其中，CE^e 表示各行业生产过程中产生的能耗碳排放；e 表示各行业直接碳排放系数，$e_i = CE_i^e / X_i$ 表示行业 i 单位产出的能耗碳排放。

根据生产者责任原则，行业 i 需为其生产中产生的 $e_i L_{ij}^d Y_j^d$ 数量碳排放承担责任，可得：

$$CE_i^e = \sum_{j=1}^{n} e_i L_{ij}^d Y_j^d \quad （9）$$

式（9）中，$L_{ij}^d Y_j^d$ 表示行业 i 为满足行业 j 生产而提供的产出；其第 i 行的行向量之和 $\sum_{j=1}^{n} L_{ij}^d Y_j^d$ 表示行业 i 为满足所有行业生产全部产出而提供的中间产出；e_i 表示行业 i 单位产出的能耗碳排放。

（2）消费者责任原则下责任碳核算方法。消费者责任原则是指各行业应该为其中间投入产品来自能源、商品以及服务中的隐含碳排放承担责任（Munksgaard 等，2001）[23]，即"谁使用，谁付费"，称之为责任碳。借鉴刘婷（2017）[24]、王猛猛和刘红光（2021）[25]衡量碳排放责任的思路和方法衡量行业责任碳，具体测算过程如下：

将式（7）带入式（5）可得：

$$X = (I-A^d)^{-1}Y^d = \begin{bmatrix} L_{11}^d Y_1^d & \cdots & L_{1n}^d Y_n^d \\ \cdots & L_{ij}^d Y_j^d & \cdots \\ L_{n1}^d Y_1^d & \cdots & L_{nn}^d Y_n^d \end{bmatrix} \quad (10)$$

从纵向看，式（10）右侧的矩阵元素 $L_{ij}^d Y_j^d$ 表示行业 j 生产过程对行业 i 的中间产品需求；第 j 列向量之和 $\sum_{i=1}^{n} L_{ij}^d Y_j^d$ 表示行业 j 生产过程需要的所有行业中间投入之和。

将式（10）带入式（8）可得：

$$CE^e = e(I-A^d)^{-1}Y^d = eL^d Y^d = \begin{bmatrix} e_1 L_{11}^d Y_1^d & \cdots & e_1 L_{1n}^d Y_n^d \\ \cdots & e_i L_{ij}^d Y_j^d & \cdots \\ e_n L_{n1}^d Y_1^d & \cdots & e_n L_{nn}^d Y_n^d \end{bmatrix} \quad (11)$$

其中，$e_i L_{ij}^d$ 表示行业 j 因生产一单位省内产品最终需求而引致的行业 i 的碳排放。进一步可以定义行业 j 的责任碳 CE_j^r 为：

$$CE_j^r = \sum_{i=1}^{n} e_i L_{ij}^d Y_j^d \quad (12)$$

式（12）表示行业 j 的隐含碳排放，根据消费者责任原则，行业 j 需为此承担责任，因此将其定义为行业 j 的责任碳排放。

（3）能耗碳与责任碳的比较。通过式（9）和式（12），可以分别将各行业的能耗碳和责任碳进行加总，可得：

$$\sum_{i=1}^{n} CE_i^e = \sum_{i=1}^{n}\sum_{j=1}^{n} e_i L_{ij}^d Y_j^d, \quad \sum_{j=1}^{n} CE_j^r = \sum_{j=1}^{n}\sum_{i=1}^{n} e_i L_{ij}^d Y_j^d \quad (13)$$

由式（13）可知，所有行业能耗碳排放总量等于责任碳排放总量，但因为生产者责任和消费者责任的经济理论和思想迥然不同，其能耗碳与责任碳必然具有不对称性和不一致性（Lenzen 等，2010）[22]。若行业能耗碳（责任碳）大于其责任碳（能耗碳），则该行业扮演生产者（消费者）的角色。

3.最终需求分解方法

投入产出表中最终需求可分为三大块：一是消费，包括居民消费和政府消费；二是投资，又可称为资本形成，包括固定资本形成和存货；三是流出，包括出口和国内省外流出。为明确最终需求的不同组成部分对陕西省行业碳排放的驱动效应，文章将最终需求分解为消费、投资、流出三部分，即 $Y^d = C^d + I^d + O^d$，碳排放同样依据式（11）可分解为消费、投资、流出的产品导致的碳排放，即 $CE^e = eL^dY^d = eL^d(O^d + I^d + O^d) = eL^dC^d + eL^dI^d + eL^dO^d$，由式（9）和式（12）可知，基于最终需求的碳排放分解表现在行业层面为：

$$\begin{cases} CE_i^e = \sum_{j=1}^{n} e_i L_{ij}^d C_j^d + \sum_{j=1}^{n} e_i L_{ij}^d I_j^d + \sum_{j=1}^{n} e_i L_{ij}^d O_j^d \\ CE_j^r = \sum_{i=1}^{n} e_i L_{ij}^d C_j^d + \sum_{i=1}^{n} e_i L_{ij}^d I_j^d + \sum_{i=1}^{n} e_i L_{ij}^d O_j^d \end{cases} \quad (14)$$

其中，同式（13）的原理相同，消费、投资、流出分别引致的行业能耗碳总量均等于其责任碳总量。

（二）数据来源与处理

1.投入产出表数据来源和处理

文章将使用陕西省2007年、2012年和2017年三个年度投入产出表数据。在分析之前，首先对陕西省投入产出表进行处理，具体分为三步：一是按照"比例等同法"的思想将陕西省统计局公布的竞争型投入产出表转换为非竞争型可比价投入产出表，以消除省外流入品对分析的影响。二是为保证与行业能源消费数据相对应，将42个行业的投入产出表合并为28个行业[①]。三是对数据进行平减以消除价格的影响。以2007年陕西投入产出表数据为基期，选取各行业的价格指数，计算2012年和2017年各行业价格。价格指数选取方面：行业（1）数据选取农产品生产价格指数进行平减；行业（2）至行业（21）选工业品出厂价格指数平减；行业（22）至行业（24）数据选取水、电、燃料价格指数进行平减；行业（25）选取建筑安装工程价格指数平减；行业（26）选交通和通信价格指数平减；行业（27）选商品零售价格指数平减；行业（28）选居民消费价格指数平减。所有价格指数均取自《陕西统计年鉴》。

2.碳排放数据来源与计算

碳排放测算分为两步：一是获得各行业能源消费数据，根据数据可得性，选用的能源

---

① 28个行业分别为：1（农业）、2（煤炭开采和洗选业）、3（石油和天然气开采业）、4（金属采矿业）、5（非金属矿及其他矿采选业）、6（食品制造及烟草加工业）、7（纺织业）、8（服装皮革及其他纤维制品制造业）、9（木材加工及家具制造业）、10（造纸印刷及文教用品制造业）、11（石油加工及炼焦业）、12（化学工业）、13（非金属矿物制品业）、14（金属冶炼及压延加工业）、15（金属制品业）、16（机械工业）、17（交通运输设备制造业）、18（电器机械及器材制造业）、19（电子及通信设备制造业）、20（仪器仪表及文化办公用品机械制造业）、21（其他制造业）、22（电力热力的生产和供应业）、23（燃气生产和供应业）、24（水的生产和供应业）、25（建筑业）、26（交通运输仓储邮电通信业）、27（批发零售业住宿和餐饮业）、28（其他行业）。

消费数据包括原煤、焦炭、汽油、柴油、电力5类,原始数据来源于历年的《陕西统计年鉴》。二是通过能源消费数据计算碳排放,首先将行业能源消耗转化为标准煤,各能源的折合标准煤系数均取自2020年的《中国统计年鉴》,然后根据联合国政府间气候变化专门委员会（IPCC）编制的《国家温室气体排放清单指南2006》,可知标准煤的二氧化碳排放系数为2.4588吨二氧化碳/吨标准煤。将各行业标准煤单位下的能源消费与碳排放系数相乘即可得到行业能耗碳,通过各行业间的投入产出依存关系可以计算各行业的责任碳。

二、陕西省行业碳排放的核算结果分析

（一）陕西行业碳排放量及其行业来源

利用非竞争型投入产出表结构通过式（9）和式（12）可计算出2017年陕西28个行业的能耗碳与责任碳相关数据,如表2所示。

基于生产者责任原则的能耗碳方面,2017年陕西省行业能耗碳排放量为61280.39万吨。分行业看,能耗碳排放最大的3个行业为煤炭开采和洗选业（2）、电力热力生产和供应业（22）、石油加工及炼焦业（11）,3个行业能耗碳率合计为75.32%,其中,煤炭开采和洗选业（2）的能耗碳排放最大,为27458.51万吨,能耗碳率为44.81%。能耗碳排放量最小的3个行业为仪器仪表及文化办公用品机械制造业（20）、水的生产和供应业（24）、木材加工及家具制造业（9）,3个行业能耗碳率合计尚不足0.04%。可以看到,陕西省行业能耗碳排放高度集中在能源开发和利用行业,这也与能源产业"高能耗、高污染"的特征相符,因此,陕西省节能减排战略制定应重点关注能源产业领域,实现"双碳"目标的关键是实现能源产业的清洁绿色开发和高效低碳利用。

进一步利用式（9）将各行业能耗碳分解为向28个行业提供中间投入而引致的能耗碳总和。可以看到,煤炭开采和洗选业（2）的能耗碳主要因向煤炭开采和洗选业（2）、电力热力生产和供应业（22）、建筑业（25）3个行业提供产出而引致,这3个行业引致的能耗碳分别为14420.07万吨、3174.98万吨、2295.25万吨,合计占煤炭开采和洗选业能耗碳总量的72.44%。电力热力的生产和供应业（22）的能耗碳主要因向电力热力的生产和供应业（22）、建筑业（25）、其他行业（28）3个行业提供产出而引致,这3个行业引致的能耗碳分别为4350.29万吨、1275.93万吨、892.98万吨,合计占比为64.52%。石油加工及炼焦业（11）的能耗碳主要因向石油加工及炼焦业（11）、建筑业（25）、化学工业（12）3个行业提供产出而引致,这3个行业引致的能耗碳分别为5249.06万吨、1032.47万吨、519.71万吨,合计占比为79.18%。由此可知,陕西省能耗碳主要由向行业自身和建筑业提供产出而引致,建筑业绿色低碳发展同样是陕西省节能减排的关键。

表 2 陕西 2017 年行业碳排放

行业	1	2	3	4	5	6	7	8	9	10	11	12	13	14	15	16	17	18	19	20	21	22	23	24	25	26	27	28	合计	能耗碳率
1	240.47	0.23	0.12	0.07	0.03	58.46	3.27	0.56	1.46	0.44	0.20	12.76	0.13	0.45	0.05	1.19	0.64	0.45	0.29	0.01	0.06	0.16	0.03	0.01	9.29	0.44	8.06	5.33	344.64	0.56%
2	248.62	14420.07	154.85	137.16	66.67	458.63	43.89	12.81	24.88	95.44	1408.28	1416.19	264.51	559.04	38.62	158.75	205.93	101.41	114.55	4.37	13.65	3174.98	43.90	7.90	2295.25	250.65	735.78	1001.75	27458.51	44.81%
3	2.73	0.95	198.38	0.27	0.36	3.98	0.26	0.09	0.12	0.45	79.55	10.97	1.48	3.61	0.39	1.23	2.03	1.08	0.68	0.03	0.19	0.71	22.07	0.01	21.02	5.13	6.32	9.96	374.07	0.61%
4	0.31	0.13	0.03	38.17	0.05	0.32	0.01	0.01	0.09	1.01	0.04	0.44	0.34	30.31	0.98	3.46	3.96	1.23	0.66	0.12	0.06	0.08	0.02	0.00	14.07	0.14	0.24	0.84	97.09	0.16%
5	0.39	0.14	1.18	0.04	28.94	0.52	0.04	0.01	0.02	0.63	0.53	3.47	4.31	0.69	0.10	0.26	0.31	0.24	0.33	0.01	0.02	0.56	0.15	0.00	89.99	0.23	0.51	1.25	134.87	0.22%
6	11.18	0.10	0.03	0.03	0.01	220.40	0.23	0.05	0.10	0.20	0.09	0.90	0.04	0.14	0.02	0.14	0.15	0.08	0.07	0.00	0.01	0.07	0.02	0.00	1.61	0.29	11.05	3.02	250.06	0.41%
7	0.21	0.07	0.85	0.03	0.02	1.37	36.48	3.80	0.01	0.61	0.37	0.57	0.12	0.09	0.06	0.11	0.58	0.15	0.25	0.01	0.04	0.04	0.10	0.00	1.05	0.17	1.12	1.36	49.64	0.08%
8	0.17	0.05	0.04	0.03	0.01	0.12	0.01	9.28	0.00	0.07	0.03	0.07	0.01	0.03	0.01	0.03	0.07	0.02	0.01	0.00	0.02	0.02	0.01	0.00	0.53	0.09	0.27	0.35	11.32	0.02%
9	0.09	0.03	0.00	0.01	0.00	0.57	0.01	0.04	5.59	0.14	0.01	0.14	0.01	0.02	0.01	0.02	0.10	0.05	0.10	0.00	0.01	0.01	0.00	0.00	1.78	0.05	0.21	0.30	9.26	0.02%
10	0.48	0.22	0.09	0.07	0.04	2.94	0.04	0.04	0.03	26.44	0.16	1.09	0.13	0.18	0.05	0.20	0.20	0.14	0.52	0.02	0.02	0.12	0.03	0.00	2.53	1.09	1.98	7.26	46.09	0.08%
11	142.81	54.77	35.63	14.55	16.68	90.26	12.37	3.67	5.97	22.55	5249.06	519.71	23.66	206.94	13.16	51.19	98.57	35.25	17.00	1.36	11.00	24.67	6.48	0.38	1032.47	191.74	225.10	482.69	8589.68	14.02%
12	317.29	21.12	5.02	11.83	4.16	198.63	34.61	9.13	6.76	70.54	22.68	3452.72	22.51	91.28	7.04	38.26	116.16	98.80	41.49	1.34	7.08	17.60	2.67	0.71	558.69	33.36	99.52	440.75	5731.74	9.35%
13	2.52	1.93	0.61	0.83	2.77	11.95	0.26	0.11	0.36	0.86	0.71	13.44	382.96	8.39	2.68	5.08	6.85	7.72	4.36	0.09	0.65	0.96	0.12	0.01	1274.66	1.88	5.34	12.23	1750.34	2.86%
14	15.46	6.67	1.43	4.67	1.64	16.27	0.68	0.32	4.83	55.50	2.18	11.06	5.06	1674.11	51.51	186.40	216.22	55.32	35.70	6.39	3.01	4.27	0.84	0.06	723.54	7.29	12.16	42.29	3144.87	5.13%
15	0.42	0.10	0.01	0.05	0.01	0.39	0.01	0.01	0.02	0.08	0.03	0.19	0.03	0.17	4.39	0.62	2.03	0.20	0.38	0.01	0.06	0.05	0.01	0.00	3.29	0.10	0.24	1.22	14.13	0.02%
16	0.47	0.52	0.09	0.14	0.09	0.36	0.04	0.02	0.05	0.09	0.13	0.38	0.09	0.34	0.09	52.02	2.35	0.52	2.65	0.10	0.10	0.28	0.02	0.00	3.38	0.18	0.31	0.72	65.50	0.11%
17	0.27	0.05	0.01	0.10	0.02	0.13	0.01	0.00	0.00	0.01	0.03	0.10	0.02	0.12	0.01	0.96	79.36	0.03	0.09	0.01	0.09	0.03	0.01	0.00	0.44	0.47	0.16	0.58	83.09	0.14%

续表

行业	1	2	3	4	5	6	7	8	9	10	11	12	13	14	15	16	17	18	19	20	21	22	23	24	25	26	27	28	合计	能耗碳率
18	0.04	0.20	0.01	0.02	0.03	0.07	0.01	0.00	0.00	0.01	0.04	0.13	0.02	0.08	0.01	0.51	1.77	29.53	0.35	0.02	0.02	0.10	0.00	0.00	6.18	0.15	0.27	0.52	40.11	0.07%
19	0.06	0.05	0.02	0.01	0.03	0.09	0.01	0.00	0.00	0.02	0.05	0.19	0.02	0.04	0.01	0.53	0.13	0.50	62.80	0.03	0.02	0.05	0.01	0.00	2.82	0.92	0.40	1.19	70.03	0.11%
20	0.02	0.04	0.01	0.01	0.13	0.04	0.00	0.00	0.00	0.05	0.02	0.07	0.03	0.02	0.01	0.77	0.18	0.08	0.05	1.61	0.00	0.05	0.01	0.00	0.78	0.07	0.12	0.80	4.99	0.01%
21	0.69	0.35	0.15	0.17	0.05	0.76	0.04	0.14	0.05	0.55	0.34	1.47	0.44	8.93	0.85	2.04	2.68	0.71	0.39	0.04	43.19	0.80	0.09	0.01	8.42	1.78	1.29	4.80	81.22	0.13%
22	116.66	187.64	105.59	65.19	24.33	316.86	38.02	11.21	27.22	73.77	144.08	330.73	102.48	335.36	33.52	143.90	153.53	69.49	123.59	3.69	10.37	4350.29	46.40	10.32	1275.93	251.88	859.46	892.98	10104.49	16.49%
23	0.16	0.08	0.04	0.02	0.01	0.18	0.01	0.01	0.01	0.03	0.22	0.15	0.03	0.08	0.04	0.05	0.08	0.04	0.03	0.00	0.01	0.19	21.15	0.00	0.73	2.09	2.54	1.86	29.84	0.05%
24	0.05	0.07	0.03	0.04	0.01	0.21	0.02	0.01	0.01	0.06	0.08	0.24	0.03	0.11	0.01	0.08	0.08	0.04	0.04	0.00	0.01	0.18	0.20	2.76	2.12	0.19	0.95	1.34	8.97	0.01%
25	0.07	0.06	0.05	0.01	0.00	0.12	0.01	0.00	0.00	0.01	0.04	0.07	0.01	0.02	0.01	0.03	0.04	0.02	0.02	0.00	0.01	0.04	0.01	0.00	216.83	0.17	0.47	1.04	219.16	0.36%
26	17.48	18.60	9.29	2.83	2.14	36.79	1.72	1.29	1.34	5.70	31.28	27.31	5.29	13.05	2.47	10.08	13.76	9.27	5.20	0.35	1.29	11.50	6.70	0.14	139.07	798.14	140.25	151.35	1463.69	2.39%
27	3.10	1.76	0.44	0.78	0.26	6.51	0.52	0.43	0.26	1.58	1.78	4.09	0.99	3.35	0.40	2.05	3.03	1.52	1.37	0.07	0.21	1.29	0.34	0.02	30.74	3.79	384.25	34.58	489.51	0.80%
28	4.34	5.71	2.38	0.59	0.31	7.49	0.44	0.34	0.27	0.89	5.52	7.07	0.90	3.11	0.42	2.66	3.65	1.97	2.02	0.08	0.34	4.68	0.68	0.09	45.27	21.79	54.04	436.42	613.48	1.00%
合计	1126.57	14721.72	516.39	277.67	148.79	1434.40	173.01	53.34	79.49	357.75	6947.54	5815.73	815.63	2940.05	156.89	662.61	914.43	415.85	415.00	19.77	91.50	7593.77	152.07	22.45	7762.50	1574.28	2552.40	3538.78	61280.39	100.00%
责任碳率	1.84%	24.02%	0.84%	0.45%	0.24%	2.34%	0.28%	0.09%	0.13%	0.58%	11.34%	9.49%	1.33%	4.80%	0.26%	1.08%	1.49%	0.68%	0.68%	0.03%	0.15%	12.39%	0.25%	0.04%	12.67%	2.57%	4.17%	5.77%	100.00%	
责任与能耗碳比	3.27	0.54	1.38	2.86	1.10	5.74	3.49	4.71	8.58	7.76	0.81	1.01	0.47	0.93	11.10	10.12	11.00	10.37	5.93	3.96	1.13	0.75	5.10	2.50	35.42	1.08	5.21	5.77		

注：横行表示行业的能耗碳，纵列表示行业的责任碳，单位：万吨；行业能耗（责任）碳率表示该行业的能耗（责任）碳占28个行业总的能耗（责任）碳排放总量的比例。

基于消费者责任原则的责任碳方面，2017 年陕西省行业责任碳排放量为 61280.39 万吨，与行业能耗碳相同。分行业看，责任碳排放排名最大的 3 个行业为煤炭开采和洗选业（2）、建筑业（25）、电力热力的生产和供应业（22），3 个行业的责任碳率为 49.08%，其中，煤炭开采和洗选业（2）的责任碳排放同样最大，为 14721.72 万吨，其责任碳率为 24.02%。此外还可以看到，石油加工及炼焦业（11）的责任碳排放为 6947.54 万吨，责任碳率也超过了 10%，排在第 4 位。责任碳排放最小的 3 个行业是仪器仪表及文化办公用品机械制造业（20）、水的生产和供应业（24）、服装皮革及其他纤维制品制造业（8），3 个行业的能耗碳率尚不足 0.16%。可以看到，陕西省行业责任碳排放也高度集中在能源产业领域，但与能耗碳相比，各行业的责任碳相对分散。

进一步利用式（12）将各行业责任碳分解为为实现其全部产出而引致的 28 个行业的碳排放，具体表现为各行业需要为其生产所需的中间投入产品引致的碳排放负责。可以看到，煤炭开采和洗选业（2）的责任碳主要因使用煤炭开采和洗选业（2）自身的产出而引致，其引致的责任碳为 14420.07 万吨，占该行业责任碳总量的 97.95%。建筑业（25）的责任碳主要因使用煤炭开采和洗选业（2）、电力热力生产和供应业（22）、非金属矿物制品业（13）3 个行业所投入的产出而引致，其引致的责任碳分别为 2295.25 万吨、1275.93 万吨、1274.66 万吨，合计占建筑业责任碳总量的 62.43%。电力热力的生产和供应业（22）的责任碳主要因使用煤炭开采和洗选业（2）、电力热力生产和供应业（22）自身两个行业所投入的产出而引致，其引致的责任碳分别为 4350.29 万吨、3174.98 万吨，合计占电力热力生产和供应业责任碳总量的 99.10%。由此可知，陕西省行业责任碳主要因使用煤炭开采和洗选业（2）、石油加工及炼焦业（11）、电力热力的生产和供应业（22）三个能源产业所投入的产出引致。因此，基于消费者责任原则来看，能源清洁绿色开发和高效低碳利用同样是陕西省制定节能减排战略以实现"双碳"目标的关键。

由责任碳与能耗碳的比值可以看出，各行业在生产过程中扮演的生产者和消费者角色具有不对称性和不一致性。具体来说，煤炭开采和洗选业（2）、石油加工及炼焦业（11）、化学工业（12）、金属冶炼及压延加工业（14）、电力热力的生产和供应业（22）5 个行业扮演典型的生产者角色，这 5 个行业的能耗碳总量为 55029.29 万吨，能耗碳率为 89.80%，再次验证了陕西省能耗碳集中度高的结论。同时 5 个行业的责任碳总量为 38018.81 万吨，责任碳率为 62.04%，说明此类行业不仅能耗碳排放量大，责任碳排放量同样占有相当大的比重。其中，煤炭开采和洗选业（2）的能耗碳和责任碳都是所有行业中最大的。其余 23 个行业都是能耗碳排放低于责任碳排放的行业，扮演了消费者角色，其中金属制品业（15）、机械工业（16）、交通运输设备制造业（17）、电气机械及器材制造业（18）、建筑业（25）5 个行业为典型的消费者角色行业，其责任碳排放是能耗碳排放的 10 倍以上,且消费者角色最显著的为建筑业,其责任碳与能耗碳的比值为35.42。

总之,通过上述分析可以得到三个结论:一是行业能耗碳集中度较高,能耗碳排放量最大的三个行业占比超过了总量的四分之三,行业责任碳集中度相对低于能耗碳,但责任碳排放最大的三个行业的责任碳排放占比仍接近于总量的一半。二是行业能耗碳和责任碳排放主要集中在能源开发利用行业和建筑业,这些产业是陕西省节能减排战略关注的重点行业。三是陕西省各个行业扮演的生产者和消费者角色是不一致和不对称的,能源行业扮演了典型的生产者角色,建筑业扮演了典型的消费者角色。

(二)陕西行业碳排放的变动趋势

进一步分析2007—2017年陕西省行业能耗碳与责任碳排放的变动趋势,如表3所示。可以看到,整体上,伴随着陕西省经济总量的快速增长,行业碳排放呈现显著的增长趋势,由2007年17953.64万吨增长到2012年36335.10万吨,继而又增长到2017年61280.39万吨。高速增长的碳排放给陕西省节能减排和"双碳"目标的实现带来了巨大的压力。

2007—2017年能耗碳变动方面,陕西省行业能耗碳率变动呈现两极分化特点,除较少几个行业能耗碳率变动较大,如煤炭开采和洗选业(2)、电力热力的生产和供应业(22)外,多数行业的能耗碳率变动较小,变动低于1%的行业有21个。增减变动来看,有6个行业能耗碳率上升,其中煤炭开采和洗选业(2)的能耗碳率增加趋势最明显,从2007年的8.57%增加到2017年44.81%,增加36.24个百分点,近年其能耗碳排放占比接近陕西碳排放总量的一半。有21个行业能耗碳率下降,其中电力热力的生产和供应业(22)能耗碳率下降趋势最明显,从2007年的36.29%下降到了2017年的16.49%,下降了19.8个百分点,虽然其能耗碳排放量仍然较大,但其呈现出明显的下降趋势。其他行业(28)的能耗碳率保持不变。

2007—2017年责任碳变动方面,行业责任碳率同样呈现显著的两极分化特点,除煤炭开采和洗选业(2)、交通运输仓储邮电通信业(26)、电力热力的生产和供应业(22)3个行业的责任碳率变动较大外,其他行业责任碳率变动较小,有17个行业的责任碳率变动低于1%。增减变动来看,有7个行业责任碳率上升,其中煤炭开采和洗选业(2)的责任碳率增加趋势最明显,从2007年的2.45%增加到2017年的24.02%,增加了21.57个百分点,这表明无论是从生产者责任原则还是消费者责任原则角度看,煤炭开采和洗选业(2)都是碳排放率增长最大最快的行业,是节能减排和双碳目标实现的关键。有21个行业责任碳率下降,其中交通运输仓储邮电通信业(26)责任碳率从2007年的10.82%下降到2017年的2.57%,下降了8.25个百分点,这表明近年来陕西省推行的绿色交通和绿色出行政策取得了显著成效。

表 3 陕西 2007 年、2012 年、2017 年行业能耗碳和责任碳

	能耗碳/万吨							责任碳/万吨					
	2007		2012		2017		变动情况	2007		2012		2017		变动情况
行业	能耗碳	能耗碳率	能耗碳	能耗碳率	能耗碳	能耗碳率		责任碳	责任碳率	责任碳	责任碳率	责任碳	责任碳率	
1	266.74	1.49%	357.25	0.98%	344.64	0.56%	-0.92	748.70	4.17%	1011.30	2.78%	1126.57	1.84%	-2.33
2	1539.11	8.57%	8736.09	24.04%	27458.51	44.81%	36.24	440.58	2.45%	7025.51	19.31%	14721.72	24.02%	21.57
3	320.89	1.79%	327.74	0.90%	374.07	0.61%	-1.18	880.58	4.90%	480.16	1.32%	516.39	0.84%	-4.06
4	66.29	0.37%	96.60	0.27%	97.09	0.16%	-0.21	182.59	1.02%	143.85	0.40%	277.67	0.45%	-0.56
5	10.27	0.06%	71.30	0.20%	134.87	0.22%	0.16	0.52	0.00%	30.07	0.08%	148.79	0.24%	0.24
6	244.18	1.36%	448.62	1.23%	250.06	0.41%	-0.95	595.82	3.32%	1172.02	3.22%	1434.40	2.34%	-0.98
7	85.99	0.48%	73.26	0.20%	49.64	0.08%	-0.40	210.86	1.17%	204.28	0.56%	173.01	0.28%	-0.89
8	0.88	0.00%	7.62	0.02%	11.32	0.02%	0.01	22.00	0.12%	29.54	0.08%	53.34	0.09%	-0.04
9	4.15	0.02%	18.73	0.05%	9.26	0.02%	-0.01	16.92	0.09%	30.94	0.09%	79.49	0.13%	0.04
10	154.31	0.86%	108.29	0.30%	46.09	0.08%	-0.78	135.22	0.75%	123.13	0.34%	357.75	0.58%	-0.17
11	2344.51	13.06%	5315.28	14.63%	8589.68	14.02%	0.96	2047.56	11.40%	5017.10	13.79%	6947.54	11.34%	-0.07
12	1726.46	9.62%	2991.63	8.23%	5731.74	9.35%	-0.26	1438.82	8.01%	1747.10	4.80%	5815.73	9.49%	1.48
13	1008.95	5.62%	1917.29	5.28%	1750.34	2.86%	-2.76	365.24	2.03%	915.08	2.52%	815.63	1.33%	-0.70
14	1266.08	7.05%	3438.11	9.46%	3144.87	5.13%	-1.92	1293.65	7.21%	2732.58	7.51%	2940.05	4.80%	-2.41
15	11.46	0.06%	60.88	0.17%	14.13	0.02%	-0.04	26.58	0.15%	146.91	0.40%	156.89	0.26%	0.11
16	98.48	0.55%	158.66	0.44%	65.50	0.11%	-0.44	844.45	4.70%	671.94	1.85%	662.61	1.08%	-3.62

续表

行业	能耗碳/万吨							责任碳/万吨					
	2007		2012		2017		变动情况	2007		2012		2017		变动情况
	能耗碳	能耗碳率	能耗碳	能耗碳率	能耗碳	能耗碳率		责任碳	责任碳率	责任碳	责任碳率	责任碳	责任碳率	
17	116.20	0.65%	150.66	0.41%	83.09	0.14%	-0.51	671.55	3.74%	1199.17	3.30%	914.43	1.49%	-2.25
18	13.74	0.08%	24.47	0.07%	40.11	0.07%	-0.01	252.82	1.41%	292.95	0.81%	415.85	0.68%	-0.73
19	47.19	0.26%	18.18	0.05%	70.03	0.11%	-0.15	191.30	1.07%	244.04	0.67%	415.00	0.68%	-0.39
20	7.22	0.04%	8.00	0.02%	4.99	0.01%	-0.03	15.51	0.09%	66.29	0.18%	19.77	0.03%	-0.05
21	12.63	0.07%	23.39	0.06%	81.22	0.13%	0.06	14.23	0.08%	4.41	0.01%	91.50	0.15%	0.07
22	6515.15	36.29%	8235.91	22.67%	10104.49	16.49%	-19.80	842.31	4.69%	2197.84	6.04%	7593.77	12.39%	7.70
23	0.72	0.00%	11.29	0.03%	29.84	0.05%	0.04	50.24	0.28%	12.37	0.03%	152.07	0.25%	-0.03
24	6.21	0.03%	17.52	0.05%	8.97	0.01%	-0.02	14.45	0.08%	6.08	0.02%	22.45	0.04%	-0.04
25	103.59	0.58%	346.37	0.95%	219.16	0.36%	-0.22	2492.46	13.88%	5435.73	14.94%	7762.50	12.67%	-1.22
26	1246.69	6.94%	2197.23	6.05%	1463.69	2.39%	-4.56	1943.21	10.82%	2456.67	6.75%	1574.28	2.57%	-8.25
27	555.90	3.10%	430.29	1.18%	489.51	0.80%	-2.30	1029.38	5.73%	940.25	2.58%	2552.40	4.17%	-1.57
28	179.64	1.00%	744.45	2.05%	613.48	1.00%	0.00	1186.10	6.61%	2041.98	5.61%	3538.78	5.77%	-0.83
合计	17953.64	100.00%	36335.10	100.00%	61280.39	100.00%	0.00	17953.64	100.00%	36379.32	100.00%	61280.39	100.00%	0.00

注：变动情况表示2017年相比2007年各行业能耗碳率（责任碳率）的变动百分点；2012年的能耗碳总量与责任碳总量不一致是因为陕西2012年的投入产出表上存在误差项。

对比来看，陕西省能耗碳率和责任碳率同时增加的行业共有煤炭开采和洗选业（2）、非金属矿及其他矿采选业（5）、其他制造业（21）3个，表明这3个行业无论从生产者角度还是从消费者角度看其碳排放都呈现上升趋势，是行业层面节能减排和"双碳"目标实现的关键行业。同时下降的行业共有石油和天然气开采业（3）、金属冶炼及压延加工业（14）、交通运输仓储邮电通信业（26）、批发零售业住宿和餐饮业（27）4个，表明这4个行业无论从生产者角度还是从消费者角度看其碳排放都呈现下降趋势，是"清洁度"不断提高的行业。同时还可以看出，行业能耗碳和责任碳排放越来越集中在少数高碳行业，节能减排和"双碳"目标的实现应抓住重点和关键行业，如煤炭开采和洗选业（2）、电力热力的生产和供应业（22），应"因业制宜"地制定相应政策措施。

三、陕西行业碳排放的最终需求分解

利用式（14）将陕西省2007—2017年投入产出表中的消费、投资和流出3个类别的最终需求导致的能耗碳和责任碳进行分解，结果如表4所示。

整体上看，流出需求驱动的碳排放最大，要远高于消费和投资需求驱动的碳排放，其驱动的碳排放绝对量在2007—2017年间增长了34334.40万吨，占碳排放增加总量的79.25%，是陕西碳排放逐年递增的最大驱动因素。具体来说，2007年、2012年和2017年流出需求驱动的碳排放分别为11485.03万吨、24414.17万吨和45819.43万吨，占比分别高达63.97%、67.11%和74.77%，排放量绝对值和占比都呈现显著的上升趋势。消费需求驱动的碳排放绝对量在2007—2017年间增长了4110.29万吨；但其占比由2007年的19.52%下降到2017年的12.43%，呈现显著的持续下降趋势。投资需求驱动的碳排放绝对量增加了4882.05万吨；但其占比由2007年的16.51%下降到2017年的12.80%，同样呈现显著的下降趋势。因此，流出需求驱动的碳排放占比是唯一呈增长趋势的最终需求类型，陕西省节能减排和实现"双碳"目标的一个重要方向就是调整优化最终需求结构，增加消费和投资需求，适当控制流出需求。

以2017年为例，分析流出需求驱动的行业层面碳排放状况，由表4可知，煤炭开采和洗选业（2）、石油加工及炼焦业（11）、电力热力的生产和供应业（22）3个行业流出需求驱动的能耗碳和责任碳均为最多的，三者能耗碳合计占比高达78.46%，三者责任碳共计占比为57.04%。仅煤炭开采和洗选业（2）流出需求驱动的能耗碳就高达22977.89万吨，占比50.15%；煤炭开采和洗选业（2）流出需求驱动的责任碳为14722.93万吨，占比32.13%。服装皮革及其他纤维制品制造业（8）、木材加工及家具制造业（9）、仪器仪表及文化办公用品机械制造业（20）3个行业流出需求驱动的能耗碳最少，三者合计占比仅为0.02%。服装皮革及其他纤维制品制造业（8）、仪器仪表及文化办公用品机械制造业

表 4 陕西 2007 年、2012 年、2017 年行业碳排放的最终需求分解

行业	能耗碳/万吨											责任碳/万吨								
	2007			2012			2017			2007			2012			2017		
	消费	投资	流出	消费	投资	流出	消费	投资	流出	消费	投资	流出	消费	投资	流出	消费	投资	流出
1	54.18	60.15	152.41	92.54	8.65	255.41	65.28	12.05	267.30	117.90	190.49	440.31	244.00	8.91	758.39	182.72	11.63	932.22
2	259.40	220.37	1059.33	450.74	625.55	7661.64	2234.94	2245.68	22977.89	113.76	17.13	309.69	35.48	32.38	6957.66	0.00	-1.20	14722.93
3	8.48	4.46	307.95	12.25	10.92	304.70	26.68	22.41	324.98	0.00	-6.74	887.31	0.00	0.14	480.02	0.00	2.64	513.74
4	1.96	14.05	50.29	1.33	23.00	74.21	1.69	13.37	82.03	0.00	24.34	158.25	0.00	4.20	139.65	0.00	0.76	276.91
5	0.26	5.80	4.20	1.58	45.27	24.45	2.35	62.68	69.84	0.17	0.18	0.17	0.00	1.14	28.93	0.00	2.24	146.55
6	121.78	14.58	107.83	147.98	7.87	288.89	70.82	3.50	175.74	321.38	27.80	246.65	403.78	6.37	761.86	422.08	7.54	1004.78
7	36.53	-0.03	49.49	20.24	3.00	50.03	16.20	1.14	32.30	92.00	-6.18	125.03	49.72	1.50	153.06	53.16	-0.79	120.64
8	0.61	0.07	0.21	4.42	0.32	2.89	7.96	0.52	2.84	17.82	1.01	3.17	18.35	0.13	11.06	43.49	0.12	9.73
9	0.52	3.14	0.49	2.98	7.98	7.77	1.87	3.20	4.19	1.97	14.75	0.20	8.21	3.78	18.95	19.66	26.25	33.58
10	64.79	10.75	78.77	36.46	33.03	38.76	13.24	6.19	26.66	67.80	4.33	63.08	34.34	49.48	39.31	97.54	35.47	224.74
11	196.75	180.13	1967.64	464.05	472.24	4382.87	1134.28	987.15	6468.25	11.16	23.38	2013.01	184.58	56.48	4776.03	772.85	87.47	6087.23
12	375.53	197.31	1153.62	732.09	409.29	1849.97	1106.24	585.23	4040.27	355.00	7.84	1075.98	420.83	22.27	1304.01	1102.44	70.06	4643.23
13	63.32	455.32	490.32	65.45	1253.63	598.12	28.05	881.27	841.01	41.07	92.63	231.53	51.01	41.02	823.05	23.17	0.22	792.24
14	56.23	332.97	876.89	65.16	1086.34	2290.08	85.79	687.48	2371.60	54.16	40.36	1199.14	0.00	48.54	2684.04	0.00	-9.90	2949.95
15	0.84	5.89	4.72	4.33	23.71	32.86	1.40	4.97	7.76	0.00	23.96	2.63	3.29	36.80	106.81	4.83	65.74	86.33
16	4.42	57.28	36.78	5.73	64.22	88.74	1.47	38.71	25.32	3.84	603.17	237.44	3.58	302.32	366.04	2.18	454.51	205.92

续表

行业	能耗碳/万吨												责任碳/万吨											
	2007			2012			2017					2007			2012			2017					
	消费	投资	流出	消费	投资	流出	消费	投资	流出			消费	投资	流出	消费	投资	流出	消费	投资	流出			
17	6.73	28.47	81.00	7.17	33.51	110.00	8.69	5.81	68.59			27.55	167.30	476.69	52.54	266.05	880.58	92.98	52.67	768.78			
18	1.76	4.80	7.18	2.32	6.81	15.36	2.73	12.59	24.78			34.45	88.18	130.19	27.43	51.08	214.44	29.03	108.87	277.95			
19	12.29	9.68	25.22	1.98	1.68	14.54	3.27	5.50	61.26			54.22	40.73	96.34	12.80	12.76	218.48	13.92	16.76	384.32			
20	1.80	1.98	3.44	0.92	1.08	6.01	0.73	2.22	2.04			3.19	10.14	2.17	0.85	5.91	59.53	1.81	11.74	6.22			
21	1.94	2.61	8.09	2.73	3.80	16.88	8.98	10.90	61.34			2.21	-0.06	12.09	0.44	0.27	3.69	8.53	3.20	79.78			
22	1740.61	1140.35	3634.19	1994.47	1791.33	4461.03	2049.11	1550.75	6504.63			794.87	1.77	45.68	1106.91	0.00	1090.93	1821.13	446.49	5326.15			
23	0.32	0.02	0.38	4.83	1.35	5.20	7.20	2.47	20.17			24.57	-0.08	25.75	11.77	0.00	0.61	35.20	5.93	110.94			
24	2.51	1.04	2.65	7.32	4.31	5.90	1.92	2.21	4.84			14.31	0.06	0.08	5.99	0.00	0.10	5.55	2.86	14.04			
25	0.61	62.41	40.56	4.21	338.41	69.98	0.81	148.37	69.98			8.89	1511.59	971.98	38.76	5364.79	32.18	0.00	5302.18	2460.32			
26	290.28	109.83	846.58	505.20	367.18	1351.42	372.16	395.70	695.82			476.64	40.22	1426.36	592.66	236.16	1627.85	453.70	508.66	611.92			
27	125.43	30.16	400.31	94.71	35.97	299.61	93.81	42.53	353.17			211.39	45.73	772.26	196.28	24.95	719.02	452.21	80.95	2019.23			
28	74.69	10.46	94.50	440.83	130.70	173.09	267.18	111.48	234.82			654.24	0.00	531.86	1670.43	213.68	157.87	1976.68	553.03	1009.07			
合计	3504.58	2964.04	11485.03	5174.02	6791.12	24414.17	7614.87	7846.09	45819.43			3504.58	2964.04	11485.03	5174.02	6791.12	24414.17	7614.87	7846.09	45819.43			
占比	19.52%	16.51%	63.97%	14.22%	18.67%	67.11%	12.43%	12.80%	74.77%			19.52%	16.51%	63.97%	14.22%	18.67%	67.11%	12.43%	12.80%	74.77%			

注：投资项碳排放出现负值是因为投入产出表上存在负值，某些行业投资（资本形成）项为负碳排放的意义是此类行业在核算期的总投资（总资本）是减少的，形成投资（资本）变产生碳排放，减少投资（资本）意味着减少了碳排放，负碳排放在数值上表现为负值，其碳排放实质为前期（核算期之前）生产生的碳排放，即前期产生的投资（资本）在核算期使用了。

(20)、水的生产和供应业(24)3个行业流出需求驱动的责任碳最少,合计占比仅为 0.07%。

进一步分析消费需求和投资需求驱动的碳排放状况。能耗碳方面,煤炭开采和洗选业(2)、石油加工及炼焦业(11)、电力热力的生产和供应业(22)3个行业消费需求和投资需求驱动的能耗碳排放同样最大,两种需求驱动的能耗碳占比分别为 71.15%和 60.97%。金属制品业(15)、仪器仪表及文化办公用品机械制造业(20)、建筑业(25)3个行业消费需求驱动的能耗碳排放最少,占比为 0.04%;纺织业(7)、服装皮革及其他纤维制品制造业(8)、水的生产和供应业(24)3个行业投资需求驱动的能耗碳排放最少,占比为 0.05%。责任碳方面,化学工业(12)、电力热力的生产和供应业(22)、其他行业(28)3个行业消费需求驱动的责任碳最多,占比为 64.35%;建筑业(25)、交通运输仓储邮电通信业(26)、其他行业(28)3个行业投资需求驱动的责任碳最多,占比为 81.11%,其中仅建筑业(25)投资需求驱动的责任碳就达到了 67.58%。煤炭开采和洗选业(2)、石油和天然气开采业(3)、金属开采业(4)、非金属矿及其他矿开采业(5)、金属冶炼及压延加工业(14)、建筑业(25)等 6 个行业消费需求驱动的责任碳均为 0,原因是此类行业在最终需求环节没有消费。煤炭开采和洗选业(2)、纺织业(7)、金属冶炼及压延加工业(14)3个行业投资需求驱动的责任碳最少且均为负值,原因是此 3 个行业在核算期的资本形成为负值,所以在核算期此类行业没有产生责任碳,其消耗的资本引致的责任碳均为核算期之前引致的碳排放。

基于最终需求分解研究可以得到两个结论:一是流出最终需求是陕西省碳排放增长的最主要驱动因素,其 2017 年驱动的碳排放占比已接近 3/4,外部需求是陕西省碳排放增长的重要因素和节能减排政策关注的焦点。二是最终需求分解研究同样表明能源产业是陕西省碳排放的最主要来源和载体,能源产业的节能减排是陕西省产业低碳发展的关键。

四、结论与建议

文章利用非竞争型投入产出表数据,基于生产者责任原则和消费者责任原则对陕西省 2007—2017 年间行业碳排放进行了测度和最终需求分解,以厘清陕西省碳排放状况及驱动因素。结果表明,第一,陕西省各行业能耗碳与责任碳排放存在不一致性和不对称性,各行业扮演的生产者或消费者角色不同。煤炭开采和洗选业、石油加工及炼焦业、非金属矿物制品业、金属冶炼及压延加工业、电力热力的生产和供应业等资源类开发和加工行业扮演生产者角色,同时碳排放高度集中于这 5 个扮演生产者角色的行业,其余 23 个行业均扮演消费者角色。第二,从最终需求分解角度看,流出需求驱动的碳排放远大于省内消费和投资需求驱动的碳排放,其驱动的碳排放已接近陕西省碳排放的四分之三,是陕西省碳排放增长的最重要驱动因素。这表明陕西省作为能源大省,长期以来为国家能源安全大任作出了巨大贡献，在对周边地区提供能源供应和保障的同时，也给自身带来了严重的环境污染问题。第三，作为能源大省，以煤炭开采和洗选业、石油加工及炼焦业、电力热力的生产和供应业为主的能源相关行业是陕西省行业碳排放的最主要来源，能源行业节能减排是"十四五"乃至更长时期内陕西省"双碳"目标实现的关键。基于上述研究结果，文章提出以下政策参考：

首先，提高能源利用效率，降低单位能耗碳排放。能源利用效率低是导致单位能耗碳排放居高不下的关键因素，提高能源效率可有效降低碳排放。具体来说，提高能源效率的措施包括3个方面：一是深入贯彻和推进能源革命战略，以陕北能源化工基地为支撑，以中省大型能源企业为引领，加大能源利用绿色技术研发投入及政策支持力度，实现能源的精准利用、超低碳排放。二是在自主创新的同时，也要积极借鉴和引进东部地区以及国外其他发达地区的能源效率提升经验和设备，以"外部力量"倒逼能源利用技术和设备的升级改造。三是优化能源消费结构，构建多元化的能源供应体系，积极发展风能、太阳能、生物能等清洁高效、绿色低碳的可再生能源消费占比，以替代传统化石能源消费。

其次，调整优化产业结构，提高清洁低碳行业占比。不同行业能耗碳和责任碳存在显著差异，降低高能耗、高污染行业占比，提高清洁度高的行业比重，优化产业结构是降低碳排放的重要途径。具体来说，可以从两方面入手：一是"减法"方式，进一步巩固和推进供给侧结构性改革，对小煤窑、小钢铁厂进行合并重组，淘汰高能耗、高污染、低效率的落后产能，通过"减法"实现产业结构优化升级。二是"加法"方式，加快培育和积极发展低能耗、低污染的低碳"零碳"清洁产业，在对传统产业进行数字化、智能化改造的同时也要大力发展新能源、新材料、生物科技、新能源汽车以及高端装备制造业等新兴产业，通过"加法"实现产业结构优化升级。

再次，因业制宜，重点解决高碳行业节能减排问题。陕西省高碳行业主要集中在煤炭开采和洗选业、石油加工及炼焦业、电力热力的生产和供应业等能源行业。这些行业节能减排效果是陕西省"双碳"目标实现的关键，因此应集中解决这些行业的高碳排放问题。一是实现能源安全绿色智能开采和清洁高效利用，加强现代信息技术与能源产业的深层次融合，构建智慧能源体系，实现互联网＋智慧能源。二是延长能源产业链，推进煤炭原料化利用并扩展利用领域，在改造升级煤制甲醇、合成氨、电石、焦炭等传统煤化工向产业链高端延伸的同时，也要探索发展煤基新材料，推动煤化工精细化、集群化发展。

最后，调整优化最终需求结构，扩大消费和投资比重。最终需求的流出需求驱动的碳排放绝对值及其增量都远高于省内消费和投资，因此调整优化最终需求结构同样是陕西节能减排的重点。一是坚持区域能源合作"互惠互利"原则，国家应制定相关政策，在鼓励陕西省为中东部地区提供能源供应和保障的同时，要求能源流入省份对陕西省经济社会发展特别是节能减排方面提供相应的支持和帮扶。二是大力发展坑口发电,变陕煤外运为陕气外输。三是既要积极推进供给侧结构性改革,扩大高质量产品和服务供给,又要积极扩大本省内部消费和投资需求,以供给侧与需求侧协同推进消费和投资最终需求的提高,优化最终需求结构。

参考文献

[1] 韩梦瑶,刘卫东,杨茗月. 低碳转型下中国高耗能行业的碳风险传导解析:基于隐含碳关联网络视角[J]. 地理研究,2022,41(01):79-91.

[2] 尹伟华. 不同减排政策下碳税征收的影响及政策选择——基于碳达峰、碳中和目标的分析[J]. 广东财经大学学报,2021,36(05):16-26.

[3] WANG J, WANG K, WEI Y. How to balance China's sustainable development goals through industrial restructuring: A multi-regional input-output optimization of the employment-energy-water-emissions nexus[R]. [S.l.] Environment Research Letters, 2020, 15(3):034018.

[4] 张同斌. 重点行业碳减排是否会导致行业间的碳泄漏[J]. 统计研究,2018,35(08):69-81.

[5] MA X W, DU J, ZHANG M Y, et al. Indirect carbon emissions from household consumption between China and the USA: based on an input-output model[J]. Natural Hazards, 2016, 84: 399-410.

[6] LENZEN M, SUN Y Y, FATURAY F, et al. The carbon footprint of global tourism[J]. Nature Climate Change, 2018, 8: 522-528.

[7] 姚秋蕙,韩梦瑶,刘卫东. "一带一路"沿线地区隐含碳流动研究[J]. 地理学报,2018,73(11):2210-2222.

[8] WANG S, ZHAO YH, WIEDMANN T. Carbon emissions embodied in China-Australia trade: a scenario analysis based on input-output analysis and panel regression models[J]. Journal of Cleaner Production, 2019, 220: 721-731.

[9] WANG Q, LIU Y, WANG H. Determinants of net carbon emissions embodied in Sino-German trade[J]. Journal of Cleaner Production, 2019.

[10] 刘宏笪,张济建,张茜. 全球供应链视角下的中国碳排放责任与形象[J]. 资源科学,2021,43(04):652-668.

[11] ZHU YB, SHI YJ, WU J, et al. Exploring the characteristics of CO_2 emissions embodied in international trade and the fair share of responsibility[J]. Ecological Economics,

2018, 146: 574-587.

[12] TANG X, JIN Y, WANG X C, et al. Will China's trade restructuring reduce CO_2 emissions embodied in international exports?[J]. Journal of Cleaner Production, 2017, 161: 1094-1103.

[13] 陈晖,温婧,庞军,等.基于31省MRIO模型的中国省际碳转移及碳公平研究[J].中国环境科学,2020,40(12):5540-5550.

[14] PU Z N, YUE, S J GAO, P. The driving factors of China's embodied carbon emissions[J]. Technological Forecasting & Social Change, 2020, 153(4): 119930.

[15] 李艳梅,牛苗苗,张红丽.京津冀区域内增加值贸易的经济收益和隐含碳排放比较[J].资源科学,2019,41(09):1619-1629.

[16] 丛建辉,石雅,高慧,等."双碳"目标下中国省域碳排放责任核算研究——基于"收入者责任"视角[J].上海财经大学学报,2021,23(06):82-96.

[17] 梁强.基于技术创新机理的低碳产业发展研究——以民族地区数据为例[J].生态经济,2017,33(07):42-46.

[18] 沈利生.最终需求结构变动怎样影响产业结构变动——基于投入产出模型的分析[J].数量经济技术经济研究,2011(12):82-95.

[19] 张友国.基于经济利益的区域能耗责任研究[J].中国人口·资源与环境,2014,24(09):75-83.

[20] RHEE H C, CHUNG H S. Change in CO_2 emission and its transmissions between Korea and Japan using international input-output analysis[J]. Ecological Economics, 2006, 58(4): 788-800.

[21] AFIONIS S, SAKAI M, SCOTT K, et al. Consumption-based carbon accounting: Does it have a future?[J]. WIREs Climate Change, 2017, 8(1): 438-457.

[22] LENZEN M, MURRAY J. Conceptualising environmental responsibility[J]. Ecological Economics, 2010(3): 261-270.

[23] MUNKSGAARD J, PEDERSEN K A. CO_2 Accounts for open economies: producer or consumer responsibility[J]. Energy Policy, 2001, 29(4): 327-334.

[24] 刘婷.中国CO_2排放的区域转移与碳税分析[D].北京:清华大学,2017.

[25] 王猛猛,刘红光.碳排放责任核算研究进展[J].长江流域资源与环境,2021,30(10):2502-2511.

陕西自贸试验区推动文化产业发展的效应及路径研究

谭秀阁

(西安财经大学 商学院,陕西 西安 710100)

摘　要：陕西作为我国内陆省份之一,历史文化名城云集,文化资源富集,底蕴丰厚,但文化产业发展缓慢。"一带一路"倡议下我国提出的自贸试验区规划为文化产业发展提供了新的动力和机遇。陕西自贸试验区作为我国设立的第三批自贸试验区之一,虽然发展还不成熟,但已经对地区文化产生了规模扩大、产业融合、特色优势凸显、对外开放的溢出效应。在陕西自贸试验区推动文化产业进一步发展的过程中,需要克服自身固有的缺陷。从深度融入国家战略、做强自贸试验区文化全产业链、优化自贸试验区文化产业营商环境、构建内陆自贸试验区文化信息平台、自贸试验区协作化发展、构建基于政府和科研机构的高端智库等方面着手,推动陕西自贸试验区文化产业实现创新性发展。

关键词：陕西自贸试验区；内陆地区；文化产业

引　言

随着"一带一路"的推进,同时为了缓解沿海自由港和自贸试验区运行压力,我国逐渐在内陆地区设立自由贸易试验区(简称自贸试验区)。内陆自贸试验区规划逐渐成了我国自贸试验区战略和推动内陆地区发展的核心内容之一。大部分内陆自贸试验区历史文化底蕴丰厚,文化资源富集,是国内重点文化旅游名城,但文化产业基础薄弱,与沿海发达地区间差距显著。2021—2022年文化出口重点企业数和重点项目数相关统计数据显示,沿海自贸试验区中,除辽宁外,其余沿海自贸试验区的文化重点企业数和重点项

作者简介：谭秀阁,女,1982年生,河北唐山人,博士,西安财经大学商学院讲师,研究方向为会计学、企业管理。

目数均明显超出内陆自贸试验区（北京自贸试验区除外）①因此，相比沿海自贸试验区，内陆自贸试验区的文化核心资源优势有待提升。随着陕西自贸试验区的逐步建设，众多国内外企业和各种商品纷纷涌入，自贸试验区对各行各业的辐射带动作用强劲，自贸试验区的红利愈发得以彰显。在"一带一路"倡议的引领下，如何充分借助自贸试验区的辐射带动作用，大力推进内陆地区文化产业提质增效并深入发展，是一个值得研究的问题。同时，良好的地区文化产业对自贸试验区的发展又具有拉动作用，最终实现自贸试验区与文化产业的协同化发展。然而，作为典型的内陆自贸试验区，陕西自贸试验区与上海等沿海自贸试验区存在着较大差异，在推动地区文化产业发展过程中，必将有其独特问题。为此，我们有针对性地分析陕西自贸试验区促进文化产业发展的效应，并结合陕西自贸试验区文化产业发展的现实问题，提出陕西自贸试验区文化产业创新性发展路径。

一、文献综述

陕西自贸试验区属于我国目前设立的内陆自贸试验区之一，内陆自贸试验区的成功设立实现了我国自贸试验区建设由沿海向中西部等内陆地区扩展。同时，内陆自贸试验区建设将与"一带一路"倡议、西部大开发、长江经济带、东北振兴等国家倡议和战略规划相互融合、相互促进。内陆自贸试验区也将成为引领内陆地区新型开放经济模式、推动中西部地区深入发展的引擎。内陆自贸试验区能够缓解沿海货运和仓储压力（曲锋，2022）[1]，带动地区经济发展（石学刚等，2021）[2]，还在吸引外资、发展离岸金融等方面具有明显的促进作用（司春晓等，2021；王桂虎等，2021；魏天磊，2023）[3-5]。伴随着保税区及自贸试验区的兴起而快速发展，国内相关研究学者开始对自贸试验区展开多角度研究（孟广文等，2011；方云龙，2020）[6-7]。当前已经获得审批成立的自贸试验区在战略指向及区域优势等方面都有各自优势（查菲等，2019）[8]，而内陆城市在构建自贸试验区过程中将会面临政府职能转化较慢、市场管控过多等方面的障碍（白桦等，2018）[9]，且在其发展过程中也将存在不同于沿海自贸试验区的现实问题，但不可否认的是，内陆自贸试验区的设立确实对当地经济发展起到了强有力的带动作用。为此，部分学者专门对内陆城市建立自贸试验区，以及现已批准设立的内陆自贸试验区进行了研究，并且相关研究将持续，也会受到越来越多的关注。

1.有关内陆自贸试验区的研究

内陆自贸试验区不仅可以缓解沿海港口货物仓储的压力（曲锋，2022）[1]，带动区域经济发展和基础设施建设，还在吸引外资、发展离岸金融等方面具有很明显的促进作用

---

① 数据来源：关于2021—2022年国家文化出口重点企业和重点项目的公告。

(魏天磊，2023）[5]。

（1）对内陆自贸试验区建设进行评价。伴随着保税区及自贸试验区的兴起且快速发展，国内相关研究开始对自贸试验区进行评价。孟广文和刘铭（2011）[6] 运用经济地理学相关理论，建立了自贸试验区特征评价模型，并对天津滨海新区进行了实证检验。田毕飞和李伟（2015）[10] 借鉴了孟广文和刘铭（2011）[6] 等人的研究成果，确定了内陆自贸试验区建设基础评价模型，同时又构建了内陆自贸试验区建设需求评价模型，从基础条件与建设需求两方面分析内陆自贸试验区的建设。

（2）内陆自贸试验区构建的路径。当前已经获得审批成立的自贸试验区在战略指向及区域优势等方面都有各自优势（查菲等，2019）[8]，而内陆城市在构建自贸试验区过程中将会面临政府职能转化较慢、市场管控过多等方面的障碍（白桦等，2018）[9]。为此，部分学者专门对内陆城市建立自贸试验区的路径进行了探讨。段雯惠和洪联英（2022）[11] 基于双循环网络分布特征的视角，对内陆型自贸试验区建设中利用国内超大市场规模优势和利用程度进行了定性和定量分析，并提出内陆型自贸试验区在建设过程中需要有效利用国内超大规模市场优势，并将其作为重点举措。

（3）内陆自贸试验区的优势和效应分析。学者基于这一角度的研究多是针对某一地区进行着重分析。在对陕西构建自贸试验区的相关研究中，多是从西安市的自身优势、构建自贸试验区的可行性等方面进行分析，进而提出相应的政策建议（赵峰等，2017）[12]。当然，也有学者将西安的优劣势与上海自贸试验区进行对比（董靓玉，2015）[13]，对其他自贸试验区建设的创新举措进行梳理的基础上，详细分析其对西安的启示，最终提出政策建议。除此之外，张军等（2019）[14] 对自贸试验区的经济增长效应进行了研究，认为第三批自贸试验区对经济增长的正向促进效应先下降后上升。

2.有关文化产业的研究

（1）文化产业发展问题。与我国对外贸易整体的发展趋势相似，文化产业的贸易规模、文化产业贸易品种相比于初期均有所增加，但是我国文化贸易仍然存在着一些亟待解决的问题，如贸易逆差过大（魏鹏举，2016）[15]、文化贸易核心竞争力不足（刘红玉，2019）[16]、文化贸易出口产品质量偏低（曲如晓等，2019）[17]、出口市场多元化程度低（李嘉珊等，2019）[18] 等问题。针对这些问题，需要多措并举，充分抓住"一带一路"的战略机遇（罗立彬等，2018）[19]，利用"互联网+"带来的优势，扩大文化服务出口，市场竞争力、社会影响力、价值引导力三个角度齐抓，扩大核心文化产品出口比重（曲如晓等，2019）[17]。

（2）文化贸易国际竞争力。国际竞争力衡量了一国或一地区贸易发展水平及其在国际市场上参与竞争的能力，是国际贸易研究中的重要议题之一。田晖和孟彩霞（2019）[20]

同时运用国际市场占有率、显示性比较优势指数、出口增长优势指数测算了中国对六大经济走廊文化产品出口的贸易竞争力,认为不同文化产品的贸易竞争力存在差异,且空间分布不均衡。除了运用传统指标外,颜姜慧和尤莉娟(2019)[21]利用"钻石模型"分别对中美创意产品国际竞争力、中国文化贸易国际竞争力进行了分析,均得出中国文化贸易竞争优势弱的结论。

(3)文化贸易发展的影响因素。随着定量分析方法的发展,为了解决文化贸易发展中所出现的问题以提升本国文化贸易竞争力,学者开始探讨文化贸易的影响因素,杨连星(2016)[22]从消费者偏好的角度,得出了相同结论。曲如晓等(2016)[23]在有效考虑文化距离测算的主观性和可能存在的内生性问题情况下,考察孔子学院的建立对中国文化贸易的影响。此后,随着近年来中国文化贸易的增长,杨连星(2016)[22]开始对文化贸易增长二元边际及其影响因素进行研究。刘慧等(2014)[24]是我国首位将H-K二元边际分解应用于文化领域的学者,她对中国出口10个国家的文化产品出口情况进行考察,得出中国文化产品出口具有"粗放型"特征的结论。

3.有关内陆自贸试验区与文化贸易的研究

当前有关自贸试验区与文化贸易的文献主要是从理论角度分析如何对接"一带一路"倡议(陈明敏等,2019)[25],抓住自贸试验区的发展机遇大力推动文化产业发展(杨琳,2018)[26],进而实现文化贸易高端化、国际化(刘涛等,2019)[27]。学者大多针对建立较早的沿海自贸试验区加以研究,分析自贸试验区建立给文化产业带来的机遇与挑战(田纪鹏等,2015;安峥,2020)[28-29],并期待借此实现对外文化贸易新优势的培育(花建,2017)[30]。当然,自贸试验区对传统文化传承机制的融入,对文化贸易国际化的推动不是一蹴而就的,需要我们在认真分析自贸试验区发展模式、发展特点,梳理国内外典型经验的基础上,采取切实有效的措施,实现两者的共同发展(田纪鹏等,2015)[28]。

大部分内陆自贸试验区的设立时间不长,自贸试验区的红利还未得以完全显现,因此,有关内陆自贸试验区与文化产业的相关研究还不是很多,目前比较典型的,如杨琳(2018)[26]特别指出,陕西文化产业应该紧抓自贸试验区建设契机,激发陕西文化潜力,促进文化产业国际化。刘涛等(2019)[27]在对内陆自贸试验区与沿海自贸试验区加以对比的基础上,指出内陆自贸试验区扩大文化贸易路径应秉承"不忘本来,吸收外来"的原则。

4.文献述评

现有的相关研究中,学者试着从多个角度进行了有益探索,为后人的研究和思路拓展提供了很好的参考和有益借鉴,对相关理论发展和研究方法的丰富起到了不可替代的作用。诸多学者的研究为后人相关研究的开展拓宽了视野和思路,提供了很好的借鉴。但当前有关自贸试验区对文化产业溢出效应的研究不多，尤其是内陆自贸试验区对文化产业溢出效应的研究就更少。同时，有关单个内陆自贸试验区对文化产业发展的促进路径的研究文献并不多见。

二、内陆自贸试验区与文化产业

我国提出并设立自贸试验区，这不仅是与我国提出的"一带一路"倡议和其他国家战略相辅相成，同时也是倒逼文化产业改革发展的推动力。为了对陕西自贸试验区对文化产业发展效应和促进路径进行有效分析，首先对内陆自贸试验区布局及内陆自贸试验区所在地文化产业发展规划等情况进行简要分析。

1.内陆自贸试验区的布局

"一带一路"倡议于2013年首次被提出，该倡议为沿线国家间交流合作、开放发展提供了前所未有的机遇，也为我国国内沿线省市间的互利互通、优势互补提供了良好的平台。同年，我国开始设立自贸试验区，并选择在上海设立我国第一个自由贸易试验区。此后的几年里，我国先后分批共设立了21个自贸试验区。自贸试验区与"一带一路"倡议具有共同的主题，两者相辅相成、相互促进。作为先行试点的"试验田"，第一批和第二批的四个自贸试验区全部设在沿海地区。此后，国家的自贸试验区建设明显加速，2016年，包括沿海和内陆地区的七个地区被批准设立自贸试验区[①]，进一步扩大了我国对外开放格局。2018—2019年，国家又逐步批准设立了七个自贸试验区，分别位于海南、山东、江苏、河北、广西、云南、黑龙江，2020年9月，国务院印发北京、湖南、安徽自由贸易试验区总体方案及浙江自由贸易试验区扩展区域方案的通知[②]，至此，我国实现了沿海自贸试验区的全覆盖。内陆自贸试验区则涵盖了河南、湖北、重庆、四川、陕西、云南、黑龙江，以及2020年纳入的三个内陆自贸试验区，共计10个内陆自贸试验区。

自贸试验区的规划不仅实现了我国自贸试验区从东北到西南，从沿海到内地广大区域的覆盖，也体现了与"一带一路"、长江经济带、西部大开发等国家倡议或战略的契合。这里我们对内陆自贸试验区进行重点分析，如表1所示，10个内陆自贸试验区中的5个自贸试验区为"一带一路"建设重点省份，同时囊括了5个"一带一路"建设重点节点地区。10个内陆自贸试验区中6个属于长江经济带地区，4个属于西部地区。

---

① 资料来源：党中央国务院决定新设立7个自贸试验区|试验区|自贸|建设_新浪财经_新浪网 https://finance.sina.com.cn/stock/t/2016-08-31/doc-ifxvpxua7516851.shtml。

② 资料来源：国务院关于印发北京、湖南、安徽自由贸易试验区总体方案及浙江自由贸易试验区扩展区域方案的通知（国发〔2020〕10号）_政府信息公开专栏 http://www.gov.cn/zhengce/content/2020-09/21/content_5544926.htm。

表1 内陆自贸试验区与国家倡议或战略的契合

	"一带一路"建设重点省份	长江经济带	西部地区
河南	是	否	否
湖北	否	是	否
重庆	是	是	是
四川	否	是	是
陕西	是	否	是
云南	是	否	是
黑龙江	是	否	否
北京	否	否	否
湖南	否	是	否
安徽	否	是	否

2.内陆自贸试验区文化发展规划和文化贸易基地

内陆自贸试验区所在地区几乎全部拥有历史文化名城，全部为文化资源富集地，历史底蕴丰富，具有拓展文化产业发展的先天优势。随着自贸试验区的设立，各地区均推出了自己的文化发展规划（表2），以期望充分利用自贸试验区的建设契机，推动文化产业发展。

表2 设立之初各内陆自贸试验区文化发展规划

内陆自贸试验区所在地区	规划内容概要
河南	重点在开封和洛阳片区发展文化产业，开封片区注重文化传媒、艺术品交易，致力于打造文化贸易与人文旅游相结合的国际化平台；洛阳片区主推文化创意、文化贸易，以及文化旅游等形式
湖北	开展多层次的国内外文化旅游综合服务；推介和培植旅游观光产业；结合互联网技术，打造自贸试验区文化创意产业链和文旅资源共享平台，培育文化创意企业；打造面向世界的楚文化中心地位
重庆	致力于发展非物质文化遗产与新型传播方式相结合的创新性文化服务海外推广；鼓励影视新闻类企业通过合作项目方式走出去
四川	深度开拓对外文化贸易，并重点延伸艺术品交易市场功能

续表

内陆自贸试验区所在地区	规划内容概要
陕西	试点文化类产品跨境电子交易,并以此鼓励支持企业采取新型交易模式开拓海外市场;鼓励政府与社会资本合作推进对外文化投资
云南	引入社会资本,搭建对外文化交流国际化平台;深度开发与东南亚国家在文化领域的合作
黑龙江	以国家文化出口基地为目标建设哈尔滨片区;推进文物相关艺术品在自贸试验区的综合保税区内展示和存储
北京	致力于建设国际影视动漫版权贸易平台,并且开展文化知识产权保险业务的探索,推动"一带一路"文化展示交易馆的发展
湖南	加强湘粤港澳四地文化创意产业的合作,对接文化创意产业优势资源
安徽	将文化服务贸易纳入国际贸易"单一窗口"

资料来源:根据各自贸试验区的发展规划或总体方案整理。

借助自贸试验区设立的红利效应,各内陆自贸试验区纷纷结合自身实际,加快建立文化贸易基地或培育相应文化板块。2018年,商务部、中宣部等公布的13个国家文化出口基地[1]名单显示,内陆自贸试验区中3个省市位列其中,包括四川省自贡市、云南省昆明市、西安高新技术开发区[2]。此外,2020年初,重庆(西永)对外文化贸易基地正式挂牌[1]。截至2020年初,10个内陆自贸试验区中7个已经在自贸试验区的建设机遇下建成了对外文化贸易基地。

三、陕西自贸试验区促进文化产业发展的机理分析

自贸试验区建设可谓国家"一带一路"倡议的重要组成部分和具体实施举措,伴随着"一带一路"倡议的持续推进,内陆自贸试验区对本地文化产业的红利效应逐渐显现。当前,内陆自贸试验区对文化产业已经或正在产生着明显的规模扩大效应、产业融合效应、文化产业特色凸显效应、对外开放效应。

---

[1] 资料来源:国家商务部网站。
[2] 这13个首批国家文化出口基地分别为北京天竺综合保税区、上海市徐汇区、江苏省无锡市、中国(浙江)影视产业国际合作区、安徽省合肥市蜀山区、山东省淄博市博山区、湖南省长沙市、广东省广州市天河区、四川省自贡市、云南省昆明市、西藏文化旅游创意园区、西安高新技术开发区、中国(福建)自贸试验区厦门片区。

1. 规模扩大效应

陕西自贸试验区的设立极大地提升了本省市文化产业发展活力，促使文化产业规模扩大。首先，"一带一路"倡议促使沿线国家间联系更紧密，从而强化了相互之间的文化交流与合作。以此为基础的自贸试验区战略，不仅为陕西与沿线国家和地区强化文化沟通提供了很好的平台，同时也成为与国内其他自贸试验区、长江经济带省市沟通联系的纽带。其次，陕西自贸试验区宽松的政策环境激发了文化企业开展对外文化贸易的动力，通关便利加速文化产品流动并降低交易成本。众多文化企业在这样的环境吸引下，纷纷入驻。文化企业入驻园区和对外交流合作的意愿增强，带动文化企业对外开放范围扩大，地区文化贸易提升，最终带动地区文化产业规模扩大。第一批和第二批沿海自贸试验区成立时间最早，效果显现最为明显。与此类似，陕西自贸试验区设立后对地区文化产业带来了明显的规模扩大效应。据相关数据统计，陕西自贸试验区设立一年时间，陕西地区规模以上文化企业数量相比上年同期增加了389家，同比分别增长48.02%[②]。不仅如此，陕西省本地的规模以上文化制造业企业、文化服务业、文化批发和零售业均相比同期增长明显。同时，随着陕西自贸试验区对文化产业促进作用的增强，陕西自贸试验区文化产业带动相关就业提升。

2. 产业融合效应

在推动文化产业发展的同时，陕西借助自贸试验区平台有效地与相关产业融合，实现了产业发展协同效应。这一效应的发挥主要基于三点：第一，陕西自贸试验区的设立不仅吸引诸多文化产业入驻，同样吸引了包括旅游、餐饮、制造、建筑等各行各业的入驻。集中了各行各业优势资源，带来了前所未有的产业集聚效应。在陕西自贸试验区宽松有序的发展环境下，各产业沟通合作的可能性增大。第二，文化产业具有渗透力强、影响力大、融合性高的特点。文化产业通过陕西自贸试验区制度创新的优势，积极探索与自贸试验区投资、金融、贸易相关产业的对接融合。第三，文化产品和文化服务需要多样化的途径和载体加以呈现和展示，因此，对于文化产业和相关产业双方来说，都是良好的发展机遇。除了陕西省外，目前设立的其他内陆自贸试验区所在地区均具有良好的历史文化资源，为此，在陕西自贸试验区设立之初的自贸试验区发展总体方案均与文化相关，且均不同程度地提出文化与旅游相融合发展的理念。此外，作为陕西自贸试验区发展重点，同时也是国家首批对外文化贸易基地的西安文化对外贸易基地推行"互联网+

---

① 资料来源：重庆（西永）对外文化贸易基地挂牌-重庆频道-人民网 https://mcq.people.com.cn/news/20201225/20201225105992610151.htm。

② 数据来源：根据《中国统计年鉴》中相关数据计算而得。

文化+外贸"的发展理念，以此来推动文化产业与先进技术和理念的融合。"丝路汇""一带一路"语言能力标准化服务体系及大数据平台建设除了服务于文化产业发展外，还致力于推动文化产业与法律服务、文化研究与服务等相关产业协同发展。

3.文化产业特色凸显效应

陕西自贸试验区在设立之后结合地区文化产业基础条件，充分发挥对外文化贸易基地的作用，进而陕西自贸试验区会在地区文化产业资源丰富的先天优势基础上，借助"一带一路"建设机遇和自贸试验区建设的契机，结合本地地区特点和区位优势，深入挖掘，精准定位自身优势，确立文化发展重点和特色。目前，除了陕西自贸试验区外，其他各内陆自贸试验区已经或正在逐步形成具有自身特色的文化产业竞争力优势，如表3所示。

表3 内陆自贸试验区特色文化产业项目或优势

自贸试验区	特色文化产业项目或优势
河南自贸试验区	开封片区为唯一一个以发展文化贸易为目标的自贸试验区片区，并融合了河南自贸试验区交通物流特色
湖北自贸试验区	宜昌片区基于钢琴产品的先天优势，确立文化制造业引领发展的模式
重庆自贸试验区	打造国际文化艺术平台，并建立涵盖多项功能的文化艺术全产业链
四川自贸试验区	四川省自贡市为首批国家文化出口基地之一，确立了彩灯特色主题模式，打造彩灯全产业链
陕西自贸试验区	沣东新城功能区打造"自贸+文化"模式；西咸新区主推传统文化与现代技术的结合
云南自贸试验区	云南自贸试验区昆明片区突出普洱茶文化、民族工艺文化特色，并依托云南地理位置优势，注重对外文化展示与交流
黑龙江自贸试验区	依托"一城两国"区位优势，探索对接俄罗斯的"两国两园"跨境合作的模式下，继续深化中俄文化交流、艺术品集散等文化产业发展
北京自贸试验区	加速推进"一带一路"文化展示交易馆，开展文化艺术品展示交易
湖南自贸试验区	以"湘"字品牌造就全国文化产业中的独特"湖南现象"
安徽自贸试验区	打造具有地方资源特色的文化旅游、传统文化为依托的特色项目

资料来源：根据各自贸试验区官网、发展规划或相关报道整理。

在"一带一路"倡议的背景下，陕西借助自贸试验区建设的良好契机，凝聚力量，突出优势，切实提升了自身实力。根据2019年中国省市文化产业发展指数报告对文化产业综合指数排名前十位的统计显示,陕西首次进入前十位,位列第九位[①]。

4.对外开放效应

自贸试验区建设与"一带一路"倡议是相辅相成、密切相关的。陕西自贸试验区的设立,实现了西部内陆自贸试验区建设与"一带一路"倡议的对接,在推动陕西建设成为对外开放前沿上又进一步。在这样的政策机遇下,陕西自贸试验区的设立有效提升了文化产业的对外开放度,促进了陕西地区对外文化贸易发展。这一效应得益于内部和外部效应的共同作用。首先,从内部效应来看,陕西自贸试验区平台吸引了诸多省内外乃至国外文化企业入驻。一方面地区文化企业的生存竞争压力增大,为提高竞争力,扩大市场份额,其自身改进技术和管理水平的动力增强。另一方面国外及省外优质文化企业的入驻,会带来先进技术,技术外溢产生的正向市场外部性将促使陕西自贸试验区文化企业技术水平提升。这一过程也将有利于文化企业优胜劣汰,迫使低效企业淘汰,保证优质高效企业获取更多资源,优化资源配置,提升效率,从而具备或提升对外贸易的能力。其次,从外部效应看,当前设立的自贸试验区中共有10个内陆自贸试验区,10个内陆自贸试验区各有特色和优势,相互之间并非竞争关系。除黑龙江自贸试验区外,陕西自贸试验区与其余内陆自贸试验区地理位置临近,具有天然的地缘联系。陕西与河南、重庆、四川自贸试验区均将建成重要的交通枢纽或重要支点。在"一带一路"、长江经济带、西部大开发等政策机遇下,具有相互合作的基础,陕西自贸试验区的设立能有效整合各地文化资源,进一步将陕西自贸试验区市场合并成一个统一对外开放大市场,带动内陆地区文化产业对外开放水平提升。

四、陕西自贸试验区推动文化产业发展的路径

相比于沿海自贸试验区,内陆自贸试验区虽然有着先天的文化资源优势,但是在地理位置、营商环境等方面面临着不可避免的制约。因此,在后续发展过程中,我们需要合理借用外力,在继续深化原有优势的基础上,提升短板,促进内陆自贸试验区文化产业深入发展。

1.借力国家战略形成自贸试验区文化产业品牌

目前,我国建立的21个自贸试验区从东北到西南,涵盖沿海到内地广大区域。"一带一路"倡议的21个地区中11个已经设立自贸试验区,6个为沿海自贸试验区,5个为内陆自贸试验区。长江经济带11个省市涵盖了9个自贸试验区,其中6个为内陆自贸试

---

① 数据来源:2018年和2019年中国省市文化产业发展指数报告。该报告由中国人民大学每年定期编制并发布,2018和2019年中国省市文化产业发展指数报告分别为第九次和第十次发布。

验区。同时，相较于第一批和第二批自贸试验区，第三批之后设立的自贸试验区更多地立足于内陆，依托海港、空港、河港、陆上交通港，在更大范围内推动开放发展。国家对于自贸试验区的规划，既考虑到各省市自身的优势，也充分考虑到国家重要倡议或战略——"一带一路"倡议、长江经济带战略、西部大开发战略、东北振兴战略等。因此，自贸试验区战略可以说是国家在原有战略规划基础上的高度延伸，也是国家重大战略的高度融合。第一批和第二批自贸试验区设立时间早，结合"一带一路"倡议推动地区文化产业发展的效果已见成效。我国当前设立的几个内陆自贸试验区均为历史文化底蕴丰厚的地区，未来的文化产业发展潜力巨大。为此，陕西自贸试验区可以从几个方面着手：一是陕西自贸试验区应充分融入国家战略，借助"一带一路"建设优势，积极开拓"一带一路"沿线国家市场，推动区内文化特色产业走出去，通过文化旅游、文化演出、文化传媒、文博展会等形式推动区内文化产业的输出。二是在强化与"一带一路"沿线国家合作的基础上，拓展合作方式，提高合作层次，如合资、合作展示、合作推介等形式。这也是一种对外推广、宣传区内文化企业和文化产品的有效途径。三是陕西可以借助自贸试验区建设契机，深化与长江经济带省市、沿海发达省市自贸试验区的战略合作，推动长江经济带沿线省市、西部省份的经济发展。这既是对国家战略的高度贯彻，也是为文化产业奠定发展环境，实现文化产业与经济协同发展的良好机遇。

2.结合地区资源做强自贸试验区文化全产业链

文化产业是一种特殊的文化形态，也是一种经济形态。在推动陕西自贸试验区文化产业发展过程中需要充分认识文化产业的这种特殊性，将文化产业的社会效益和文化效益放到首位。当前，多数自贸试验区普遍存在着文化产业创作平台缺乏的弊端，文化产业全产业链不健全，陕西自贸试验区也不例外。在陕西自贸试验区文化产业进一步发展的过程中，需要构建完整的文化产业链，以保证文化产业各环节相互配合，提升文化产业整体竞争力。为此，陕西自贸试验区可以做到以下几个方面：一是文化产业基础设施硬件的完善和便利化。目前，陕西自贸试验区已经充分认识到健全文化产业链的重要性，也已经开展了相关建设。但随着自贸试验区文化产业的发展，文化产业基础设施需进一步多功能化和便利化。文化艺术品的交易、创作、体验中心，以及拍卖行、展示厅、美术馆、托管仓库和物流设施等都需要随之不断完善。二是文化产业基础设施软件的完善和便利化。这就要求陕西自贸试验区在文化产业硬件基础上配套相应的服务，配套专业的人员，配套相应的制度安排，共同为陕西自贸试验区文化产业全产业链的构建服务。三是专业化人才队伍的培育。文化产业是一种具有特殊性的产业，文化产业链的构建需要多样化的人才，而这种人才往往是专业技能与天赋并存的特殊人才，包括文化艺术创作和文化服务人员。

3.优化自贸试验区文化产业营商环境

陕西自贸试验区文化产业营商环境与沿海自贸试验区存在着很大差距，而营商环境对于陕西自贸试验区文化产业服务平台的建设很关键。陕西自贸试验区文化企业的发展壮大需要区内文化产业发展平台的支持。对于陕西自贸试验区的文化企业来说，它不但有利于文化企业交易成本的降低，更有利于文化企业资源互补和专业化发展。为此，陕西自贸试验区需要继续构建文化产业发展平台，包括文化产业国际交易平台、文化产业国际投融资平台、文化产业品牌宣传平台、文化人才交流平台等。当然，陕西自贸试验区已经搭建了有利于自贸试验区文化产业发展的国际平台，比如西安对外文化贸易基地与两岸交流发展基金会共同设立的两岸青创中心。在现有基础上，陕西自贸试验区还需要不断开发并继续拓展这些平台的功能，包括诸如创新、资产评估、商务咨询等各种专业服务。陕西自贸试验区还可以通过定期举办一些"文洽会""文博会""一带一路投资交易会"等形式，为区内文化企业、沿线国家和地区及个人等提供更多展示、推介及合作对接优秀文化产业项目的机会。如黑龙江省定期举办的中俄文化大集已经成为该省文化睦邻的品牌项目。同时，文化产品的开发还需要良好的知识产权保护制度，这也是自贸试验区文化产业营商环境的一个重要组成部分。一直以来，我国对于文化产品开发的知识产权保护力度不够，很大程度上影响了文化产品开发和创作者的信心。陕西自贸试验区需要从园区制度安排上采取一定的措施，如完善相关文化产品专利、版权、商标等的知识产权行政管理和执法，完善知识产权纠纷解决机制等。此外，陕西自贸试验区文化产业的发展还离不开资本市场的支持，园区需要在争取政府优惠政策和支持外，努力引入社会资本。

4.构建内陆自贸试验区文化信息平台

科技能改变生产力，科技也能够为文化产业带来新的增长点。陕西自贸试验区文化产业的发展，不但需要先进科学技术来丰富文化产业的表现形式，突出亮点，还需要提高自贸试验区的软硬件基础设施。相比沿海自贸试验区，陕西自贸试验区在信息沟通、对外交流等方面表现较差。为此，我们可以充分借助当前大数据、互联网、区块链等先进技术手段，构建大数据文化信息平台。在一体化、全方位发展格局的思路下，形成包括政府文化支持措施、政府文化贸易政策、自贸试验区内文化企业信息、外部市场文化需求信息、文化贸易风险分析等数据在内的一体化大数据文化信息平台系统。该大数据文化信息平台既要保证上至政府、下至陕西自贸试验区内企业的纵向互联互通，又要打通与各省文化产业信息相连的横向贯通。这样纵向互通、横向互联的大数据文化信息平台不但是适应现阶段技术发展、现实需要的必要之举，也是保证企业有效借助自贸试验区便利措施，推进陕西自贸试验区文化产业发展的基础前提。

5.实现与其他自贸试验区协作化发展

沿海自贸试验区的发展具有地理位置和当地经济环境的优势,陕西自贸试验区作为内陆自贸试验区具有先天的自然资源和历史文化优势。可以说,我国目前设立的21个自贸试验区各具特色,但也具有许多相似之处。在每个自贸试验区多措并举、深入发展的同时,我们应该清醒地认识到,各自贸试验区作为国家版图的重要一部分,作为国家重大战略的一部分,唯有携手并进、协作发展,才是长远发展之计。因此,陕西自贸试验区积极与其他内陆自贸试验区展开合作应该做到以下几点:第一,避免同质化竞争。各内陆自贸试验区均为历史文化名城,具有得天独厚的历史文化资源。各自贸试验区文化产业可以立足自身优势文化资源,结合本地特色,打造自贸试验区内部各片区的差异化特色品牌。同时,由于地缘因素,陕西自贸试验区与个别内陆自贸试验区可能存在部分文化产业资源的相似。在协作发展过程中要相互交流、协作发展、突出差异,避免不良竞争。第二,积极与沿海自贸试验区开展多渠道的沟通交流,以开放包容的心态,学习沿海自贸试验区先进的发展经验,结合陕西本地特点,转化为陕西自贸试验区的现金管理理念。除此之外,陕西自贸试验区要积极与沿海自贸试验区开展文化交流合作,将陕西自贸试验区的文化资源优势与沿海自贸试验区的经济条件、技术优势、位置优势、人才优势充分结合,促进沿海自贸试验区进一步发展的同时,带动陕西自贸试验区转型升级。

6.构建基于政府和科研机构的高端智库

通过前期对相关文献的梳理发现,有关内陆自贸试验区的研究不是很丰富,有关内陆自贸试验区与文化的相关研究较少。已有的研究中获得基金支持的论文数偏低,且现有相关研究多是沿着各内陆自贸试验区的建立以及相关政策的推进而展开。[①]因此,在当前陕西自贸试验区高质量发展、陕西文化贸易亟须发展提升的阶段,积极发挥本地高校和科研院所密集优势,构建以陕西自贸试验区为主导的高端智库,需要注意以下几点:第一,定期公布相关统计数据,做到可查可用。通过课题前期利用引文空间对相关文献的可视化统计分析可知,学者对于陕西自贸试验区和陕西文化贸易的相关研究较少。原因在于一方面陕西自贸试验区建成时间不长,陕西文化贸易发展程度不理想;另一方面则是可查可用的相关统计数据较少。相关数据的公布一定程度上便于科研院所学者开展相

---

① 笔者选取内陆自贸试验区、四川自贸试验区、陕西自贸试验区、重庆自贸试验区、湖北自贸试验区、河南自贸试验区、云南自贸试验区、黑龙江自贸试验区、北京自贸试验区、湖南自贸试验区、安徽自贸试验区作为关键词,借助 Citespace 对现有相关文献进行可视化分析得出的结论。研究区间为2010年至2020年,检索过程中剔除掉有关重复文献、新闻报道、会议通知、征文启事等,共得到427篇文献。

关方面的研究，最终达到群策群力、共同出谋划策的效果。第二，依托政府和科研机构的陕西自贸试验区与文化贸易智库建设，一定程度上能激励学者深入开展陕西自贸试验区与文化贸易相关研究，为学者开展相关研究提供一个高效交流的平台。同时，科研院所学者的研究偏重于理论研究、数据统计和分析，而政府部门的研究偏重实践和政策指引。依托两者的智库建设将两者优势有效结合，不但能够保证研究成果质量提高，也能增强研究成果转化为实践的可行性和实用性。第三，提高相关高层次人才的留用和培养。一方面推进陕西自贸试验区内劳工标准的变革，强化自贸试验区内人才储备与培养，不断完善重点人才培训、培养体系以及人才激励制度，优化区内人才资源的配置；另一方面可以适时吸纳高校和科研机构专业人才。

五、结语

在"一带一路"倡议、自贸试验区战略、区域协调发展战略推进的背景下，自贸试验区的设立和布局体现了以开放带动战略的意图。在我国东强西弱、内陆与沿海差距明显的现实条件下，内陆自贸试验区的设立更具深刻含义，其对内陆省市的带动引领作用不容忽视。我国文化产业发展相比西方发达国家落后很多，而文化产业对其他产业的渗透和带动作用却是巨大的。为此，我国一直提倡文化产业做大做强，激活文化基因，激发文化活力。内陆自贸试验区的设立对本地的溢出效应明显，尤其对文化产业的推动作用更需关注。部分内陆自贸试验区促进文化产业发展的效果已经显现，但在此过程中还存在一些现实问题。在自贸试验区进一步发展的过程中，在进一步激发内陆自贸试验区文化产业溢出效应的过程中，需要结合内陆自贸试验区自身特点、本地文化资源特色，充分融入国家发展战略，引入先进技术和理念，并注重各自贸试验区文化产业的协同化发展。相信未来我国内陆自贸试验区文化产业在自贸试验区战略的推动下必能彰显区域特色，实现创新性发展。

参考文献

[1] 曲锋."双循环"新发展格局下中欧班列建设的成效、问题及对策［J］.中国流通经济，2022，36（6）：108-116.

[2] 石学刚，周琳."双循环"新发展格局下空港型自贸区的发展机理与建设路径［J］.商业经济研究，2021（15）：149-152.

[3] 司春晓，孙诗怡，罗长远.自贸区的外资创造和外资转移效应：基于倾向得分匹配—双重差分法（PSM-DID）的研究［J］.世界经济研究，2021（05）：9-23，134.

[4] 王桂虎, 白明, 朱刚. 中国自贸试验区促进金融制度创新的演变特征及政策建议 [J]. 价格理论与实践, 2021 (06): 71-75.

[5] 魏天磊. "双循环"新发展格局中的金融高质量开放及风险防范 [J]. 金融理论与实践, 2023 (3): 24-34.

[6] 孟广文, 刘铭. 天津滨海新区自由贸易区建立与评价 [J]. 地理学报, 2011 (02): 223-234.

[7] 方云龙. 自由贸易试验区建设促进了区域产业结构升级吗?——来自沪津闽粤四大自贸区的经验证据 [J]. 经济体制改革, 2020 (05): 178-185.

[8] 查菲, 于潇涵, 许晶. 新形势下陕西自贸区发展的差异化路径选择 [J]. 环渤海经济瞭望, 2019 (05): 74-75.

[9] 白桦, 谭德庆. 内陆国家级中心城市经济发展路径研究——基于内陆自贸区视角 [J]. 经济问题探索, 2018 (10): 115-121.

[10] 田毕飞, 李伟. 内陆自贸区的建立与评价研究——以武汉为例 [J]. 国际商务研究, 2015, 36 (04): 47-55.

[11] 段雯惠, 洪联英. 内陆型自贸区建设与超大规模市场优势的利用——基于双循环网络分布特征的分析 [J]. 商业经济研究, 2022 (12): 142-146.

[12] 赵峰, 汪婷. 自贸区建设对接"一带一路" [J]. 西部大开发, 2017 (03): 59-61.

[13] 董靓玉. 建设西安自贸区可行性分析 [J]. 北方经贸, 2015 (10): 17-18.

[14] 张军, 闫东升, 冯宗宪, 等. 自由贸易区的经济增长效应研究——基于双重差分空间自回归模型的动态分析 [J]. 经济经纬, 2019, 36 (04): 71-77.

[15] 魏鹏举. 新常态下中国文化产业金融支持体系的学理探讨 [J]. 中国人民大学学报, 2016, 30 (04): 20-25.

[16] 刘红玉. 我国文化服务贸易国际竞争力现状分析及提升策略 [J]. 文化软实力, 2019, 4 (02): 80-90.

[17] 曲如晓, 杨修, 李婧. 中国与中东欧国家文化产品贸易发展与对策研究 [J]. 国际贸易, 2019 (03): 81-90.

[18] 李嘉珊, 王伯港. 新时代构建我国对外文化贸易新格局的有效策略 [J]. 国际贸易, 2019 (03): 73-80, 90.

[19] 罗立彬, 刘尧尧. "一带一路"倡议背景下的中国对外文化贸易: 机遇、挑战与战略 [J]. 区域与全球发展, 2018, 02 (06): 68-77, 155-156.

[20] 田晖, 孟彩霞. 中国文化产品在六大经济走廊的贸易竞争力研究 [J]. 亚太经济, 2019 (02): 51-60.

[21] 颜姜慧，尤莉娟. 基于钻石模型的省域文化产业对外贸易竞争力评价[J]. 统计与决策，2019，35（06）：58-61.

[22] 杨连星. 文化贸易出口持续期如何影响了出口品质[J]. 国际贸易问题，2016（12）：39-51.

[23] 曲如晓，曾燕萍. 孔子学院对中国文化产品出口的影响[J]. 经济与管理研究，2016，37（09）：69-76.

[24] 刘慧，綦建红. 我国文化产品出口增长的二元边际分解及其影响因素[J]. 国际经贸探索，2014，30（06）：28-43.

[25] 陈明敏，彭兴莲. "一带一路"背景下我国对外文化投资：机遇、挑战及策略[J]. 对外经贸实务，2019（08）：72-76.

[26] 杨琳. 以自贸区建设为契机促进陕西文化产业对外开放[N]. 陕西日报，2018-10-08（005）.

[27] 刘涛，王星星，李舒薇. 不忘未来与吸收外来：内陆自贸区扩大文化贸易路径研究[J]. 江南大学学报（人文社会科学版），2019（01）：108-118.

[28] 田纪鹏，刘少湃，蔡萌，等. 自贸区与文化产业发展：上海问题与国际经验[J]. 上海对外经贸大学学报，2015（03）：29-38，48.

[29] 安峥. 内陆自贸区对外文化贸易的模式、问题及路径[J]. 对外经贸实务，2020（02）：85-88.

[30] 花建. 自贸区3.0版背景下对外文化贸易新优势培育——兼谈福建扩大对外文化贸易的重点举措[R]. 厦门：厦门理工学院文化产业旅游学院，2017：285-295.

"一带一路"倡议背景下陕西与中亚国家文化交流合作研究

刘祥文

（西安财经大学 文学院，陕西 西安 710100）

摘　要：陕西与中亚各国交往历史悠久，拥有便利的地缘优势、相近的文化共性、深厚的情感基因等有利条件，这为彼此的文化交流提供了很好的合作平台。我国实施"一带一路"倡议又给陕西提供了难得的发展机遇。目前陕西与中亚各国文化交流合作取得了不少成绩，但在机制协调、文化传播、民心工程、文化交流等方面还面临一些挑战与问题。陕西应抓住历史机遇，重塑丝路精神，构建高效合作机制，推进文化教育交流，调整对外传播策略，挖掘丝路文化遗产，加强旅游往来与合作，提升文化竞争实力，助推陕西文化走出去，促进陕西与中亚五国文化交流。

关键词：陕西；中亚国家；文化交流

引　言

中亚[①]地区作为中国的邻邦，与中国友好交往的历史非常久远。中亚五国与中国建交以来关系不断发展，在政治、经济、文化等方面取得了一系列重要的合作成果。陕西与中亚国家文化交流源远流长，关系十分密切。2013 年，"一带一路"伟大倡议的提出，为陕西与中亚各国展开更为广泛与深入的交流与合作提供了新的契机，陕西又承担起丝绸之路经济带建设的重要使命，将再次在中西方经贸往来与文化交汇中焕发光彩。

作者简介：刘祥文，男，1974 年生，湖南娄底人，博士，西安财经大学文学院副教授，研究方向为中外文化与文学比较。

① 文中的"中亚"概念指中亚五国地理范围，即现今哈萨克斯坦、乌兹别克斯坦、吉尔吉斯斯坦、塔吉克斯坦和土库曼斯坦五国所在地。

一、研究述评

国外研究关于中国与中亚地区交往方面的成果很多，内容主要涉及民族、宗教、政治、经济与文化等各个方面，如美国班瓦吉吉·维耐尔的《中亚新地缘政治及其周边世界》与俄罗斯学者约翰·爱迪森《中亚的国际政治》就是其中比较有代表性的著作。国内系统研究中国与中亚交流的成果比较少见，部分研究成果涉及中国与中亚某些时期或某一方面的友好交流，如倪国良（1995）、邢广程（1996）、王治来、丁笃本（1997）、薛君度、邢广程（1999）与赵常庆（2004）等主要侧重于政治关系方面的研究。苗传明（1998）、马建春（2003）、赵常庆（2006）、沈福伟（2006）、张文德（2006）、蔡鸿生（2007）、纪宗安（2008）与柳思思（2016）等人的著作论及了中国与中亚地区文化交流问题。赵晓佳（2011）的硕士论文系统梳理了中国与中亚地区在不同历史时期发生的各种关联等。许尔才（2012）与李建军（2013）的学术论文共同对中国和中亚在文化交流中存在的问题进行了分析，后者还就中国与中亚文化交流力建构提出了很好的建议。李丽（2015）的硕士论文对中国新疆和中亚五国的文化交流合作问题进行了研究。肖凯强（2017）的硕士论文主要论述中国与中亚文化交流的历史和现状，探讨了中国与中亚五国进行文化交流的路径选择。诸琦睿（2020）通过从追溯中国与中亚文化交流的历史、面临的问题以交流的路径选择入手，探究了中国文化向中亚传播与交流的策略。西安交通大学"'一带一路'沿线国家文化交流"课题组（2021）从现状分析、文化认同、金融创新、文化景观和教育科研五个部分探究了我国与中亚民心相通的人文交流机制。此外，国内还出现了不少研究中国与中亚地区教育交流与合作的成果，王振权（2009）强调了我国西部高校在与中亚高等教育交流合作过程中的作用。冯燕（2013）梳理了中亚各国在高等教育合作方面取得的成绩与存在问题。梁焱、刘俊霞（2016）指出中国西北五省区和中亚五国在高等教育的跨区域合作发展上有着共同诉求，通过高等教育的跨区域发展，能增强相互理解和文化包容。王正青、陈昀（2021）认为，中国应做好双边合作政策规划，优化来华留学生结构，鼓励对外合作办学，依托互联网优势创新合作形式。目前关注中国在中亚文化传播情况的相关研究成果相对较少，如戴小江（2004）认为唐朝在科学技术、文学艺术等方面对中亚文化产生了重大影响，出现了中西文化的融合。倪建平（2006）分析了中国在中亚的跨文化传播所面临的不利因素并提出了应对措施。王静（2013）通过对实施中华文化"走出去"的优劣势分析，提出了实施文化"走出去"的基本对策。李鸿亮、杨晓玉（2015）探究了中华文化在中亚传播现状以及面向中亚传播的基本策略。丁拉（2017）指出中国文化通过留学生、人文交流、工夫茶、饮食等方面在哈萨克斯坦的传播取得显著成绩。

关于陕西与中亚五国文化关系的研究成果不断涌现，如向达（1957）、韩香（2006）、罗宏才（2011）研究了长安与中亚文明之间的关系。王国杰（1997）、丁宏（1999）、陈琦（2005）等人的著作对中亚地区的东干人的历史、文化及与陕西的独特关系进行了卓有成效的研究。近年来关于陕西中亚留学生教育的成果相对较多，杨洁（2017）分析了陕西在中亚留学生招生策略中的优势与劣势，提出相应的对策及建议。袁天祺（2016）与王烨（2016）对西安部分高校的中亚留学生进行调研，探讨中亚留学生交流现状与所面临的问题，并共同提出了留学生管理与教育的一些建议。何苑（2016）对陕西高校中亚留学生CSP课程设置存在的问题与应对办法进行了有益的探讨。王一涛（2018）与刘倩（2019）考察了中亚留学生在新的环境中的文化冲突与适应问题，并探究其冲突原因与应对措施。

自习近平主席2013年提出了建设"丝绸之路经济带"与"21世纪海上丝绸之路"的倡议以来，不少研究者从文化交流角度对"一带一路"倡议进行研究，其中有不少学者对陕西在新丝绸之路建设中的建设思路进行了卓有成效的研究，张燕（2010）提出了西安市应该利用好丝绸之路的新起点地位，大力发展文化旅游业。蔡武（2014）认为建设"一带一路"应该坚持文化先行，通过与沿线国家的文化沟通与交流，促进区域经济的合作与发展。李幸、孙悦（2014）探讨了陕西如何抓住契机、快速发展的建设思路。李黎（2015）深入探究了丝绸之路经济带给陕西带来的种种机遇与挑战。王亮（2016）指出陕西在对中亚对外文化传播中需要作出积极调整，有效推进国际传播能力建设。何炳武、刘宁（2016）认为陕西可以从延安文艺、"礼乐文化"、唐诗唐书、西安为中心等四个方面去建设中华民族文化。胡凯（2018）探究中国电影在中亚传播的真实状况和遭遇的现实困境，深入思考中国电影在中亚跨文化传播中的文化表达力。

综上所述，近年来关于中亚文化的研究成果非常丰富，但大多偏向语言、历史、宗教、教育等广义文化意义上的研究，而其中以"一带一路"建设为纽带，立足陕西与中亚文化交流与合作的相关成果较少。本研究拟分析我国陕西与中亚五国文化交流现状与存在问题，探究陕西如何抓住历史机遇，充分利用自身优势，与中亚各国开展有效的文化交流与合作，实现我国与中亚各国民心相通，共同构建人类命运共同体。

二、"一带一路"倡议下我国与中亚国家的文化交流

2015年3月，国家发展和改革委员会、外交部、商务部联合发布《推动共建丝绸之路经济带和21世纪海上丝绸之路的愿景与行动》，全面阐述中国政府与沿线国家共建"一带一路"的倡议构想，引起国际社会的高度关注，并得到中亚地区在内的众多沿线国家的积极响应。其实，1992年2月中哈两国就已共同签署了《中哈文化合作协定》，随后我

国与乌兹别克斯坦、塔吉克斯坦、土库曼斯坦等国相继签署了文化与教育合作协定等文件。此后这些协定不断续签，并根据形势变化不断增添新的合作内容。此外，中国与中亚国家还成立了政府合作委员会文化和人文合作分委会，由文化部门专门组织协调人文合作相关事宜。为使双方的人文合作取得实效，中国与多数中亚国家都制订了详细的人文合作落实计划，加快在文化、教育、广电等人文领域的合作，这些具体计划有助于将合作意愿落到实处。[1] 经过数十年来的发展，中国与中亚国家文化合作领域不断扩大，合作内容丰富多样，呈现出良好的发展态势。

在"一带一路"倡议背景下，如何理解陕西"丝绸之路经济带"中新起点的地位和独特作用，怎样看待当前陕西与中亚国家文化交流中面临的机遇与挑战，并提出切实可行的对策与建议，对于加快陕西的发展意义重大。

三、陕西与中亚国家文化交流与合作的有利条件

陕西与中亚地区的友好交往源远流长，自张骞通西域开启陕西与中亚地区商贸与文化交流的大门之后一直绵延至今。2013年"一带一路"倡议的提出，为陕西与中亚展开更为广泛与深入的交流与合作创造了新的契机。

第一，国家层面的合作机制为双方文化交流合作营造了有利的政治环境。随着中国与中亚国家友好关系的深入发展，特别是上海合作组织成立后，双方逐渐将人文合作提高到与政治、经济、安全合作同等重要的位置，人文合作如鱼得水，发展领域和规模在不断扩大。2006年6月为加强成员国之间在教育领域的合作，中国和中亚五国及俄罗斯签订了《上海合作组织成员国政府间教育合作协定》。近年来，陕西省也不断健全丝绸之路经济带工作机制，成立了专门工作领导小组，先后出台了《陕西省关于做好新时期教育对外开放工作的实施意见》《教育部与陕西省政府签署的"一带一路"教育行动国际合作备忘录》等系列文件，制定了中长期丝路文化推进发展纲要和计划，积极开展与中亚国家间的互动交流，倡导并发布了《西安宣言》，对全省教育国际合作与交流工作进行整体规划和设计，指导省内高校认真对接"一带一路"沿线国家教育合作交流工作，积极制定五年发展规划或国际合作单项规划，逐步形成了具有陕西特色的国际合作交流新格局。

第二，独特的区位优势与传统交往为双方文化交流提供了地缘便利。陕西区位优势得天独厚，与中亚国家有着独特的地缘关系。它是我国连接东西、贯通南北的重要交通枢纽，同时又毗邻中亚五国，使得陕西发挥着中国与中亚各国贸易的通道作用，特别是西安市的功能不容低估。[2] 作为我国西北地区最大的贸易中心，西安具有通向欧亚最为便捷的交通条件，具备作为丝绸之路物流中转的物质条件与"大通关"的国际贸易能力。

西安除定位为"一带一路"的重要节点城市，还相继被赋予了国家中心城市及国际化大都市等多重定位。以上为陕西在"丝绸之路经济带"建设中发挥更大作用奠定了坚实的基础，将使陕西与中亚各国紧密联结起来，在新时期成为我国对外开放的前沿，为我国和中亚各国的合作开辟更加广阔的前景。

第三，文化包容性和语言共通性搭建了双方文化交流的天然桥梁。陕西与中亚的文化联系历史悠久，使得双方历史文化呈现不间断交流和相似的传承性，为双方深层次的文化交流提供了便利条件。陕西与中亚国家文化特点比较相似，国际学界就有学者将其划为同一"历史文化区域"。由于历史原因，陕西在语言、文化、习俗、宗教等方面与中亚国家存在诸多相通因素。19世纪末，一批中国西北的回民迁徙到中亚地区，他们被当地人称为东干族。目前东干族人在丝路沿线上有30余个分布点，约有15万人，其中不少人祖籍是陕西。这些东干族人与陕西人不但语言文化相通，风俗习俗也相同，具有亲缘关系，双方联系密切，交往频繁。如今"一带一路"建设又把他们和我国联系在一起，他们成为陕西与中亚国家最好的文化交流使者。陕西村东干族人近年来经常到陕西开展文化交流和寻亲活动，进一步促进了中亚经贸发展，成为陕西与中亚各国文化交流的纽带与桥梁。

第四，深厚的历史文化与丰富的教育资源为双方文化交流奠定了坚实的基础。陕西省历史悠久，文化底蕴深厚，是中华文明的主要发源地，凝聚着中华民族五千年文化的精华，被誉为"天然的历史博物馆"。周、秦、汉、隋、唐时期给陕西留下了丰厚的人文遗产，黄土高原、秦岭巴山的自然风光也具有独特的风貌。陕西深厚的历史文化底蕴是其参与"一带一路"倡议的重要资本，对于中亚学生具有较强的吸引力。陕西又是全国教育大省，是我国西北地区科技教育实力最强的省份。高校科教资源丰富，办学底蕴深厚，整体实力位居全国前列。陕西现有111所高等院校，有8所高等学校及20个学科入选国家"双一流"建设名单，学校总数居全国第四，学科总数位居全国第七。如此丰富的高等教育资源正是对外宣传的绝好招牌，可为中亚国家培养急需的专业人才。陕西高校早在20世纪50年代就开始探索国际教育交流与合作之路，到如今已有近80年的办学史。近年来，陕西高校积极开展与中亚五国的国际教育交流合作，吸引了不少中亚国家学生前来学习，西安已跻身为中亚学生主要留学目的地之一。

第五，"一带一路"倡议为双方文化交流提供了良好的合作契机。"一带一路"的内涵具有地缘经济、政治和文化多层意义，这是一种新的区域合作模式，倡导同丝路沿线国家一起组成利益相关的"命运共同体"。中国与中亚五国形成了多领域利益共同体，在平等互利原则下，加强政治领域的合作，加大经贸领域的往来，深化文化领域的交流，拓宽民间渠道的沟通，促进人民的相互理解，使彼此间的文化联系更加紧密。"一带一路"

倡议使陕西获得了良好的发展机遇。近年来，陕西省政府乘势而上积极规划发展蓝图，提出将陕西打造成"丝绸之路经济带"新起点的重要部署，尽快站到"一带一路"建设的制高点。在2014年至2022年的陕西省政府工作报告中，丝绸之路经济带建设成为必不可少的工作重点。2014年工作报告中明确指出，要"打造丝绸之路经济带新起点，加快建设内陆开发开放高地"。2015年政府工作报告中主要任务排序由上年的第7项上升为该年第3项，其文字表述的比重也由2014年的5.2%上升至2015年的7.0%，显示了陕西建设丝绸之路经济带任务的重要性的上升。2016年至2022年的政府工作报告中，多次强调要更加主动融入"一带一路"大格局，着力打造"一带一路"五大中心，加强"一带一路"经贸人文交流，增强联通世界的门户效应，提高国际化水平。这必将拓展陕西向西的发展空间，深化陕西与中亚的经贸往来与文化交流，促进陕西与中亚人民的民心相通。

四、"一带一路"倡议背景下陕西与中亚国家文化交流与合作现状

近年来，陕西相继出台了一系列规划和措施，利用各种交流平台，与中亚五国在文化领域开展了富有成效的合作。

第一，利用丝路平台进行合作。陕西通过举办欧亚经济论坛、丝绸之路经济带城市圆桌会议、西洽会等国际会议，大力促进与中亚国家的文化交流活动。①欧亚经济论坛。西安自2005年以来已成功举办8届，该论坛得到了欧亚地区各国高度关注与积极参与，已成为欧亚各国增进相互了解、加强交流合作和促进共同繁荣的重要平台。②城市圆桌会议。自2013年以来，陕西已成功举办7届城市圆桌会议，发布了《共建丝绸之路经济带西安宣言》，共同签署了一系列合作协议，这些文件为丝路沿线各国的文化交流提供了便利条件。陕西分别与中亚的撒马尔罕州、江布尔州、楚河州、阿哈尔州、马雷市等城市签订了友好省州关系。③西洽会及其他国际博览会。陕西已连续举办5届"西洽会暨丝博会"，举办了"欧亚各国投资贸易博览会"及"世界西商大会"等国际会议，通过这些平台使中外企业实现合作共赢。④丝绸之路国际电影节。自2014年以来陕西与福建联合举办了7届国际电影节。它已逐渐变为展示世界电影风采的国际文化交流平台，成为弘扬新时代丝路精神的亮丽名片。⑤丝路文化发展论坛。2014年人民日报社举办了"一带一路"媒体合作论坛，丝路文化发展论坛为媒体合作论坛的分论坛，迄今已成功举办7届，已成为最具影响力的全球媒体峰会。⑥陕西卫视"长安与丝路的对话"栏目。该访谈栏目致力于为国内外知名人士提供一个交流和对话的平台，受邀嘉宾均来自关注丝绸之路经济带建设发展的国内外政要、行业领先者、经济专家和文化学者等标志性人物。2014年8月，该栏目组专门邀请了法国勒克莱奇奥与我国莫言这两位诺贝尔文学奖获得者同台献策，借助两位大师的文化影响力来宣传陕西，大大提升了陕西在中亚地区的知

名度。

第二，申遗、旅游与省亲活动。2014年中国联合哈萨克斯坦、吉尔吉斯斯坦等丝路国家申遗取得巨大成功，陕西省共获批7处世界文化遗产点，占21.2%。西安从2014年开始举办"丝绸之路国际美食旅游季"活动，目前已成功举办7届；2014年与2022年陕西5次举行丝绸之路万里行活动，用镜头记录丝路沿线国家经济文化发展现状，打造当代中西方交流的文化盛事，创下了较高的节目收视率；2014年西安举行"中亚东干人省亲西安行活动"，旨在以东干族人为桥梁，发挥民心相通助推剂的作用，促进西安与中亚国家城市开展经济和文化交流。

第三，教育领域方面的合作。陕西各高校立足"一带一路"倡议，深入开展与中亚五国的国际教育交流活动。2014年以来，西安举行了5次"一带一路"教育合作交流会，逐渐加大了与中亚五国的教育合作力度。2015年5月，西安交通大学首倡成立了"新丝绸之路大学联盟"，近年来影响力骤增，参与其中的国家与高校数量逐步增多，目前已有42个国家和地区的152所大学加入，其中就有19所中亚国家的知名大学。目前该联盟已成功召开7届常务理事会议，逐步打造"丝绸之路学术带"，在广大丝路沿线国家中产生了巨大反响。

五、陕西与中亚国家文化交流与合作面临的挑战与问题

一是缺乏行之有效的协调机制。丝绸之路经济带沿线国家间深层合作协调机制建设相对比较滞后。我国与中亚国家的双边或多边经贸合作体系、保障与协调机制、法律合作机制尚不完善。长期以来，中亚各国政府虽然积极推进与我国的经贸文化合作，但是大多停留在宏观战略合作框架方面，针对文化合作中的具体问题缺乏协调。我国尚缺乏对中亚五国的经济与文化政策的总体规划，在贸易便通与文化交流机制建设等方面缺乏有效措施。目前，我国在与中亚国家的文化交流与合作中文化政策比较零散，缺乏连续性，效果不是很明显，影响力也不够广泛和持久。陕西与中亚国家间文化交流合作机制还不太完善，文化交流内容与方式不太丰富。

二是民心工程有待持续推进。由于大部分中亚国家经济水平较低，比较重视与中国的经济关系，对文化交往热情不高。中亚五国在语言、文化、宗教等方面留下的苏联痕迹明显，对中国文化进入仍持谨慎态度，"民心相通"大多限于在本地区建立丝路文化旅游园区、互派留学生等，有组织的大型官方交流，特别是针对旅游业、动漫、出版、影视等诸多领域合作及运营的模式不具体、不深入。我国的文艺团体访问中亚国家时遇到的困难较多，创造的经济效益有限，影响了中方组织者和演出者的积极性。

三是教育合作程度有待加强。近年来，陕西高校虽然与中亚国家相关高校达成了友

好合作意向，但留学生教育合作不均衡。在中亚五国中，哈萨克斯坦与吉尔吉斯斯坦两国加入"新丝路大学联盟"的高校数量较多，而其余三国却相对较少。且中亚各国来陕留学生无论在人数对比、学历层次，还是就读专业等方面都呈现出不均衡态势，中亚五国留学生长久以来都是以哈萨克斯坦学生居多；学历生与非学历生基本持平，但绝大多数学历生为本科生，就读硕士研究生与博士研究生学历的学生相对较少；而在就读专业方面，大都集中在语言、旅游、能源、纺织、农业等生源国急需的相关专业上。[3] 此外，陕西高校与中亚各国高校在人员交流、学分互认、项目合作与经费投入等领域的合作都有待进一步加强。

四是对外传播策略有待改进。目前，在中亚各国比较缺乏当地人创办的中文报纸、杂志，中文出版物在中亚也很少见。在电视广播覆盖方面，中亚当地居民只有通过卫星电视才能看到中国节目，由于中亚居民经济水平不高，卫星电视的覆盖率较低，这在一定程度上影响了中国文化的传播。我国在中亚的文化传播能够诉诸的资源比较有限，传播策略也存在偏差。陕西必须适时调整对外传播策略，培养跨文化传播的吸引力，以拉近与中亚人民的心理距离。

五是管理机制与交流形式有待创新。政府工作机制有待改进，政府的主体地位需要加强，文化管理模式有待创新，文化交流形式需要完善。目前，双边文化交流的主要形式是举行艺术展、互派艺术团体演出等，而在教育、科技、媒体、出版、学术等领域的交流与合作还不太到位。中亚国家对中国认识的改变大多是通过民间往来人员的口口相传，而由正式文化交流途径传播的中国文化所产生的影响还较小。西安作为文化旅游名城，至今仍缺乏针对丝绸之路旅游的品牌，在丝路旅游产品开发、精品线路设计、人员交流、民间往来方面存在一定短板，在丝路文化保护与利用上未发挥出与其地位相符的作用。

六、加强陕西与中亚国家文化交流合作的对策与建议

发挥地缘优势，面向中亚，走向世界，是陕西文化发展的方向。陕西应提炼自己的特色资源，主打丝路文化牌，加强与中亚国家的文化交流与合作。

第一，抓住历史机遇，构建高效合作机制。陕西应该利用我国和"一带一路"国家合作的各类平台和机制，充分利用区位优势，对中亚国家采取积极主动的开放态势，建立健全科学的协调机制和灵活高效的运行机制，搭建与中亚各国的交流平台，构建多边合作机制，促进互信与合作。

第二，传承古今文脉，重塑新的丝路精神。国之交在于民相亲，共谋发展、共创繁荣，打造政治互信、经济交融、文化包容的命运共同体，是新时期新丝路的主旋律。我

们要传承古丝路精神，借助新丝绸之路，推动中华传统文化的对外传播，在多元文化的前提下，尊重中亚各国人民的信仰与文化制度，深入挖掘中亚国家文化中与中华文明能共享对接的内容，在充分尊重其价值与表述的基础上，对其做出符合外推中华优秀传统文化的对接和阐释，促进人民之间的友谊和互信。

第三，发挥资源优势，搭建教育合作平台。发挥陕西省教育资源优势，搭建国际合作与交流平台，丰富文化交流的内涵，拓展教育合作的领域。①完善高校教育合作机制。陕西高校要充分利用国家相关政策，积极主动加强与中亚各国的高等教育合作，畅通高校国际教育与文化交流沟通的渠道。[4]鼓励和支持陕西高校与中亚国家高水平大学开展强强合作，扩大留学生规模，开展人员交流和往来，共同营造全方位、多层次的教育交流与合作格局。②加强合作平台建设。积极创造条件，通过支持高校搭建更多合作平台，开辟更多合作渠道，培养符合"一带一路"建设的专业技术人才。近年来，陕西高校倡导组建的"新丝绸之路大学联盟"及"丝绸之路职业教育联盟"相继成立，这是陕西与中亚国家高校合作的重要平台，有助于利用优质资源，发挥学科优势，推进国际化进程。[5]③加快智库交流平台建设。充分利用陕西省高校如西北大学丝绸之路研究院、陕西师范大学中亚研究所、西安财经大学中国（西安）丝绸之路研究院等智库资源，加强中亚国家问题的研究，形成中亚研究学术平台，积极开展教育科研合作项目，通过举办"丝绸之路经济带"高峰论坛，吸引西部、国内乃至丝路沿线的研究力量，联合开展学术交流与合作，为共建"丝绸之路经济带"提供智力支持。

第四，调整传播策略，讲好"陕西故事"。陕西需要完善对外传播理念，及时调整对中亚传播的策略，扩大对中亚文化传播和交流的影响力。①调整对中亚的传播理念。在"一带一路"建设背景下，陕西需要找到双方利益契合点，改变以官方组织为主体的对外传播模式，让更多组织、团体和个人参与对外传播活动，丰富对外传播的主体。[6]讲好陕西故事，传播好陕西声音，阐释好陕西特色，运用多种方式来扩大对中亚文化传播的影响力。②加大对中亚国家广播节目的投资力度。陕西应特别重视新兴技术和媒体在对外传播中的作用，以打造覆盖面广、信息量大、影响力强的高水准媒体为重点，完善信息采集网络，根据不同媒体各自的特点进行有针对性的对外传播活动，让陕西主流媒体的图像、声音、文字、信息及时而有效地传播到中亚各国，使陕西在中亚发出的声音越来越响亮。③通过文艺交流推动陕西文化的传播。借助文艺演出、作品翻译、影视推介、图书展示和艺术展览等多种形式，助推陕西文艺走出去，让中亚各国人民更深入地了解陕西文化。近年来陕西省作协组织编选柳青、路遥、陈忠实、贾平凹、叶广芩、高建群等多位陕西代表作家的作品，翻译成《中国文学·陕西卷》。目前该书俄语版已在俄罗斯与中亚五国上架销售，产生了一定的影响。④加大传播推介力度。加强陕西与中亚各国的政治交往与经贸合作，利用陕西在能源开发、旱作农产品研发、防沙治沙等方面的优势，积极引导全省具有竞争实力的龙头企业到中亚开拓市场，进一步提高企业的国际竞争力。通过举办城市圆桌会议、欧亚经济论坛、杨凌农高会、世界西商大会、西安丝绸之路国际电影节等重大活动，大力推介陕西文化，扩大陕西在中亚各国的文化影响力。⑤注重发挥使馆、协会作用。加强使馆与协会之间的联系，进一步维护中亚华人华侨权益，关注陕西籍少数民族华人华侨需求，为华人华侨提供大力支持，特别要充分发挥"中亚陕西村"的积极作用，唤起中亚东干族人对陕西的故乡情结。

第五，创新管理机制，促进文化交流与传播。创新政府工作机制、凸显政府的主体地位，积极主动地推进陕西与中亚文化交流。①创新文化交流与管理机制。弘扬国际精神，助力中亚国家文化产业园建设。搭建民间文化交流平台，拓展"一带一路"合作的新空间。努力提升文化的规范化与品牌化，大力建设陕西文化产业，健全文化输出发展机制，高位推动文化产业发展。重点加强陕西文化产业的多元化发展，出台有利于文化输出的扶持政策，加强文化产业的财政投入，重点打造一批具有陕西文化特色与时代特征并迎合市场需求的新型文化产业园，进一步拓展对外交流交往的领域。②构建文化资源保护传承机制。发展陕西与中亚地区独特的区域文化，建立文化产业人才培养和引进机制，促进传统文化的复兴与遗产的创新，培养大量的创意人才，大量开发与利用传统元素，打造拥有中国传统特色的文化产品，让传统文化融入现代人的生活。③大力推动文化对外贸易。加强文化贸易往来，鼓励非公有制文化企业发展，依托陕西文化贸易基地以及自贸区文化开放平台等，建立"一带一路"的文化交流新模式。要充分重视文化产品的外推，抓住中亚普通民众审美点，利用中国传统文化资源尽快形成一批极具陕西文化特色、富含中国精神、符合大众价值预期的文化作品，注意在"走出去"的过程中适当采用本土化方案，突出中国传统价值观念在文化传播中的可行性与有效性。

第六，挖掘丝路文化，推进旅游文化交流。陕西旅游文化产业实力雄厚，旅游业要素比较完备、服务比较规范，陕西可以牵头组织丝路沿线城市加强旅游交流与合作。①广泛开展丝路旅游文化合作。合理利用陕西文化资源丰富优势，整合旅游资源品牌，联合丝路沿线的西部省份与中亚各国，合理开发利用丝路文化遗产。借助国际丝路"文化·旅游·生态"合作论坛，共同开辟丝绸之路的特色旅游路线，建立完整的旅游产业链条，使"一带一路"沿线国家的经典文化经由旅游路线实现全面的融合。②深入挖掘陕西丝路文化资源。大力开发具有陕西地域特色的文化产品，培育陕西文化主题旅游项目，建设以丝路文化为主题的旅游特区，打造国际性的丝路文化旅游品牌，使丝路旅游产品走出国门，拓展陕西旅游在中亚的影响。③大力开发中亚特色文化产品。通过相互交流与沟通，了解中亚民众的心理需求，开发极具中亚民族特色的历史文化产品。在跨国联合申遗成功的基础上,继续和中亚国家拓宽合作领域,大力开展务实合作。[7]

当前,陕西与中亚各国文化交流与合作处在一个良好的历史机遇期。陕西与中亚国家间有得天独厚的合作优势,发展前景广阔。陕西应抓住机遇大胆开拓,传承丝路精神,弘扬丝路文化,重振丝路雄风,高水准打造丝绸之路经济带的新起点。陕西通过与中亚国家的文化交流与务实合作,必将扩大陕西在中亚的文化影响力,从而有效推动中华文化走出去。

参考文献

[1] 李自国. 建交 25 年来中国与中亚国家迅速发展的人文合作[C]//孙力. 中亚黄皮书:中亚国家发展报告(2017). 北京:社会科学文献出版社,2017.

[2] 李琪. 历史记忆与现实侧观:中亚研究[M]. 北京:中国社会科学出版社,2016.

[3] 赵慧霞,许迪. 陕西高校来华留学生教育现状分析[J]. 江苏师范大学学报(哲学社会科学版),2018,(1):18-26.

[4] 李慧,苏卡特,阿米娜. 中国与中亚国家"教育丝绸之路"合作路径探析——基于中亚四国高等教育的发展[J]. 东北大学学报(社会科学版),2018,(4):419-426.

[5] 车向前,郭继荣. 跨文化外推视阈下的"一带一路"民心相通提升路径[J]. 西安交通大学学报(社会科学版),2017,(2):50-56.

[6] 王亮. "一带一路"建设下陕西对中亚传播新常态[J]. 今传媒,2016,(3):10-11.

[7] "'一带一路'沿线国家文化交流"课题组. 以人文交流促进与中亚的民心相通[J]. 西安交通大学学报(社会科学版),2021,(5):43-63.